权威·前沿·原创

皮书系列为
"十二五""十三五""十四五"时期国家重点出版物出版专项规划项目

B

BLUE BOOK

智库成果出版与传播平台

会展蓝皮书

BLUE BOOK OF MICEE INDUSTRY

中外会展业动态评估研究报告
（2024）

ANNUAL REPORT ON GLOBAL MICEE INDUSTRY

(2024)

顾　问／钟　山　沙海林　周哲玮
主　编／张　敏
副主编／裘小婕　唐燚桦　李秋秋

社会科学文献出版社
SOCIAL SCIENCES ACADEMIC PRESS (CHINA)

图书在版编目（CIP）数据

中外会展业动态评估研究报告 . 2024 / 张敏主编 .
北京：社会科学文献出版社，2025.6. --（会展蓝皮书
）. --ISBN 978-7-5228-5164-8

Ⅰ. F713.7

中国国家版本馆 CIP 数据核字第 2025F1K421 号

会展蓝皮书

中外会展业动态评估研究报告（2024）

主　　编 / 张　敏
副 主 编 / 裘小婕　唐燚桦　李秋秋

出 版 人 / 冀祥德
责任编辑 / 黄金平
文稿编辑 / 孙玉铖
责任印制 / 岳　阳

出　　　版 / 社会科学文献出版社·文化传媒分社（010）59367156
　　　　　　地址：北京市北三环中路甲 29 号院华龙大厦　邮编：100029
　　　　　　网址：www. ssap. com. cn
发　　　行 / 社会科学文献出版社（010）59367028
印　　　装 / 三河市东方印刷有限公司

规　　　格 / 开本：787mm×1092mm　1/16
　　　　　　印张：21　字数：315 千字
版　　　次 / 2025 年 6 月第 1 版　2025 年 6 月第 1 次印刷
书　　　号 / ISBN 978-7-5228-5164-8
定　　　价 / 148.00 元

读者服务电话：4008918866

中外会展业动态评估研究报告（2024）
编　委　会

主要编撰者简介

张　敏　上海会展研究院执行院长，上海大学会展专业教授、博士生导师，兼任上海会展协会副会长/教育专业委员会主任、中国会展经济研究会学术委员会委员、中国服贸协会专家委员会副理事长。主要研究方向为会展沟通与企业间市场。曾主持"大虹桥国家会展中心可行性研究及'十三五'规划""中国国际进口博览会组织实施方案及相关调研""中国国际艺术节三年提升行动系列调研""全球化背景下国际会展业发展比较研究""进博会溢出带动效应研究""上海建设国际会展之都研究""上海市会展业'十四五'规划研究""上海市会展业条例研究""上海会展业复苏研究""工博会高质量发展研究"等；主编《中国会展研究30年文选》、"会展人"丛书、"会展蓝皮书"，发表专业论文近200篇。

裘小婕　博士，上海会展研究院助理研究员、研究主管、院长助理，现任福建武夷学院讲师。主要研究方向为会展沟通。协助主持并参与国家及省部级会展研究项目3项，发表专业论文8篇。

唐燚桦　博士，上海会展研究院助理研究员、研究主管，现任广西财经学院讲师。主要研究方向为会展沟通。参与国家及省部级会展研究项目2项，发表专业论文5篇。

李秋秋 博士，上海会展研究院助理研究员、研究主管、院长助理，现任苏州城市学院讲师。主要研究方向为会展沟通。协助主持并参与国家及省部级会展研究项目 3 项，发表专业论文 6 篇。

摘　要

全球会展①业经历了 2018~2019 年的平稳发展，于 2020 年受新冠疫情冲击陷入困境。会展企业关注的焦点，从市场发展、行业竞争、全球经济影响转向应对新冠疫情导致的旅行中断对服务业的巨大冲击。

研究发现，2018~2019 年，全球会展国家实力五梯队格局相对稳定，欧洲长期处于世界会展业发展的中心地位；中国会展业不断成长壮大，逐渐形成与德国、英国三足鼎立之势。尽管世界会展老牌城市各有特色、优势不减当年，然而新兴会展城市迅速崛起，尤其是上海会展业实力强劲，在世界会展城市中拔得头筹。

就基础设施、品牌展会、组展企业三个要素而言，全球会展业的场馆展能稳中有升，亚太地区焕发蓬勃活力，基础设施竞争白热化趋势明显。德国商务交往类展会实力强劲，在世界商展百强中占比过半。然而，受新老会展强国的冲击，德国商展规模有所收缩。中国商展数量增加、规模扩大、品类出新，实力稳步提升。欧洲组展商总体实力仍居龙头地位、领衔全球，亚洲组展商潜能初现、日渐壮大。

在中国会展大市场的视野中，全国会展业稳中求进、小幅增长，场馆展能稳中有升，展览数量、展览面积均有所突破。长三角、环渤海、珠三角三大会展城市群实力领先，西南、中部、东北、西北四大会展城市带潜能大，海西经济区和海南国际旅游岛两个会展城市特区活力尽显。全国省域和城市

---

① 会展（MICEE），缩写复合词，包括会议（Meeting）、奖励旅游（Incentive travel）、国际会议（Convention）、展览（Exhibition）和大型活动（Event）。

会展竞争力呈梯度分布，广东、上海、山东、北京处于第一梯队；上海、广州、北京包揽会展城市一线品牌。

2020年，全球会展业收入大幅跌落，各大展会纷纷延期乃至停办，企业面临生存压力，行业发展进入停滞期。作为企业间市场，会展业在全球化逆流和发展与安全冲突中，寻求复苏、增长和数字化、绿色化转型，正在经历一场严峻的考验。

关键词： 会展世界　会展中国　会展国力　会展城市实力

目 录 ⊏⟩

Ⅰ 总报告

Ⅱ 会展国力与会展城市实力

Ⅲ 会展业要素评估

Ⅳ 会展业发展动态

Ⅴ 进博会专题研究

皮书数据库阅读**使用指南**

总 报 告

B.1
2018~2020年全球会展业报告

中外会展业动态评估研究报告课题组*

摘　要： 全球会展业经历了2018~2019年的短暂平稳发展，于2020年受新冠疫情冲击，陷入发展困境。会展企业的关注焦点，从国内市场发展、行业内部竞争、全球经济影响转移到应对疫情导致的旅行中断对服务业的巨大冲击。研究发现，2018~2019年，全球会展国家实力五梯队格局相对稳定，欧洲长期处于世界会展业发展的中心地位；中国会展业不断成长壮大，逐渐形成与德国、英国三足鼎立之势。尽管世界老牌会展城市各有特色、实力不减当年，然而新兴会展城市迅速崛起，尤其是上海会展业实力强劲，拔得世界会展城市头筹。2020年，全球会展业遭遇严重冲击，收入大幅跌落，各大品牌展会纷纷延期甚至停办，企业面临生存压力，行业发展进入停滞期。

关键词： 会展世界　会展中国　会展国力　会展城市实力

---

* 执笔人为张敏，博士，上海会展研究院执行院长，上海大学会展专业教授、博士生导师，研究方向为会展沟通与企业间市场；裴小婕，博士，上海会展研究院助理研究员、研究主管，研究方向为会展沟通。

一 国际会展业动态扫描

（一）世界会展国家实力：德国领跑，五梯队格局逐渐稳定

1. 评价依据与整体印象

全球会展国力评价根据上海会展研究院（SMI）指数评价结果产生，从展会、展馆及组展商三个维度综合考虑，选择会展国家的标准为以下三者满足其一即可：拥有全球百强展会、拥有室内展馆面积 10 万平方米及以上的展馆、拥有年营业额高于 1 亿欧元的组展商。数据具体来源如下：展会数据来自"2019 年世界商展 100 大排行榜"、展馆和组展商数据来自 AUMA Review 2018。[①]

基于以上评价标准，2018 年入选会展国家包括欧洲的德国、英国、意大利、法国、西班牙、瑞士、俄罗斯、荷兰、比利时、波兰、瑞典、捷克，亚洲的中国、日本、韩国、新加坡、土耳其、泰国、阿联酋，北美洲的美国，共计 20 个国家。相较于 2015 年而言，入选会展国家的总体数量呈现上升趋势。其中，阿联酋为新入选会展国家，日本再次入围。

总体而言，世界会展业发展仍然呈现"阶梯式格局"。欧洲仍处于全球会展业中心。中国会展业发展迅速，已逐渐与德国、英国形成三足鼎立之势。另外，中东国家阿联酋表现出较强的发展活力，成长较为迅速。从国家来看，之前会展实力强的国家仍然保持领先优势，顺位较为稳定。第五梯队的会展国家竞争激烈，位置变化调整较大。

2. 欧洲会展市场：全球会展业中心，德国持续领跑

（1）德国领先优势明显

2018 年全球会展国家会展指数评价中，传统会展强国德国以明显优势

---

① 受疫情影响，2020 年全球超一半展会被迫停办或延迟举办，导致 2020 年全球展会数据存在统计缺失、滞后等问题。为更好地进行横向和纵向比较，世界会展业总体对比均采用 2018 年的数据。另外，德国经济展览和博览会委员会（AUMA）在统计全球 10 万平方米及以上的展馆时，遗漏了部分中国展馆，经过核实，本报告对 AUMA 的展馆数据进行补充和修正。

独占第一梯队，其各项指数均名列前茅，继续领跑世界会展业。其中，展会发展指数高达103.37分，德国在展会发展上的优势毋庸置疑；展馆发展指数相较于2015年有所下降，为99.53分；组展商发展指数为123.72分。综合考察德国会展指数为107.91分，领先中国46.66分。相较于2015年，两国会展指数差距有所缩小。尽管如此，德国在全球会展业的领先优势仍然极为明显。

（2）英国特色突出

欧洲另一传统会展强国英国凭借组展商发展指数单项169.90分、会展指数靠前的优势处于第二梯队。2018年英国会展指数为49.09分，较2015年有所提升。英国组展商以高度国际化、专业化为特色，在全球范围内举办各类会展活动，同时企业间资本运作频繁，通过收购、并购等方式不断强化自身实力，拥有丰富的全球资源。

（3）意大利、法国、西班牙顺位不变，第五梯队竞争激烈

在本次评价中，欧洲共有12个国家进入评选范围，第三梯队、第四梯队共有意大利、法国和西班牙3个国家入围，会展指数分别为31.64分、25.50分、13.08分。

欧洲共有7个国家位于第五梯队，依次为瑞士、俄罗斯、荷兰、比利时、波兰、瑞典、捷克。除瑞典和捷克较2015年的位置有所下降之外，其余国家均维持原位置或有所上升，其中波兰位置上升明显，主要表现在展馆发展指数有了显著上升。

3. 亚洲会展市场：中国保持领先优势，亚洲国家入榜数量增多

（1）中国积累领先优势

中国凭借展馆发展指数和展会发展指数的优势，在2018年会展指数中处于靠前位置，这说明中国在近年来各地积极发展会展业的过程中已逐步积累领先优势，会展业实力不断增强。单项指数方面，中国展馆发展指数为136.35分，首次超越德国，这得益于中国各地积极兴建超大型场馆以满足会展业的发展需求。国家会展中心（上海）的投入使用和深圳国际会展中心的建成极大增强了中国会展业的硬件实力。中国展会发展指数为48.29

分，与德国的差距缩小。但应当看到，中国的组展商发展指数仅为 15.32 分，不仅与英国、德国存在较大差距，且与第三梯队的法国、意大利和第五梯队的瑞士存在一定差距，这表明中国仍需尽力培育具有世界知名度和实力的国际化专业组展商。

（2）日本重新回榜，阿联酋首入榜

日本在 2015 年掉出了榜单，在 2018 年重新回榜，在组展商发展指数单项上有较好的表现。中东国家阿联酋首次入榜，在展馆发展指数和展会发展指数单项上表现亮眼。

（3）韩国、泰国、新加坡表现欠佳

亚洲国家韩国 2018 年会展指数位置相较于 2015 年有所下降。泰国 2018 年会展指数位置较 2015 年有所下降。此外，新加坡 2018 年会展指数位置也有所下降。

4. 北美洲会展市场：仅美国一国入榜

在 2018 年评价中，北美洲仅有美国一国入榜，会展指数为 22.73 分，跻身第三梯队。虽位置较 2015 年没有变化，但会展指数略有上升。从单项来看，展馆发展指数为 53.62 分，相较于 2015 年有所上升。展会发展指数和组展商发展指数分别为 11.77 分和 13.60 分，在 20 个国家中位于中前段。

（二）世界会展城市实力：上海拔得头筹，亚洲城市表现出色

1. 评价依据与整体印象

2018 年世界会展城市评价指标主要根据会展城市展馆、展会和组展商三个维度设置，分析探索世界会展城市的实力水平和发展趋势。为体现报告的连续性和可比性，本报告采用比值法计算出 2018 年三个维度的指数。评价指标核心数据均来自国际会展业权威研究机构、会展协会和统计机构。其中，展馆数据和组展商数据来自修正后的 *AUMA Review 2018*，展会数据来自《进出口经理人》杂志发布的"2019 年世界商展 100 大排行榜"。以上述数据为基础，通过展馆展能、展会规模和组展商实力三个评价维度指标，展示全球各大城市会展业的相关情况。2018 年入围的世界会展城市共有 67 个，

其中欧洲入围 35 个,占 52.24%,亚洲入围 23 个,占 34.33%,北美洲入围 9 个,占 13.43%。

在 2018 年评价中,中国上海以 89.74 分的综合发展指数拔得头筹。德国汉诺威综合发展指数为 70.27 分,法国巴黎综合发展指数为 69.53 分,两城的位置与 2015 年的位置相同。在 2018 年评价中,有 13 个城市首次入围世界会展城市综合实力 65 强,分别是中国昆明、中国青岛、美国奥兰多、阿联酋迪拜、波兰华沙、中国南昌、中国义乌、中国南京、美国劳德代尔堡、中国沈阳、中国佛山、中国南宁、德国汉堡。

通过对世界会展城市进行多维度的指标评价显示,总体来说,亚洲入围城市数量占比为 34.33%,入围城市数量稳步增多,中国会展业以上海为引领,综合实力不断增强。欧洲会展城市均衡发展各有特色,德国会展城市凭借先发优势和多年经营发展,占世界会展城市 11 席。北美洲以美国会展城市为主。

2. 欧洲会展城市:位居前列,各城市竞争激烈

2018 年世界会展城市综合评价中,欧洲共有 35 个城市入围,占入围城市总数的 52.24%,过半的席位占有率显示出欧洲会展业的核心地位。35 个城市中共有 8 个城市入围前 10 强,显示出欧洲会展城市无可撼动的强劲实力。城市的国别分布与 2015 年大致相同,德国、意大利、西班牙入围城市较多,分别为 11 个、6 个、4 个。欧洲各会展城市位置呈波动状态,西班牙毕尔巴鄂、意大利帕尔玛 2 个城市相较于 2015 年进步显著,各城市竞争激烈。

3. 亚洲会展城市:入围城市数量占比超1/3,上海蝉联冠军

亚洲共有 23 个城市入围,占 34.33%,显示出亚洲会展业巨大的发展潜力。其中,中国占 17 席,有 8 个城市首次进入榜单,阿联酋(迪拜)、泰国(曼谷)、土耳其(伊斯坦布尔)、韩国(首尔)、新加坡(新加坡市)、日本(东京)各占 1 席。韩国首尔降幅明显,主要原因是在展会和组展商均未上榜的同时,展馆发展指数有所下降。

中国上海表现亮眼,在 2015 年指标评价综合得分强势夺冠后,于 2018

年蝉联冠军。具体指标方面，上海的场馆展能实力突出，展馆发展指数为127.67分，且与法国巴黎、德国法兰克福保持较大距离；展会发展指数为117.36分，仍然保持一定优势；组展商实力较弱，组展商发展指数仅为5.51分。

4. 北美洲会展城市：美国一枝独秀

与国家会展指数综合评价结果相同，北美洲入围的9个城市全部为美国的城市，分别为拉斯维加斯、芝加哥、奥兰多、亚特兰大、休斯敦、路易斯维尔、新奥尔良、劳德代尔堡和洛杉矶。美国会展城市综合实力最强的是拉斯维加斯，综合发展指数为26.12分。

5. 世界会展城市实力十强：欧洲城市占据绝对优势

十强中，德国汉诺威、法兰克福、科隆、杜塞尔多夫、慕尼黑五城较2015年波动幅度不大。十强剩下的5席中，中国有2个城市（上海、广州），法国占1席（巴黎），意大利占1席（米兰），英国入围1席（伦敦）。2018年世界会展城市实力十强中有8席属于欧洲城市，显示出欧洲会展业超强的实力和持续领跑的态势，德国作为老牌会展强国，仍然一马当先。尽管中国上海蝉联世界会展城市综合发展指数冠军，但当前世界会展城市综合实力整体格局已基本趋于稳定。

（三）全球会展场馆实力：全球会展场馆展能稳中有升，亚太地区发展活力十足①

1. 整体印象：超大型场馆建设受重视，建设现代化智慧场馆是趋势

2017~2018年世界经济迎来短暂利好态势，各国较为重视会展硬件设施的建设，全球展能进一步释放，整体呈现稳中有升的发展态势。至2017年底，全球范围内共有1217座净展览面积达到5000平方米的场馆登记在册，较2011年增长1.6%，室内展馆面积达3470万平方米，近6年平均增速为

---

① 鉴于报告使用的资料来源，为避免数据不好处理，本书将全球会展场馆分为欧洲、亚太地区、北美、中东和非洲、中美洲和南美洲进行叙述。

1.3%。全球会展场馆展能稳中有升,增量主要来自亚太地区发展中国家。全球场馆规模主要集中于 5000~20000 平方米(包括 20000 平方米),占 61%。随着全球会展业不断成熟,超大型场馆已成为场馆建设的重要选择,表现在 2011~2017 年超过 10 万平方米的超大型场馆增长最快,中国在这方面表现亮眼,在全国各地积极建设超大型场馆。随着互联网技术的不断创新,现代化智慧场馆成为会展场馆后续建设的重点。

2. 欧洲场馆:展能持续领跑全球,增势缓慢

至 2017 年底,欧洲依然是全球室内展览展能最高的区域,净展览面积达到 5000 平方米及以上的场馆数量为 499 座,室内展馆面积 1570 万平方米,占全球的 45.2%。同 2011 年相比,欧洲室内展馆面积增势缓慢,6 年增幅仅为 4.0%。欧洲在超大型场馆方面拥有绝对优势,2018 年全球 65 座室内展馆面积超过 10 万平方米的超大型场馆中,欧洲拥有 35 座,占 53.9%,超过半数,显示出其在会展场馆建设中的超前性。

3. 亚太地区场馆:展能增势明显,超大型场馆建设成为趋势

至 2017 年底,亚太地区拥有净展览面积达到 5000 平方米及以上的场馆 205 座,室内展馆面积 823 万平方米,占全球的 23.7%,展能首次超越北美。与欧美展能增势缓慢不同,同 2011 年相比,亚太地区室内展馆面积增幅高达 24.7%,且仍有持续增长的趋势,也因此当其他区域场馆的全球市场份额下降时,亚太地区场馆的全球市场份额持续增长,至 2017 年底其全球市场份额已达 23.7%,相较于 2011 年增长 3.2 个百分点。亚太地区尽管在各规模等级场馆数量上均少于欧洲,但平均室内展馆面积是全球最大的,为 40147 万平方米,高于欧洲的 31421 平方米,这说明亚太地区整体场馆面积更大。同时,以中国为代表的亚太地区国家持续建设超大型场馆,2016 年国家会展中心(上海)的投入使用和 2019 年深圳国际会展中心的全面建成与投入使用影响了全球超大型场馆的格局。

4. 北美场馆:美国总展能全球最高,总体增长缓慢

至 2017 年底,北美共有场馆 394 座,室内展馆面积 817 万平方米,占全球的 23.5%。中美洲和南美洲(以下简称中南美洲)作为全球展能资源较为落后的区域，会展场馆 60 座，室内展馆面积 120 万平方米，仅占全球的 3.5%。与 2011 年相比，北美和中南美洲室内展馆面积增幅分别为 3.4% 和 9.1%。

美国是全球会展场馆数量最多和总展能最高的国家，超过 5000 平方米的场馆总数为 326 座，比中国多出 216 座；室内展馆面积达 6850426 平方米，占 19.7%，显示出美国在会展基础设施上的强劲实力。

5. 超大型场馆动态：数量和面积均有增长，区域增速差异较大

AUMA 报告显示：截至 2018 年底，全球超大型场馆面积已达 1098.45 万平方米，比 2015 年增长 17.29%，数量由 54 座增加到 65 座，增长 20.37%，年均增长率 6.79%，总体发展向好。

2018 年，全球共有 18 个国家和地区拥有超大型场馆，面积分布为欧洲 629.30 万平方米、亚太地区 338.06 万平方米、北美 119.19 万平方米、中东地区 11.90 万平方米。其中，中东地区的阿联酋迪拜国际会展中心首次入围。亚太地区超大型场馆发展迅速，2018 年总面积比 2015 年增长了 71.96%，3 年平均增速超 23%，显示出亚太地区会展业蓬勃发展的活力。

2015~2018 年各区域主要会展国家在超大型场馆建设方面脚步不一，增速最快的为中国。截至 2018 年底，中国已经成为拥有超大型场馆数量最多、面积最大的国家，超大型场馆总数达 18 座，比 2015 年增加了 10 座，总面积 303.04 万平方米，比 2015 年增长了 87.55%，在全球超大型场馆总面积中占 27.59%，总面积占比首次超越德国。德国 10 座超大型场馆总面积 220.96 万平方米，总面积占比由 2015 年的 23.73% 下降至 20.12%，但超大型场馆平均面积仍高于中国。2019 年、2020 年中国仍在持续建设超大型场馆，逐步扩大超大型场馆的总面积和平均面积。

2018 年全球超大型场馆十强的室内展馆面积共计 3198913 平方米，较 2015 年增长 4.6%，十强的平均面积为 31.99 万平方米。全球超大型场馆十强中有 7 座来自欧洲，其中德国有 4 座，意大利、俄罗斯和法国各有 1 座，其余 3 座来自中国，与 2015 年相比有较大调整变动，国家会展中心（上海）以 40 万平方米的室内展馆面积实现超越，成为全球第一大超大型场馆。原十强之首德国汉诺威展览中心位置下滑，德国法兰克福展览中心位置提升。中国昆明滇池国际会展中心和俄罗斯莫斯科 Crocus 国际展览中心首次入榜。

（四）世界商展百强：德国实力强劲但略有收缩，中国稳步增强

1. 整体印象：德国保持稳定，中国稳步增长

2018 年，世界商展百强展出总面积为 2195.00 万平方米，较上年增加 70.69 万平方米，平均单展面积为 21.95 万平方米，较上年增长 3.33%。入榜国家呈现世界商展的三个核心区域：以德国为代表的西欧国家群、以中俄两国为代表的东欧—亚洲区域、美国。2018 年德国商展总面积为 1075.2 万平方米，占 48.98%，虽然商展总面积较 2017 年减少 26.67 万平方米，但仍然居全球首位；中国商展总面积为 502.3 万平方米，占 22.88%，同比增加 40.4 万平方米。

2. 世界商展百强动态变化：总体平稳，有进有出

有展会入围"2018 年世界商展 100 大排行榜"的国家为 8 个，分别为德国（50 个）、中国（23 个）、意大利（12 个）、法国（7 个）、美国（5 个）、瑞士（1 个）、俄罗斯（1 个）、阿联酋（1 个）。这是阿联酋自排行榜发布 12 年以来首次入围。西班牙自 2016 年起退出了排行榜，英国在 2013 年、2014 年退出排行榜之后，在 2015～2017 年均有展会上榜，2018 年以来连续两年退出排行榜。

2018 年排行榜中，德国入围展会 50 个，占 50%，显示出其作为世界商展主导力量的绝对优势。尽管德国在展会数量和总面积上仍然保持稳定，但排行榜发布 12 年以来，德国入榜展会数量呈现减少状态，由 2007 年的 62 个逐渐减少至 2018 年的 50 个。中国作为会展业后发国家，在商展实力方面始终保持稳步发展的趋势。2007 年仅有 4 个展会入围的中国，至 2018 年已有 23 个展会入围，2018 年共有 4 个展会进入排行榜前十，中国会展业的国际认可度稳步提升。

与 2017 年排行榜进行对比发现，2018 年有 8 个商展新入排行榜，其中

5年间第一次进入排行榜的商展共5个，除了2018年首次举办的中国国际进口博览会以外，其余4个商展均为创办于2000年以前的老牌商展。这显示部分老牌商展积极应对世界市场的动态变化，并针对全球环境和产业发展进行了有效的策略调整与规模升级。

总体而言，纵观近五年世界商展百强榜单，其变化呈现如下特征：展会总面积呈现稳步上升的态势，入围门槛逐步提升；德国从横向上看维持领先地位，从纵向上看展会数量有所减少；中国入榜展会数量和质量都在稳步提升，发展动力强劲；入榜国家较为集中，各国此消彼长，有进有出。

3.2018年世界商展百强题材：轻工业品类商展总量大，交通类商展数量最多

2018年世界商展百强榜单中，轻工业品类以58个商展在数量上占绝对优势，重工业品类有26个商展，服务产品类有4个商展，另有12个行业综合类商展。

按照具体主题划分，2018年数量居首位的是交通类商展，由上海国际汽车工业展览会领衔，入榜数量总计16个；工业/机械/加工类商展紧随其后，包括多年居世界商展百强首位的Bauma China在内共计12个；然后是建筑类商展，共计11个。这三类商展总数量占世界商展百强的39%。

世界商展百强前十名的主营展品均为工业品，其中8个为重工业品，2个为轻工业品。它们分布于5个主题，包括工业/机械/加工、农业、建筑、交通、资源和能源。与生产资料直接相关的重工业品具有展出面积大、专业性强的特点，规模体量庞大，优秀展会数量多，同时市场需求稳定。

（五）全球组展商实力：欧洲组展商实力较强，亚洲组展商潜力较大

1.全球组展商实力整体印象：营业额总体向好，位置有所变化

通过计算全球营业额超过1亿欧元的组展商2016~2018年的复合增长率发现，各大组展商总体保持了较为稳定的增长态势。2018年，全球组展商营业额超过1亿欧元的共有34家。英国的励展博览集团年营业额达13.52亿欧元，稳居全球组展商榜首。英富曼公司营业额从2016年开始连

续翻番，2018 年更是通过并购博闻集团使营业额大幅增长，2018 年营业额为 13.19 亿欧元。中国有 2 家组展商上榜，分别是营业额达到 2.40 亿欧元的香港贸发局和营业额为 1.35 亿欧元的上海新国际博览中心。与 2017 年相比，2018 年德国汉堡国际会展中心以 1.04 亿欧元营业额新入榜。

2. 欧洲组展商：以绝对优势领先全球

2018 年全球年营业额超过 1 亿欧元的 34 家组展商中，有 30 家欧洲企业，欧洲组展商以绝对优势领先全球。其中，德国组展商总数占全球的 26.47%，英国组展商总数占全球的 23.53%，两国组展商入围数量占据 50%。从营业额及其变化来看，2016~2018 年复合增长率较高的均为欧洲公司，显示出欧洲组展商较强的增长活力。

3. 亚洲组展商：具备一定实力

亚洲会展业因广大的市场而具备很强的潜力，亚洲组展商在近年来具备了一定的实力。截至 2020 年 3 月 31 日，全球展览业协会（UFI）亚洲会员累计为 343 个，在全球范围内占比最高。UFI 中国会员（大陆地区）累计为 159 个。

4. 全球组展商运营模式与趋势

（1）组展商运营模式：产业数字化

近年来，各国会展公司都注意到了数字化对会展业的影响，纷纷加速布局，借助数字化为会展活动赋能。UFI 利用数字技术对会展公司进行不同活动的状况进行调查的结果显示，全球范围内有 58% 的公司围绕现有展览增加数字服务或产品（如应用程序、数字广告、数字标牌），有 48% 的公司内部工作流程数字化，有 28% 的公司为个别展会或产品制定了数字化或转型战略，有 22% 的公司为整个公司制定了数字化或转型战略。当前，欧洲依旧是会展业数字化程度最高的地区，英国也仍然是会展数字化程度最高的国家，指数达到了 40。美国（33）、意大利（30）、中国（29）、德国（29）也均高于全球平均值。

（2）组展商办展理念：绿色可持续

当前，在环境破坏造成自然灾害和气候问题多发的压力下，人类生产活动更加注重环境友好，可持续发展已成为各行各业的工作宗旨之一。会展公司自然践行绿色会展理念，推动产业的可持续发展。自 2015 年联合国发布17 个可持续发展目标后，UFI 也开发了相应数据库对会展公司进行调研。被调研的公司中有 68% 的公司致力于解决"永续供求"的问题，从搭建展位到提供食物，再到最终拆除和清除废物等展会举办过程中的各个阶段入手，着重探索减少物资浪费的方式，许多有场馆运营资质的公司在寻找替代一次性塑料制品的解决方案以及展会举办后资源的回收再利用的方式。

（3）特殊时期组展商发展不确定性增加

2019 年底至 2020 年上半年会展业发展严重受挫，组展商发展不确定性增加，特别是亚洲，受到的冲击影响更加明显，亚洲的公司对于 2019 年下半年和 2020 年上半年的营业额预期下跌较为严重。从国际化扩张策略来看，与欧洲公司相比，亚洲公司普遍具有明显的保守性，78% 的亚洲公司更愿意停留在已有其业务的国家发展，是四大区域中占比最高的，而希望在新的国家开辟业务的公司占比仅为 22%。

二 中国会展业发展综述[①]

（一）中国会展业在经济下行压力下保持增长

1. 展览数量、展览面积保持增长，展会提质成为重点

受全球宏观经济复苏乏力的影响，世界展览业进入了低速发展阶段。根据中国会展经济研究会发布的《2019 年度中国展览数据统计报告》，2011～2019 年，纳入统计的展览城市由 83 个增至 187 个，中国展览数量由 7330 场增至 11033 场，展览面积从 8173 万平方米增至 14877 万平方米（见图 1），经贸展览数量和展览面积的年均增长率分别为 5.61% 和 9.11%。相较于

---

① 为了与全球数据保持相对的同步性，故在进行国内会展 SMI 指数计算及实力横向比较时，本报告采用 2019 年的数据。

2018年,2019年中国展览业小幅增长,全年经贸展览数量和展览面积分别增长1.3%和2.9%。[①]

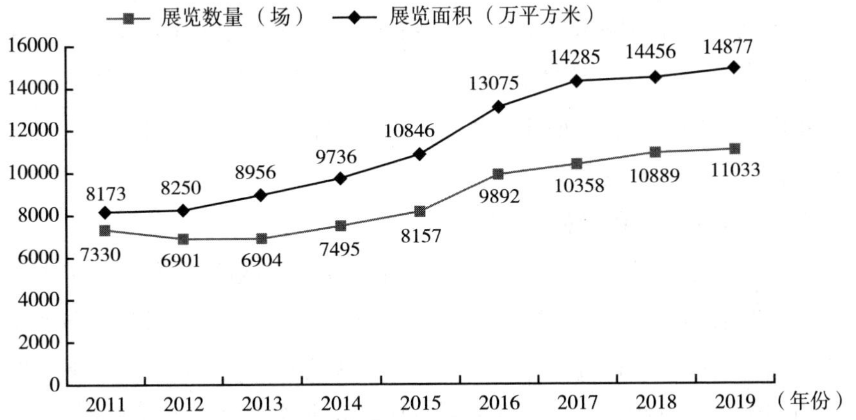

图1　2011~2019年中国展览数量、展览面积

资料来源:中国会展经济研究会发布的《2019年度中国展览数据统计报告》。

历经9年发展,我国展均面积由1.12万平方米增加至1.35万平方米。应当看到,相较于2018年,2019年展览数量提升不明显,但在相对数量增长下,展览面积提升较明显,大于2018年展览面积的增长率。这表明,扩大展会规模、提升办展质量成为业界关注和实践的重点,也是会展业服务于其他产业的必然发展需求。

2.超大型场馆建设趋势明显

2019年全国投入使用的场馆292座,室内可供展览总面积为1197万平方米,较2018年净增66.8万平方米。[②] 近年来,在中国更高水平对外开放和通过供给侧结构性改革等方式高质量发展的背景下,中国会展业发展逐步成熟,广阔的中国市场吸引着国内外会展主办方举办大型专业展会为市场供需双方及产业链上各环节企业提供更优质的参展体验,满足各方参展人员的

---

① 中国会展经济研究会:《2019年度中国展览数据统计报告》。

② 中国会展经济研究会:《2019年度中国展览数据统计报告》。

参展需求。因此，各类展会的规模不断扩大，且仍有持续扩大的需求。各省市部分先前投建的场馆受限于展览面积小、设施落后等因素，无法满足主办方对展能和场馆体验的需求，无力承办规模化展会，已而转为他用。

基于此，新建能够满足未来展会规模扩大需求的超大型场馆成为近年来建设的重点。2019 年，全国共有在建场馆 24 座，已立项待建场馆 14 座。大型城市单个场馆建筑大型化（室内可供展览面积 10 万平方米及以上）和一城多馆已经成为普遍趋势。①

3. 创新展会带动国家和城市发展

2018 年，首届中国国际进口博览会的举办举世瞩目，作为当年国家四大主场外交活动之一，中国国际进口博览会不仅通过构建企业间市场吸引全球企业加入与国内企业进行经贸往来，还承担着战略性国际外交任务。2019 年，中国国际进口博览会不断完善，成功举办了第二届。作为高水平对外开放的标志性工程，中国国际进口博览会的举办是对主办城市上海建设国际会展之都的考验和动力，也是中国迈向展览强国的重要一步。在"办好一次会，搞活一座城"的指导下，在中国国际进口博览会成功举办的带动下，各地政府根据当地发展特色和产业发展目标积极主办各类特色展会，加快地方经济发展转型。

（二）中国会展竞争力区域差异较大

按照 2019 年会展城市区域划分依据，我国会展呈现三、四、二（特区）格局，即长三角、珠三角、环渤海三大会展城市群，西南、中部、东北、西北四大会展城市带，海西经济区和海南国际旅游岛两大会展城市特区。以上区域正在以不同程度参与全球化、内陆开放、"一带一路"倡议、长江经济带等，推动了结构性调整与创新驱动，促进了内陆地区全方位的改革开放。

1. 以长三角为首的三大会展城市群实力领先

2019 年中国区域会展发展指数，以上海为中心的长三角会展城市群的

---

① 中国会展经济研究会：《2019 年度中国展览数据统计报告》。

展馆发展指数、展会发展指数、组展商发展指数位居前列，会展综合发展指数为87.60分，拥有上海、南京、杭州等多个会展实力强的城市，长三角会展城市群以绝对优势成为全国会展业发展的龙头区域。以北京为核心的环渤海会展城市群会展综合发展指数为77.97分，仅次于长三角会展城市群。以广州为首的珠三角会展城市群会展综合发展指数为54.08分。

2. 西南、中部、东北、西北四大会展城市带发展潜力大

西南会展城市带会展综合发展指数为48.59分，仅以5.49分落后于珠三角会展城市群，在展会发展指数单项上表现突出，超过珠三角会展城市群，但组展商发展指数较低。中部会展城市带会展综合发展指数为28.38分。东北、西北两个会展城市带会展综合发展指数分别为23.30分和11.79分。四大会展城市带只有更加注重专业化组展商的培育，才能够有效增强区域会展活力。

3. 海西经济区和海南国际旅游岛会展城市特区发展缓慢

海西经济区和海南国际旅游岛会展城市特区会展综合发展指数为9.63分，三个维度得分均相对较低，考虑海西经济区和海南国际旅游岛会展城市特区仅有两个省，总体表现不错。后续应在展馆建设、展会举办和吸引组展商进驻三个方面有效发力，从而提升会展业实力，是海西经济区和海南国际旅游岛会展城市特区会展业发展过程中值得深思的重要课题。

（三）中国省域会展竞争力呈梯度分布

1. 广东省、上海市、山东省、北京市位列第一梯队

广东省、上海市、山东省、北京市分别以88.31分、75.56分、58.08分、45.59分居省域会展综合发展指数的前列，构成了我国省域会展发展第一梯队。4个省域在展馆、展会和组展商三个指数上得分均较高。广东省在展馆发展指数单项上表现突出，上海市在展会发展指数单项上表现突出。

2. 江苏省领跑第二梯队，川、浙、渝会展业表现不俗

第二梯队由13个省域构成，分别为江苏省（39.21分）、四川省（34.00分）、浙江省（32.47分）、重庆市（29.33分）、辽宁省（23.15分）、河南省（19.64分）、云南省（16.56分）、河北省（16.33分）、福建省（16.06分）、吉林省（12.51分）、湖北省（12.07分）、湖南省（10.61分）、安徽省（10.07分）。其中，江苏省的展馆发展指数和展会发展指数、四川省的展会发展指数、浙江省的展馆发展指数和展会发展指数、重庆市的展会发展指数均在40分以上，表现不俗。综合来看，第二梯队省域在各项指标上整体落后于第一梯队省域，尤其是组展商发展指数，与第一梯队省域组展商整体实力存在差距。

3. 陕西省等14个省域构成第三梯队，各项指数均有待提升

第三梯队由陕西省（9.11分）、天津市（8.54分）、黑龙江省（7.58分）、广西壮族自治区（6.76分）、贵州省（5.21分）、江西省（5.10分）、内蒙古自治区（4.46分）、山西省（4.08分）、新疆维吾尔自治区（2.58分）、甘肃省（2.47分）、海南省（1.85分）、青海省（1.73分）、宁夏回族自治区（1.32分）、西藏自治区（0.88分）14个省域组成。这一梯队在各项指数上均得分较低，仍有待提升。地理位置、经济环境等诸多因素造成了第三梯队省域会展业的落后，处于第三梯队的省域需要在全面认识省域经济发展状态及特色产业的基础上，通过前期规划和政策扶持逐步提高各项指数，发展会展业。

（四）中国城市会展竞争力呈现三层级发展状态

1. 上海、广州、北京一线会展城市断层领先

2019年中国一线会展城市为上海、广州、北京三城，会展综合发展指数分别为88.85分、57.29分、50.14分，均高于50分。对比上一年城市会展竞争力，三城会展综合发展指数均有较为明显的提升，表明城市会展竞争力不断增强。在三大一线会展城市中，上海持续保持绝对的领先地位，在展馆发展指数和展会发展指数上都以100分领先，仅组展商发展指数为58.69分。广州在展馆、展会、组展商三个维度上发展均衡，均具备一定实力。北京在组展商发展指数单项表现突出。

2. 重庆、深圳等18个城市构成二线会展城市

二线会展城市由 18 个城市组成，按会展综合发展指数依次为重庆市（33.75 分）、深圳市（31.28 分）、昆明市（24.84 分）、青岛市（22.11 分）、成都市（21.75 分）、南京市（17.27 分）、杭州市（15.52 分）、沈阳市（15.50 分）、长春市（15.32 分）、武汉市（15.00 分）、西安市（11.77 分）、郑州市（11.25 分）、长沙市（11.19 分）、天津市（10.81 分）、临沂市（10.72 分）、济南市（10.68 分）、苏州市（10.52 分）、潍坊市（10.09 分）。与 2016 年相比，二线会展城市 2019 年会展综合发展指数整体波动较小，会展发展均有所提升。

二线会展城市具备一定的会展实力，大部分的会展城市主要在场馆建设、展会项目发展和专业化组展商培育三个方面中某一个方面有较为明显的不足，导致某一单项指标评分较低，从而导致会展综合发展指数相应变低，居于第二梯队。目前来看，缺乏具有实力的组展商是大部分二线会展城市的通病。

3. 厦门、合肥等189个城市组成三线会展城市

我国三线会展城市包括厦门、合肥、石家庄、哈尔滨、宁波、南昌、佛山、无锡、贵阳等 189 个城市。相较于 2016 年，三线会展城市总数有所增加，整体波动较小。三线会展城市整体综合发展实力落后，各项指标均有较大提升空间，找准城市会展发展特色与定位、提升城市综合会展实力，是实现全国会展业均衡发展的必由之路。

（五）中国会展展馆展能实力稳中有升，地区发展差异较大

1. 展馆展能总体情况

据中国会展经济研究会统计，截至 2019 年底，我国 31 个省、自治区、直辖市共建成 253 座场馆并投入使用，室内展馆面积达 1094.03 万平方米，与 2018 年相比稳中有升。馆均面积 4.32 万平方米，较 2018 年增长 3.9%。全国超大型场馆（展馆面积超过 10 万平方米）共 19 座，增长明显。2018～2019 年，各地建成并投入使用的超大型场馆有效拉动了全国展馆展能的增长。

2. 会展区域展能实力概览

2019 年，我国拥有 10 座及以上场馆的省份共有 7 个，占比为 22.58%；场馆数量在 5~10 座的省份共有 10 个，占比为 32.26%；场馆数量少于 5 座的省份共有 14 个，占比为 45.16%。根据拥有场馆的数量进行层级区分，31 个省、自治区、直辖市可以被分为三个层级，位于第一层级的为山东省（38 座）、广东省（27 座）、江苏省（26 座）、浙江省（20 座）、河南省（18 座）、河北省（16 座）、辽宁省（10 座）。

（1）长三角会展城市群场馆展能

截至 2019 年，我国长三角会展城市群拥有 61 座场馆，占全国的 24.1%；室内展馆面积达到 271.09 万平方米，占 24.8%。作为全国会展业发展的核心地区，长三角会展城市群在场馆展能上优势突出。

从数量与面积来看，长三角会展城市群拥有场馆数量由多到少依次为江苏省（26 座）、浙江省（20 座）、上海市（9 座）、安徽省（6 座）；江苏省室内展馆面积为 83.15 万平方米，其后依次为上海市、浙江省、安徽省。

相较于 2016 年，长三角会展城市群的超大型场馆新增 1 座，在原有 40 万平方米的国家会展中心（上海）、20 万平方米的上海新国际博览中心和 11 万平方米的南京国际博览中心的基础上，新增了 12.64 万平方米的义乌国际博览中心。

（2）环渤海会展城市群场馆展能

截至 2019 年，环渤海会展城市群场馆数量为 64 座，是中国场馆数量最多的会展城市群，占全国的 25.3%；室内展馆面积为 206.67 万平方米，占我国室内展馆面积的 18.9%。环渤海会展城市群场馆展能综合实力仅次于长三角会展城市群。

从数量和面积来看，山东省以 38 座场馆 124.07 万平方米的室内展馆面积继续在数量和面积上全面领跑环渤海会展城市群。河北省以 16 座场馆 40.19 万平方米的室内展馆面积紧随其后。北京市共有 6 座场馆，室内展馆面积为 28.31 万平方米。天津市以 4 座场馆 14.10 万平方米的室内展馆面积居末位。

环渤海会展城市群展馆面积超过 10 万平方米的超大型场馆共有 3 座，包括山东省的青岛新南国际博览中心（12 万平方米）、青岛世界博览城（12 万平方米）以及北京市的中国国际展览中心新馆（10.68 万平方米）。同时，山东省仍有 4 座在建的超大型场馆，不断增加的场馆数量与展馆面积方面的优势，引领环渤海会展城市群会展业持续发展。

（3）珠三角会展城市群场馆展能

截至 2019 年，珠三角会展城市群拥有场馆 27 座，占全国场馆总数的 10.7%；室内展馆面积 176.47 万平方米，占我国室内展馆面积的 16.1%。

超大型场馆建设方面，珠三角会展城市群的超大型场馆在中国进出口商品交易会展馆（33.8 万平方米）、广东（潭洲）国际会展中心（10 万平方米）和深圳会展中心（10.5 万平方米）3 座的基础上新增了 50 万平方米的深圳国际会展中心（一期室内面积 40 万平方米建成投入使用），这一"四强"超大型场馆的布局将为珠三角会展城市群进一步拓展市场、吸纳展会资源奠定坚实基础。

（4）西南会展城市带场馆展能

截至 2019 年，西南会展城市带共有场馆 21 座，占全国场馆总数的 8.3%；室内展馆面积为 159.18 万平方米，占我国室内展馆面积的 14.5%。从以上两项数据来看，西南会展城市带以黑马之势跃至全国场馆展能前列，馆均面积为 7.58 万平方米。

西南会展城市带按照场馆数量由多到少依次为四川省 8 座，云南省 4 座，重庆市、广西壮族自治区均 3 座，西藏自治区 2 座，贵州省 1 座。按展馆面积由大到小依次为四川省 52.97 万平方米、云南省 51.60 万平方米、重庆市 27.52 万平方米、广西壮族自治区 13.29 万平方米、贵州省 8.00 万平方米、西藏自治区 5.80 万平方米。

西南会展城市带的超大型场馆有 4 座，相较于 2016 年新增 2 座。原已拥有成都世纪城新国际展览中心（11 万平方米）和重庆国际博览中心（20 万平方米），新增云南省的昆明滇池国际会展中心（30 万平方米）和四川省的中国西部国际博览城国际展览展示中心（20.5 万平方米）。

（5）中部会展城市带场馆展能

截至 2019 年，中部会展城市带的场馆有 35 座，占全国场馆总数的 13.8%；室内展馆面积为 117.68 万平方米，占全国室内展馆面积的 10.8%。在此基础之上，中部会展城市带的在建与待建场馆有 19 座，是各区域中的数量之最，其中包括 4 座超大型场馆。可以预见，中部会展城市带的会展业规模将有很大提高。

就场馆数量而言，河南省有 18 个场馆，湖北省、湖南省均有 5 个场馆，山西省有 4 个场馆，江西省有 3 个场馆。展馆面积方面，河南省、湖北省、江西省、湖南省、山西省依次为 53.37 万平方米、24.84 万平方米、16.10 万平方米、15.45 万平方米、7.92 万平方米。

中部会展城市带拥有超大型场馆武汉国际博览中心（15 万平方米）与南昌绿地国际博览中心（14 万平方米）。同时，有河南省的郑州新国际会展中心（18 万平方米）、商丘国际会展中心（14 万平方米），湖南省的衡阳国际会展中心（28 万平方米），山西省的太原市会展中心（12 万平方米）4 个超大型场馆待建。

（6）东北会展城市带场馆展能

截至 2019 年，东北会展城市带以 21 座场馆占全国的 8.3%，室内展馆面积共 74.36 万平方米，占全国室内展馆面积的 6.8%，馆均面积为 3.54 万平方米。东北三省中，辽宁省有 10 座场馆，吉林省有 6 座场馆，黑龙江省有 5 座场馆。室内展馆面积由大到小依次是辽宁省、吉林省、黑龙江省，分别为 33.94 万平方米、24.73 万平方米、15.69 万平方米。

东北会展城市带唯一的超大型场馆是辽宁省的沈阳国际展览中心（10.56 万平方米），同时丹东国门湾金融国际会展城（20 万平方米）正在建设之中。

（7）西北会展城市带场馆展能

截至 2019 年底，西北会展城市带共有 15 座场馆，占全国场馆总数的 5.9%，省域拥有场馆数分别为内蒙古自治区 5 座、陕西省 3 座、甘肃省 3 座、青海省 2 座、宁夏回族自治区 1 座、新疆维吾尔自治区 1 座。西北会展城市带室内展馆面积为47.23万平方米，占全国室内展馆面积的4.3%，省域室内展馆面积依次为陕西省17万平方米、内蒙古自治区10.30万平方米、甘肃省6.74万平方米、青海省5.69万平方米、新疆维吾尔自治区4.5万平方米、宁夏回族自治区3万平方米。

西北会展城市带在建或待建的超大型场馆有陕西省的西安丝路国际会展中心（20万平方米）与青海省的丝绸之路（青海）国际会展中心（10万平方米），2座超大型场馆的建成投用将带动西北会展城市带会展场馆的面积增长。

（8）海西经济区和海南国际旅游岛场馆展能

截至2019年，两大会展城市特区的场馆总计9座，在各区域场馆中数量较少，仅占全国场馆总数的3.6%；室内展馆面积为41.29万平方米，占全国室内展馆面积的3.8%。考虑到两大会展城市特区仅包含海南、福建两省，实际上室内展馆面积表现不俗。其中，福建省有8座场馆，室内展馆面积为37.50万平方米，海南省有1座室内展馆面积为3.79万平方米的场馆。

福建省拥有1座超大型场馆——10万平方米的厦门国际会议展览中心，以及在建的厦门翔安新会展中心（30万平方米）。

（六）中国组展商发展平稳

截至2020年3月31日，中国共有201家UFI会员公司，成为UFI全球最大的会员国，中国大陆共有167家UFI会员公司，从侧面体现出中国组展商近年来的实力。

1.北上广实力较强，领先优势明显

2019年中国专业展会组展商百强中，北京、上海、广州共有64家组展商入围，优势明显。其中，北京有28家组展商入围，上海有19家入围，广州有17家组展商入围。此外，截至2020年3月31日，中国加入UFI会员公司中，北京和上海UFI会员数分别为29家和28家，分别占14.42%、13.93%；广州16家，占7.96%；北上广UFI会员公司共举办展会1816场，总展览面积高达8118.8万平方米。

2. 整体发展策略平稳

2019 年，中国境外办展主办机构共 91 家，出国办展 132 场，较 2018 年的 135 场稍有下滑，出国办展面积 25.44 万平方米，同比下降 3.4%，出国办展企业 1.3 万家，同比下降 19.4%。虽然境外办展主办机构有所增加，整体发展策略仍较平稳，但企业出国发展意愿较弱。另外，中国组展商当前战略方向结合地域风险的表现为：79% 的组展商发展战略维持现状，其发展重心仍停留在已有业务的国家，而 21% 的组展商考虑在新的国家开辟业务。

3. 上海国际会展之都建设中的上海组展商

上海市会展业促进中心数据显示，到 2019 年底，上海共举办各类展会 1043 个，同比增长 1.07%，居全球主要会展城市之首。在此期间，大量外资展览企业来到上海，成为上海会展业最为活跃的组展商，全球综合排名前十的主要跨国会展集团都已在上海设立独资或合资企业，推动组展专业化、国际化。

以东浩兰生为代表的上海会展集团积极布局会展全产业链，提升自身盈利能力，推进上海建设国际会展之都的进程。2020 年 3 月 6 日，兰生股份发布了重组草案，拟以兰生轻工 51% 股权与东浩兰生集团持有的会展集团 100% 股权的等值部分进行置换。一旦经过股东大会表决完成交易后，会展集团成为上市公司的全资子公司，上市公司将转型成为会展全产业链资源型公司，这意味着上海首个大型国有会展业上市公司将正式起航。

当前，中国会展业虽已建立较为完善的需求供给体系，但整体还以过去的市场方式为主，缺乏市场化的金融工具。面对会展业变革所呈现的机遇和挑战，上海充分发挥了作为国际会展之都的表率作用，学习发达国家成熟的会展经验，利用资本推动产业整合和产业优化升级。

（七）中国商展实力稳步提升

1. 中国商展在世界商展百强中居前列

"2018 年世界商展 100 大排行榜"中，中国共有 23 个商展上榜，其中 20 个（占 87%）展会连续两年上榜，15 个（占 65%）展会连续五年上榜，

8个（占35%）展会连续十年上榜。商展集中分布在上海、广州、北京、厦门、香港、南宁6个城市，其中上海以13个商展遥遥领先，继续蝉联世界大型商展最多的城市。相较于上一次榜单，12个商展的位置有所上升，占上榜总数的52%；在连续登榜的20个商展中，9个商展的面积增加且位置上升，表明中国商展实力稳步提升。

2. 区域间差异化明显，中西部地区增长显著

按照中国七大地理区域划分，我国会展业区域发展仍旧不平衡。全国商展在展览数量以及展览面积上保持增长，但是各区域有所波动，覆盖长三角会展城市群的华东地区仍然占据首位，华东、西南地区均有所增长，东北、华中、西北地区展览数量和展览面积均有所下降，中国会展业在东部优势作用下开始向中西部发展。

按照会展城市区域划分，2019年在展览数量上，长三角、环渤海、珠三角三大城市群占54.73%，中部、东北、西北、西南四大城市带占41.90%；在展览面积上，三大城市群占57.67%，四大城市带占39.14%。以上海、南京等城市为代表的长三角会展城市群依旧是全国会展业最发达的区域，展览数量比上年增长0.47%，展览面积增长2.05%；以北京、青岛为代表的环渤海城市群展览数量趋于稳定，同比增长3.35%；以广州、深圳等城市为代表的珠三角会展城市群虽然展览面积有所下降，但展览数量有所增加；以重庆、成都等城市为代表的西南会展城市带，以武汉、长沙、郑州等城市为代表的中部会展城市带迅速发力，展览面积均呈现正增长；以沈阳、长春等城市为代表的东北会展城市带急需整合资源要素，在区域优势的基础上将会展业做大做强；以厦门、海口等城市为代表的会展城市特区在展览面积上增速明显，但是展览数量有所减少，表明单展规模正在逐步扩大。

在加快推进区域经济一体化的进程中，会展业能够凭借对资源要素的集聚力和配置力以及辐射带动效应推动一体化，促进区域产业结构的优化升级，反过来区域经济一体化能够推动区域完善分工合作，有效增强会展业的规模化和专业化。

3. 汽车类展会数量、面积"双高",轻工业类展会居多

根据 2019 年社调,5781 个展览中汽车类展会无论是数量还是面积均为最多、最大,展览数量占社调总数量的 14.15%,展览面积占 14.55%。从展览面积来看,建筑建材和休闲娱乐的占比分别为 10.46% 和 9.23%。从展览数量来看,休闲娱乐和文教的占比分别为 10.40%、10.17%。从总体来看,在展览数量上以休闲娱乐、文教、家居、食品饮料等为主题的轻工业类展会居多;在展览面积上,汽车、建筑建材类展会领先。

4. 中国商展主题趋向生活化、科技化

为了满足消费者的购买需求,商展的主题越来越趋向和生活挂钩,在展品陈列中体现人性化的温度,让人们在参观和体验中感受到最新的产品和服务带来的变化。从 2010 年以"城市,让生活更美好"为主题的上海世界博览会到 2019 年以"共创·美好生活"为主题的上海国际汽车工业展览会,越来越多的展会开始注意到产业为人服务的根本,在主题、空间设计以及现场配套服务上关注消费者的情感需求。

三 未来启示与走向

(一)持续深化数字化转型变革

移动互联网、云计算、大数据、区块链、人工智能、VR 等数字科技的进步和在会展业中的深度应用以及大量数字会展技术服务提供商的涌现,为全球会展业的全面数字化转型升级按下了加速键。

一方面,线上线下展会融合发展将成为常态。《2021 年度中国展览数据统计报告》显示:2021 年中国举办线上展会 714 场,较 2020 年净增 86 场,增幅为 13.69%。其中,与线下展会同期举办的线上展会 623 场,占线上展会总数的 87.25%。[①] 可以说,在中国线上线下展会融合发展已渐成标配,

---

① 中国会展经济研究会:《2021 年度中国展览数据统计报告》。

尤其是线上展会对扩大展会影响的作用十分显著。当前，随着用户对线上展会认可度的不断提高，线上展会打破时空限制，实现全年无休，永不落幕，辐射并触及全球的客户，并根据不同客户进行有针对性展示，降低成本，与线下展会的融合发展，将成为全球会展业发展的新出路。另一方面，智慧型场馆建设将日趋加强，随着 VR／AR、智能零售柜、高清 4K/8K 直播、物联网等技术的日趋成熟，全球会展场馆也走向信息化、数字化、智能化和智慧化。通过在新建或旧改场馆内架设高速互联网、装摄像头、热感设备、智能引导设备、信号发射接收设备等设施，搭配智慧会展平台，就可在不同活动场景下实现场馆的数字化、全链路、精准化管理，具备全链路人流、设施监控、危险识别、智能疏散、"一站式"指挥、全景视频融合、自动巡视以及智能分析等功能，进而实现场馆运营和服务的高效化、智慧化。

（二）加快推进绿色低碳化转型升级

全球越来越多的会展企业和国际组织加入"净零碳活动倡议"，促使全球会展业绿色低碳化转型升级步伐不断加快。2021 年 2 月，《国务院关于加快建立健全绿色低碳循环发展经济体系的指导意见》印发，并明确要求推进会展业绿色发展，指导制定行业相关绿色标准，推动办展设施循环使用。从这三点不难发现，国家层面直接为会展业实现协调、绿色、高质量发展以及加快推进绿色低碳化转型升级指明了战略方向，绿色低碳会展已经成为中国会展业未来发展的必由之路。同时，这意味着中国在推动会展业绿色低碳发展方面已进入了实实在在的行动阶段。

随着会展业绿色低碳发展理念的深入人心和一大批绿色低碳关键技术的集中攻关以及市场应用加快，未来会展业绿色低碳化转型升级将全面加快。发展理念方面，随着国家层面、行业层面以及企业层面对会展业绿色低碳发展的重视，全球会展业将全方位全过程推行"绿色规划、绿色设计、绿色投资、绿色建设、绿色生产、绿色流通、绿色生活、绿色消费"；标准方面，标准作为绿色低碳化转型升级的基础工具，不仅是实现节能降碳目标的约束手段，也是促进绿色低碳技术推广应用的有效途径，还是国际通行的应对气候变化规则的重要组成部分，将不断探索完善会展企业绿色低碳发展标准体系，推动形成可复制可推广的新型绿色会展体系。绿色低碳会展产业链方面，通过提升场馆硬件设施水平，探索高科技赋能场馆建设，推动办展设施循环使用，打造会展绿色低碳建筑范本；持续推动会展企业管理水平提升和降本增效，在采购、物流、搭建、举办、撤展等会展流程链条上进行绿色低碳把控，打造绿色低碳会展产业链，实现会展业的绿色、高效、可循环发展。

（三）上海加快建设国际会展之都进程

上海建设国际会展之都，能够为全球城市集聚资源要素，增加合作机遇，提升专业引领话语权。2018年9月4日，上海市商务委员会发布《上海市建设国际会展之都专项行动计划（2018—2020年）》，提出至2020年，上海市会展业全球资源配置能力进一步提升，基本建成国际会展之都。具体目标包括至2020年，全年展览总面积达到2000万平方米，单展面积在10万平方米以上的展会项目达到50个，入选世界商展百强的展会数量超过15个，争取进入UFI的机构数量超过35家等。

2020年是上海基本建成国际会展之都的关键一年，此前几年，上海会展业实力稳步增强，各项数据增幅明显。2018年，上海举办展览994场，同比增长29.6%，展览面积已经达到1906.31万平方米，同比增长12.9%，呈现上升趋势，且已经居全球前列。2018年世界商展百强中上海有13个商展入围，蝉联世界大型商展最多的城市。场馆方面，上海以9座场馆82.70万平方米的室内展馆面积居全国前列。截至2021年底，上海已有31家会展企业获得UFI认证。根据SMI指数分析，2018年上海的展馆发展指数、展会发展指数居世界前列，组展商发展实力稍显薄弱，最终以89.74分的综合发展指数夺得世界会展城市实力最强冠军。上海尽管2020年在上半年受到了新冠疫情的严重冲击，但下半年仍成功举办了550场展览，展览面积达1107.79万平方米。各项数据表明，上海会展业目前在国内外拥有相对领先优势，已经具备成为国际会展之都的硬件、软件条件，加快建设国际会展之都要求上海会展业在推动原有各项指标稳步增长的同时，着重培育、引进具有国际化实力的组展商，增强会展业市场主体实力。

此外，中国国际进口博览会的成功举办让世界更加认可上海的会展实力和城市风格。以中国国际进口博览会为起点，上海出台了一系列优化营商环境的政策，同时积极简化流程手续，提高办展效率。法律保障方面，上海2020年3月19日通过的《上海市会展业条例》，于5月1日起施行；《上海市服务办好中国国际进口博览会条例》已于2022年9月22日通过，自2022年10月1日起施行。这些条例都旨在促进会展业发展、规范会展活动，将有力推动上海国际会展之都的建设。

会展国力与会展城市实力

B.2
2018年全球会展国力报告

中外会展业动态评估研究报告课题组*

摘　要： 随着互联网的快速发展，会展业出现了新的变化。为紧跟时代步伐，本报告延续2012年构建的SMI指数，对展馆、展会和组展商三项指标中的具体内容做出适当修正和完善。本次评估在专家调研基础上，使用层次分析法，计算会展指标体系的权重。考虑新增会展评价指标的权重值和数据的可获取性，本报告依然采用室内展馆面积、展会展览面积、组展商营业额等指标对全球会展国力进行综合评价。基于SMI指数进行数据评估，中国的展馆发展指数超越德国，德国的展会发展指数稳居榜首，英国的组展商发展指数蝉联冠军，中国、德国、英国逐渐形成会展业要素指标三足鼎立的局面。就会展国力指数而言，世界会展强国的五梯队格局整体趋稳，欧洲仍处于全球会展业中心，亚洲、北美洲、中东地区欲要超越，需要加大马力。

* 执笔人为张敏，博士，上海会展研究院执行院长，上海大学会展专业教授、博士生导师，研究方向为会展沟通与企业间市场；李秋秋，博士，上海会展研究院助理研究员、研究主管，研究方向为会展沟通；张兰，硕士，上海会展研究院实习研究员，研究方向为会展沟通。

关键词： 新 SMI 指数　展馆　展会　组展商　会展国力

一　会展指数指标体系及评价模型的修正与完善

近年来，随着会展业与互联网技术的深度融合，会展业出现诸多新变化。一是人脸识别、人工智能等智慧技术的广泛应用，使得展会现场服务更加智能化、高效化和精细化。二是线上展会的蓬勃兴起，使云展示、云对接、云洽谈成为可能。三是大数据平台的发展，实现参展商、观众、服务商的精准匹配。四是数字化展馆的成功打造，助力未来展馆人员、事件、设备等全连接。除行业技术环境发生变化外，会展业的发展愈加注重与自然生态系统的协调共生，全面推进绿色发展、低碳发展和循环发展。为了能够更加准确地认识、评价和合理预测未来会展业的发展动向，本报告对原会展指数指标体系及评价模型进行了修正和完善。

（一）指标的修正依据与相关文献综述

1. 代表性政府文件与行业标准

2015 年 4 月，《国务院关于进一步促进展览业改革发展的若干意见》发布，这是国务院首次全面系统提出展览业发展的战略目标和主要任务，对进一步促进展览业改革发展作出全面部署。该意见强调，要积极推进展览业市场化进程，坚持专业化、国际化、品牌化、信息化方向，倡导低碳、环保、绿色理念，培育壮大市场主体，加快展览业转型升级，努力推动我国从展览业大国向展览业强国发展，更好地服务于国民经济和社会发展全局。该意见印发以来，全国各级政府和企业积极行动，行业国内外交流与合作日趋密切，展览业市场化进程明显加快、专业化展会蓬勃发展、展会国际化程度显著提升，尤为值得注意的是，智慧会展、会展信息化、会展服务数字化已成为业界发展的新动能。

2016 年 6 月，为更好地践行绿色发展理念，商务部流通产业促进中心牵头成立中国绿色会展联盟，并积极推动国内贸易行业标准《环保展台评定标准》（SB/T 11217-2018）的制定与实施，该标准为会展产业链上下游企业实现绿色发展提供技术支撑。随后，各地方政府和主管部门根据本地区的会展业发展情况，制定了相应的绿色会展标准，如成都市博览局制定的《成都绿色会展标准》、中国国际进口博览局制定的《绿色中国国际进口博览会标准》等。除了行业标准，商务部办公厅于 2014 年印发《广交会绿色发展计划》，大力推行绿色布展、绿色参展、绿色撤展，目前该计划已更新到 2.0 版本。

2019 年 6 月，全球展览业协会（UFI）发布首期《会展产业和联合国可持续发展目标》报告（*The Exhibition Industry and UN SDGs*），该报告聚焦联合国 17 个可持续发展目标（SDGs）①，汇集了全球关于可持续发展的 25 个最佳实践案例。各国会展运营主体已经将展览运营与可持续发展目标相结合，积极承担社会责任，为人类创造一个可持续的未来而努力。

2. 相关学术研究

上海会展研究院在已有文献的基础上，基于会展钻石模型的内核部分，提出了评价国内外会展发展状况的 SMI 指数，主要包括展馆发展指数、展会发展指数、组展商发展指数，涉及室内展馆面积、年办展面积、展会展览面积、国外参展商数量、国内参展商数量、展会观众数量、组展商营业额、年组展面积等 8 个具体指标。此后，学者结合会展业的新实践，从"会展产业生态化""低碳会展""会展可持续发展""绿色会展""会展信息化"等多方面对会展业的发展进行了学术研究。蔡礼彬、司玲以广交会为例，通过文献法和德尔菲法构建了会展可持续发展评价指标体系，主要从经济可持续、社会可持续、资源可持续、环境可持续、社区可持续及展会可持续 6 个层次展开，各层次又包含不同的评价指标，有使用环保材料、使用大量节能设备和技术、废弃物的处理等 34 项指标。② 张晓明关注产业生态化与会展业的结合，

---

① 17 个可持续发展目标的简化版为：消除贫困，消除饥饿，健康福祉，优质教育，性别平等，清洁饮水，清洁能源，体面工作，工业创新，社会平等，永续社区，永续供求，气候行动，海洋环境，陆地生态，机构正义，全球伙伴。

② 蔡礼彬、司玲：《会展可持续发展评价指标之构建——以广交会为例》，《广州大学学报》（社会科学版）2016 年第 1 期。

深入探讨了"会展产业生态化"的主要内容及其路径，并从 G20 国际峰会看杭州市"会展产业生态化"发展。[1] 王中可等从参展商视角定量研究了绿色展会的认知路径和支付意愿，提出主办方在绿色展会的管理运营过程中，突出绿色展会的独特参展体验和绿色展会的环境友好性等独特价值的观点。[2] 在会展信息化方面，张健康对智慧会展的基础技术进行解构，指出会展移动互联网的开发应避免技术崇拜，致力于不断优化客户体验，实现智慧会展的健康、可持续发展。[3] 刘林艳以展酷为个案，对互联网推动展览业商业模式创新进行研究，探讨信息化运营和管理对展览业升级与发展的重要作用。[4]

综上所述，在国家倡导推进和行业龙头企业示范带动下，会展业的信息化建设正有条不紊地推进，绿色会展理念正逐步融入当代会展业，并得到了参展各方的积极践行。目前的会展学术成果虽然有限，但不乏一些理念突破、认知升华和实践创新，目前的学术研究热点主要集中在会展的可持续发展、信息化发展、绿色环保发展方面。新情况、新实践不断出现，会展指数指标体系需要随之不断修正与完善，以推动会展业更好地向前发展。

（二）指标体系的修正与完善

会展指数是用于测定不同时期不同地区会展发展综合变动的一种相对数值，由反映会展业基本面的若干指标组成。原 SMI 指数指标体系有三个评价基本面，即展馆发展指数、展会发展指数和组展商发展指数，其中展会发展指数包含展会展览面积、国外参展商数量、国内参展商数量、展会观众数量 4 个具体指标，用来衡量展会的专业化、国际化、品牌化发展程度，具体如表 1 所示。

---

① 张晓明：《从 G20 国际峰会看杭州市"会展产业生态化"发展》，《宁夏社会科学》2016 年第 6 期。

② 王中可、张洁、郭峦：《绿色展会的认知路径及支付意愿研究——基于参展商视角》，《旅游学刊》2019 年第 3 期。

③ 张健康：《智慧会展的技术解构与人文关怀》，《理论探索》2017 年第 4 期。

④ 刘林艳：《互联网驱动的展览业商业模式创新》，《中国流通经济》2018 年第 9 期。

表1 原SMI指数指标体系

一级指数	二级指数	具体指标	备注
会展指数	展馆发展指数	室内展馆面积	展馆的展出能力
		年办展面积	展馆的运营情况
	展会发展指数	展会展览面积	展会的展出业绩
		国外参展商数量	展会的国外号召力
		国内参展商数量	展会的国内号召力
		展会观众数量	展会的品牌影响力
	组展商发展指数	组展商营业额	组展商的经营业绩
		年组展面积	组展商的组展成就

考虑到近年来会展业发展的新实践，本报告通过专家征询法对SMI指数指标体系的各项评价指标进行确定。新增指标为"数字化技术应用率""可持续发展目标达成率"，以此来对会展业数字化发展和可持续发展情况进行评价。除此之外，为提高数据评价的准确性和代表性，对原有具体指标进行了修正，将原有的"国外参展商数量"改为"国外参展商比重"、将原有的"展会观众数量"改为"专业观众比重"，并删除"国内参展商数量"这一指标，具体如表2所示。

表2 新SMI指数指标体系

一级指数	二级指数	具体指标	备注
会展指数	展馆发展指数	室内展馆面积	展馆的展出能力
		年办展面积	展馆的运营情况
	展会发展指数	展会展览面积	展会的展出业绩
		国外参展商比重	展会的国外号召力
		专业观众比重	展会的专业化程度和品牌号召力
		数字化技术应用率	展会信息化、数字化技术的应用情况
	组展商发展指数	组展商营业额	组展商的经营业绩
		年组展面积	组展商的组展成就
		可持续发展目标达成率	组展商的可持续发展理念

（三）指标体系权重的再演绎

由于新的 SMI 指数指标体系发生了较大的变动，需要对各指标权重进行重新计算。本研究依然采用群决策层次分析法，进行群决策的高管和权威专家有 15 位，其中 8 位来自会展业界，4 位来自会展行业协会和政府主管部门，3 位来自高校和研究机构，参与群决策的高管和权威专家在一定程度上具有代表性（见表 3）。

表 3　进行群决策的高管和权威专家情况

分布	领域细分	高管/权威专家姓名
业界	场馆方	唐贵发、张垚
	组展商	赵慰平、仲刚、张定国、潘建军
	会展服务企业	周达仁、万涛
行业协会和政府主管部门	行业协会	桑敬民、周建军
	政府主管部门	李磊、姜刚升
高校和研究机构	社会研究机构	吴振
	高校	刘大可、刘松萍

采用问卷调查的方式征求了 15 位高管和权威专家的意见，以获得不同评价指标之间的重要性对比情况，然后在此基础上根据层次分析法原理建立一个多层次评价指标模型。对于不同评价指标之间以及不同层级之间重要性的确定一般需要借助 1~9 标度法（见表 4）进行，进而形成重要性判断矩阵。

表 4　1~9 标度的含义

标度	含义
1	因素相比具有同样重要性
3	一个因素比另一个因素稍微重要
5	一个因素比另一个因素明显重要
7	一个因素比另一个因素强烈重要
9	一个因素比另一个因素极端重要
2,4,6,8	表示重要程度在上述两者之间
1/2,1/3,1/4,…,1/9	表示上述两者对比的倒数

运用层次分析法中的特征根方法对近似权重值向量进行归一化处理后得到权重向量 $A = \{a_1, a_2, a_3, \cdots, a_m\}$，对判断矩阵的权重值是否有效可行还需要进行一致性检验，检验公式：$CR = CI/RI$。公式中 CI 是判断矩阵的一致性指标，RI 为判断矩阵的随机一致性指标，其取值由矩阵的阶数 n 决定，CR 表示判断矩阵的随机一致性比率。当判断矩阵的 CR 值 <0.1 时，则判断矩阵具有满意的一致性，反之则表示误差较大。CI 的计算公式为：$CI = (\lambda\max - n) / (n-1)$，公式中 $\lambda\max$ 表示判断矩阵的最大特征值。$\lambda\max$ 的计算公式为：$\lambda\max \approx \sum\limits_{i=1}^{n} \dfrac{(AW)_i}{nW_i}$，其中 A 表示两两比较判断矩阵，$(AW)_i$ 表示向量 AW 的第 i 个分量。经过一致性检验后，得到新 SMI 指数指标体系各指标的权重（见表5）。

表5 新 SMI 指数指标体系各指标的权重

一级指数	二级指数	具体指标
会展指数	展馆发展指数(0.25)	室内展馆面积(0.17)
		年办展面积(0.08)
	展会发展指数(0.48)	展会展览面积(0.24)
		国外参展商比重(0.08)
		专业观众比重(0.09)
		数字化技术应用率(0.07)
	组展商发展指数(0.27)	组展商营业额(0.17)
		年组展面积(0.06)
		可持续发展目标达成率(0.04)

注：相关指标后括号中的数据为该指标的相对重要性程度。

相较于原 SMI 指数指标体系各指标的权重，新 SMI 指数指标体系各指标的权重变化不大。

在二级指数上，展馆发展指数由原来的 0.24 变为 0.25，展会发展指数由原来的 0.49 变为 0.48，组展商发展指数保持不变。新增的"数字化技术应用率"和"可持续发展目标达成率"所占权重较低，还不足以解释展会和组展商维度。考虑到数据的可获取性、科学性、可比性以及一定的系统性要求，本报告仍然用"室内展馆面积"、"展会展览面积"和"组展商营业额"来反映展馆、展会和组展商三个维度的指标。

SMI 指数指标体系日趋完善、重新演绎的展馆、展会、组展商三个维度的具体指标和权重，能够更准确地综合评估全球会展业的发展情况，为国内会展业的进一步发展提供理论和现实依据。此外，不断修正与完善的 SMI 指数指标体系也反映了会展业的方兴未艾。尽管此次修正与完善在之前的基础上有所改进，但部分具体指标仍受数据收集条件的约束，无法朝着理想方向发展，希望未来可以加强全球会展业数据的联动及部分行业规范的统一标准制定。

二　全球会展国家的展馆、展会和组展商发展评价

根据会展指数的评价模型，本报告将采用 *AUMA Review 2018* 的展馆和组展商数据、"2019 年世界商展 100 大排行榜"的展会数据，对世界会展国力的发展格局和发展态势进行分析。

（一）评价标准与数据来源

本报告延续上本蓝皮书的评价标准，即拥有室内展馆面积 10 万平方米及以上的展馆或拥有营业额 1 亿欧元以上的组展商或拥有全球百强展会。只有满足其中一个标准的会展国家，才能进入评价范围。AUMA 在统计全球室内展览面积 10 万平方米及以上的展馆时，遗漏了部分中国展馆。经过官方核实，本报告对 AUMA 的展馆数据进行补充和修正。

在此基础上，2018 年入选会展国家包括欧洲的德国、英国、意大利、法国、西班牙、瑞士、俄罗斯、荷兰、比利时、波兰、瑞典、捷克，亚洲的中国、日本、韩国、新加坡、土耳其、泰国、阿联酋，北美洲的美国，共计20 个国家。与 2015 年相比，入选会展国家的总体数量呈现上升趋势。其中，阿联酋为新入选会展国家，日本再次入围。入选会展国家的会展发展情况如表 6 所示。

表6 入选会展国家的会展发展情况

单位：平方米，百万欧元

国家	室内展馆面积	展会展览面积	组展商营业额
中国	3030400	5023000	374.8
德国	2209571	10752000	3026.6
美国	1191872	1224600	332.6
意大利	1079446	2843800	577.7
西班牙	820837	—	348.5
法国	591841	1667000	1010
俄罗斯	359960	180000	—
英国	286000	—	4156.2
波兰	253000	—	—
瑞士	247000	130000	463.9
泰国	140000	—	—
土耳其	120000	—	—
阿联酋	118996	129600	—
比利时	114445	—	157.1
捷克	110921	—	—
韩国	108556	—	—
新加坡	101624	—	—
荷兰	100000	—	276.7
日本	—	—	184.5
瑞典	—	—	139.2

资料来源：修正后的 *AUMA Review 2018*、"2019 年世界商展 100 大排行榜"。

为方便比较，本报告以上本蓝皮书的数据为参照，对 20 个入选会展国家的会展数据进行极值法的无量纲化处理，得出各会展国家的展馆发展指数、展会发展指数和组展商发展指数三个二级指数情况（见表7）。

从目前的发展情况来看，德国的展会发展指数、中国的展馆发展指数、英国的组展商发展指数形成了三足鼎立的局面。中国展馆发展指数超越德国，相较于 2015 年，中国的展馆发展指数增长 88%。德国的展会发展指数、英国的组展商发展指数依然领跑全球，显示了超强的会展发展实力。此外，波兰的展馆发展指数增长迅猛，较 2015 年增长 135%，而德国、意大利、西班牙、英国、瑞士、捷克等国家的展馆发展指数存在不同程度的下降。西班牙的组展商发展指数增速明显。中国和美国的展会发展指数呈现明显的增长态势，阿联酋的展会发展指数首次榜上有名。

表7　无量纲化处理后的会展国家二级指数情况

单位：分，%

国家	展馆发展指数	增长率	展会发展指数	增长率	组展商发展指数	增长率
中国	136.35	88	48.29	30	15.32	11
德国	99.53	−1	103.37	1	123.72	24
美国	53.62	9	11.77	35	13.60	18
意大利	48.56	−6	27.34	18	23.62	27
西班牙	36.93	−8	—	—	14.25	136
法国	26.63	3	16.03	−7	41.29	19
俄罗斯	16.19	0	1.73	0	—	
英国	12.87	−5	—	—	169.90	37
波兰	11.38	135	—	—	—	
瑞士	11.11	−1	1.25	−54	18.96	21
泰国	6.30	0	—	—	—	
土耳其	5.40	0	—	—	—	
阿联酋	5.35	—	1.25	—	—	
比利时	5.15	0	—	—	6.42	53
捷克	4.99	−9	—	—	—	
韩国	4.88	0	—	—	—	
新加坡	4.57	0	—	—	—	
荷兰	4.50	0	—	—	11.31	7
日本	—		—	—	7.54	—
瑞典	—		—	—	5.69	8

注：增长率是 2018 年指数相较于 2015 年指数的增长情况。

资料来源：根据修正后的 *AUMA Review 2018* 和"2019 年世界商展 100 大排行榜"数据整理计算。

（二）展馆发展指数

拥有室内展馆面积 10 万平方米及以上的展馆主要有中国、德国、美国、意大利、西班牙、法国、俄罗斯、英国、波兰、瑞士、泰国、土耳其、阿联酋、比利时、捷克、韩国、新加坡、荷兰 18 个国家，其中欧洲会展业起步较早，传统会展国家展馆实力雄厚，亚洲国家的展馆发展存在不平衡态势。

1. 展馆发展新兴强国：中国

随着中国经济的迅速发展，会展业已成为推动中国社会经济增长的新动力。为满足市场主体的办展需求，各省份积极兴建大型展馆，中国室内展馆展能优势不断提升。目前，中国展馆发展指数 136.35 分，赶超德国，较 2015 年增长 88%。在全球 65 座室内展馆面积 10 万平方米及以上的展馆中，中国占比超 1/4，有 18 座展馆上榜（见表 8）。其中，国家会展中心（上海）以 40 万平方米的室内展馆面积优势，为中国举办超大型会展活动提供了场地保障。此外，入选的中国展馆集中在一线城市和省会城市，仅义乌国际博览中心位于中小城市，地区特色产业优势对场馆建设的独特作用不容忽视。

表 8　中国室内展馆面积 10 万平方米及以上的展馆

单位：万平方米

展馆名称	室内展馆面积	展馆名称	室内展馆面积
国家会展中心（上海）	40	义乌国际博览中心	12.64
中国进出口商品交易会展馆	33.8	青岛新南国际博览中心	12
昆明滇池国际会展中心	30	成都世纪城新国际会展中心	11
中国西部国际博览城国际展览展示中心	20.5	南京国际博览中心	11
重庆国际博览中心	20	中国国际展览中心新馆	10.68
上海新国际博览中心	20	深圳会展中心	10.5
武汉国际博览中心	15	沈阳国际展览中心	10.56
南昌绿地国际博览中心	14	广东（潭洲）国际会展中心	10
青岛世界博览城	12	厦门国际会议展览中心	10

资料来源：修正后的 *AUMA Review 2018*。

2. 德国展馆发展指数出现负增长

2018 年德国展馆发展指数 99.53 分,首次出现负增长,但总展馆面积依旧远超其他欧洲传统会展国家。根据 *AUMA Review 2018* 关于世界各大展览中心 10 万平方米及以上的室内展馆数据,德国拥有 10 座室内展馆面积 10 万平方米及以上的展馆,依然分布在法兰克福、汉诺威、科隆、杜塞尔多夫、慕尼黑、纽伦堡、柏林、斯图加特、莱比锡和埃森等城市,但有些室内展馆面积发生了微弱的变动(见图 1)。其中,汉诺威展览中心的室内展馆面积下降最多,超过 5 万平方米。2018 年,德国对会展场馆的投资超过 4 亿欧元,主要用于现有场馆的现代化改造或旧场馆的更新换代。未来,德国展馆面积增长空间有限,其主要发力点在于全面提升展馆的信息化和数字化能力。

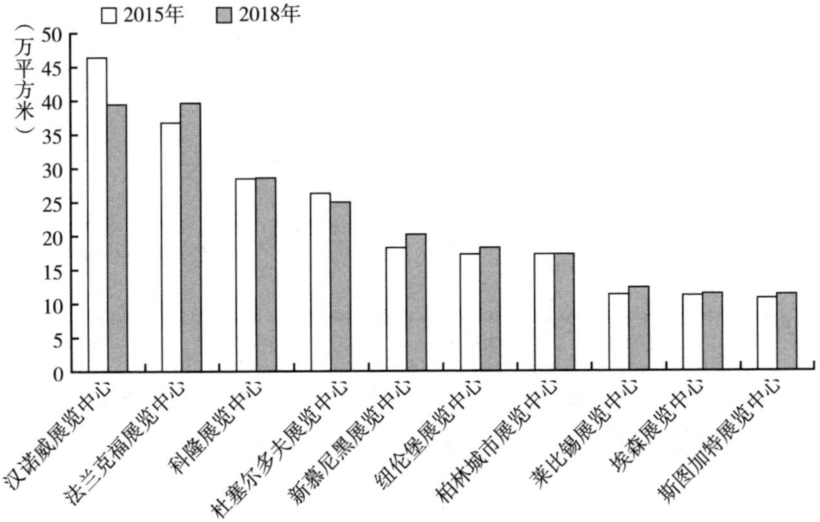

图 1 德国室内展馆面积 10 万平方米及以上的展馆变动情况

资料来源:修正后的 *AUMA Review 2018*。

3. 意大利、西班牙、英国、瑞士展馆发展指数略有下降

近年来,部分欧洲传统会展国家的展馆发展指数有所下降(见图 2)。2015 年,意大利拥有 7 座室内展馆面积 10 万平方米及以上的展馆,室内展

馆面积共 114.4 万平方米。2018 年，意大利的莱万特展览中心（Fiera del Levante Bari）榜上无名，直接导致意大利展馆发展指数较 2015 年下滑了 6%。2018 年，西班牙展馆发展指数 36.93 分，较 2015 年下降了 8%，展馆面积减少了 73211 平方米。2018 年，英国展馆发展指数 12.87 分，其中伯明翰国家展览中心（The NEC Birmingham）耗资 450 万英镑进行数字化建设和外观的重新设计，改造后的展馆面积由 20 万平方米下降到 18.6 万平方米，使英国展馆发展指数较 2015 年下降了 5%，但排名未发生变化。2018 年，瑞士展馆发展指数 11.11 分，较 2015 年下降了 1%。意大利、西班牙、英国、瑞士的展馆发展指数虽然均有一定幅度的下降，但在全球展馆发展指数中，竞争优势依然明显。

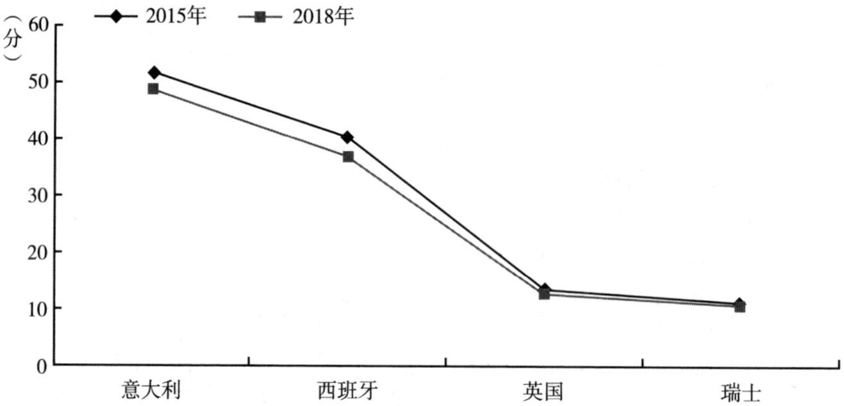

图 2　意大利、西班牙、英国、瑞士展馆发展指数变动情况

资料来源：根据修正后的 *AUMA Review 2018* 数据整理计算。

4. 美国、法国、波兰展馆发展指数有所提升

2018 年，美国有 8 座展馆被纳入 *AUMA Review 2018* 的统计，相较于 2015 年增加了路易斯维尔肯塔基会展中心（Kentucky Exposition Center），展馆发展指数开始赶超意大利，为 53.62 分。2018 年，法国展馆发展指数 26.63 分（见图 3），展馆面积略有增长，这主要得益于法国里昂全欧会展中心（EUREXPO Lyon）的扩建。为了满足市场需求，里昂市政厅出资对里昂

全欧会展中心进行改造，扩展了近15000平方米的展览空间。在室内展馆面积10万平方米及以上的展馆增幅中，波兰的展馆数量和面积都呈现较快增长态势，其中展馆发展指数增长率达到135%。波兰首次进入 *AUMA Review 2018* 的是华沙 PTAK 国际展览中心（Ptak Warsaw Expo），这是波兰和中欧最大的国际展览和会议中心，它拥有6座展馆14.3万平方米的展览空间，致力于举办贸易展览会、会议和商业活动。

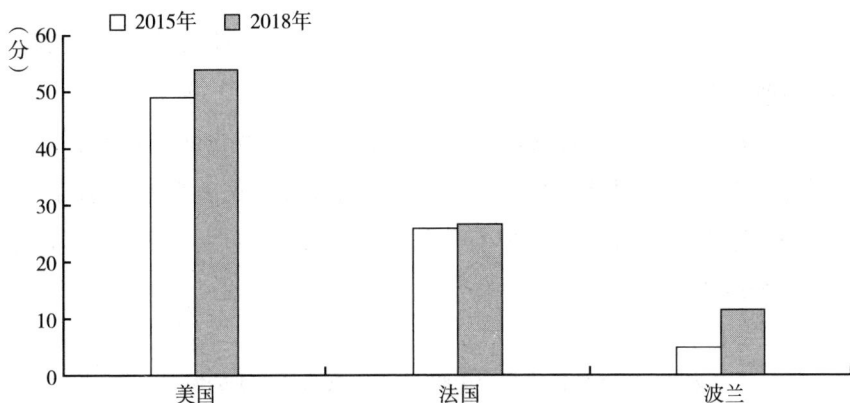

图3 美国、法国、波兰展馆发展指数变动情况

资料来源：根据修正后的 *AUMA Review 2018* 数据整理计算。

5. 阿联酋首次入榜，俄罗斯、泰国等7国展馆发展指数未变动

AUMA Review 2018 首次统计阿联酋的迪拜国际会展中心（Dubai International Convention & Exhibition Center），实现了阿联酋零的展馆突破。阿联酋的展馆发展指数5.35分。迪拜国际会展中心的室内展馆面积达11.9万平方米，该中心配备了最新的技术设备，交通便利，有实力举办大型会展活动，其中较为知名的是每年一届的中东地区最具影响力的大型建筑、建材、能源及服务类展览会，即中东迪拜五大行业展览会（BIG5）。2018年，俄罗斯、泰国、土耳其、比利时、韩国、新加坡、荷兰7国的展馆发展指数分别为16.19分、6.30分、5.40分、5.15分、4.88分、4.57分、4.50分，相较于2015年未发生变化。

（三）展会发展指数

世界商展100大排行榜的统计范围限定在商业展览中，其选择标准是国际展商数量占展商总数量的20%以上。在这样的统计口径下，只有德国、中国、意大利、法国、美国、阿联酋、俄罗斯和瑞士8个国家的部分展会入围。

1. 德国展会发展指数持续领先

2018年展会发展指数情况显示，德国以103.37分依旧保持优势地位，遥遥领先于其他会展国家。在"2019年世界商展100大排行榜"中，德国的展会占50个，展会总面积达到1075.2万平方米，汉诺威、科隆、法兰克福、杜塞尔多夫、慕尼黑等城市的展会贡献值较大（见表9）。相较于2015年，2018年德国展会总面积增加了8.2万平方米，涨幅在1%左右，德国展会发展呈现较为平稳的态势。

表9 2018年德国展会面积10万平方米及以上的城市

单位：个，平方米

城市	展会数量	展会总面积	城市	展会数量	展会总面积
汉诺威	9	2266500	慕尼黑	7	1699400
科隆	11	2038100	柏林	5	781500
法兰克福	7	1776200	纽伦堡	3	457900
杜尔塞多夫	8	1732400			

资料来源："2019年世界商展100大排行榜"。

2. 中国、美国展会发展指数增幅较大

2018年，中国展会发展指数48.29分，较2015年增加了11.22分，涨幅为30%（见图4）。在入围的6个城市中，上海的贡献值最大，展会总面积为277.7万平方米，超过汉诺威，成为世界第一大展会城市。《2018年度中国展览数据统计报告》显示，中国经济贸易展览总数达10889场，展览总面积达14456.2万平方米。但是，入选"2019年世界商展100大排行榜"的只有23场,展览总面积502.3万平方米,不到德国展会总面积的一半,其差距不容小觑。2018年,美国展会发展指数11.77分,较2015年增长35%,但排名并未发生变化。

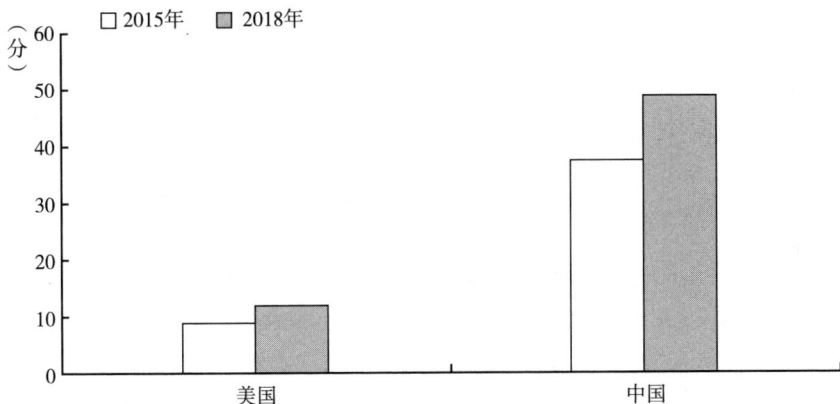

图4 美国、中国展会发展指数变动情况

资料来源:根据"2019年世界商展100大排行榜"的数据整理计算。

3.法国、瑞士展会发展指数小幅回落

2018年,法国展会发展指数16.03分,较2015年下降7%,展会总面积缩减11.8万平方米(见图5)。在"2019年世界商展100大排行榜"中,法国的展会主要集中在巴黎,有88%的上榜展会面积保持在20万平方米左右,办展规模较大,质量高。瑞士展会发展指数1.25分,较2015年下降54%,展会总面积减少15.1万平方米,这主要与巴塞尔国际珠宝钟表展(BASELWORLD)的面积缩减有关。

4.阿联酋新入围,英国跌出榜单

2018年,阿联酋凭借BIG5首次入围,实现展会发展的重大突破,体现了中东地区的展会实力正在不断提升,展会发展指数1.25分。2015年唯一入围的英国范堡罗国际航空航天展览会(FIA Farnborough lnternational Airshow)在2018年跌出榜单,直接导致英国世界百强展会的落空。

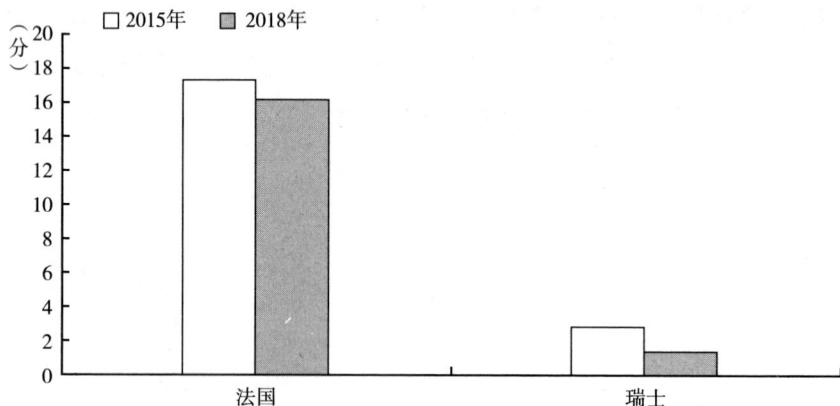

图5 法国、瑞士展会发展指数变动情况

资料来源：根据"2019年世界商展100大排行榜"的数据整理计算。

（四）组展商发展指数

全球营业额超过1亿欧元的组展商所在国家有德国、英国、法国、意大利、瑞士、中国、西班牙、美国、荷兰、日本、比利时、瑞典12个，其中日本成功入围，韩国跌出榜单。英国和德国的组展商市场规模庞大，发展势头依然强劲。

1. 英国继续领先

2018年，英国组展商发展指数169.90分，超过德国46.18分，遥遥领先于法国（41.29分）。在全球营业额超过1亿欧元的组展商榜单中，英国有9家组展商入围，总营业额达41.56亿欧元，其中英国励展博览集团、英富曼公司营业额表现突出。较2015年，英国新增入围组展商有英国柯莱睿展览公司、英国伯明翰国际会展中心集团。在原有组展商和新增组展商的共同作用下，英国连续六年实现展会总营业额的增长（见图6），组展商发展指数保持全球领先。

2. 位居前列的国家不变，增幅均超过15%

纵观2018年组展商发展指数，英国、德国、法国、意大利、瑞士位居前列，相较于2015年，都有一定程度的提高，增幅均超过15%（见

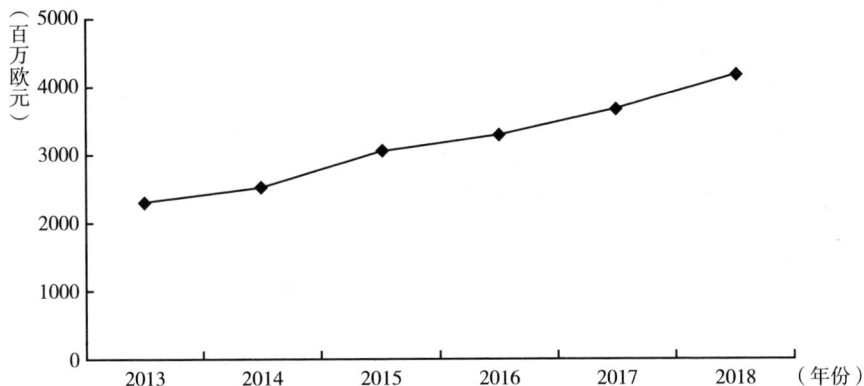

图6 2013~2018年英国超过1亿欧元的组展商总营业额变动情况

资料来源：修正后的 *AUMA Review 2018*。

图7）。2018年，德国组展商发展指数123.72分，有9家企业入围全球营业额超过1亿欧元的组展商榜单，发展势头良好；法国组展商发展指数41.29分，有3家企业入围；意大利、瑞士的组展商发展指数分别为23.62分、18.96分。

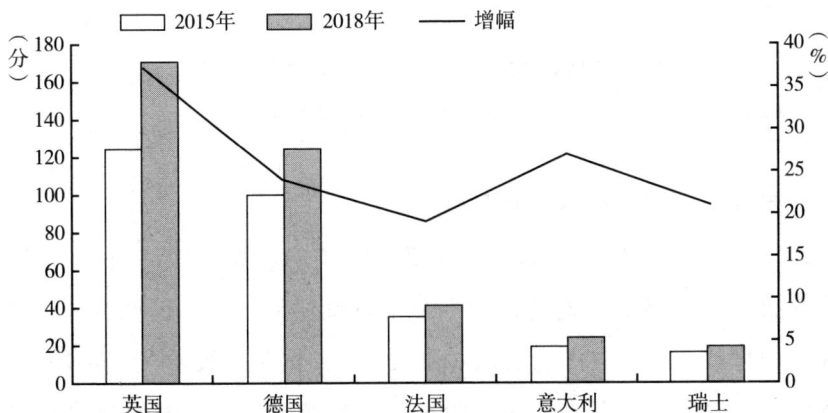

图7 英国、德国等组展商发展指数变动情况

资料来源：根据修正后的 *AUMA Review 2018* 数据整理计算。

3.荷兰、瑞典、中国组展商发展缓慢

2018 年，荷兰和瑞典组展商发展指数分别为 11.31 分、5.69 分，相较于 2015 年增幅均在 7% 左右；中国组展商发展指数为 15.32 分，相较于 2015 年仅增长 11%（见图 8）。近年来，中国会展基础设施建设如火如荼，专业展馆数量和面积已跃居全球前列，但是还未形成一批在国内外具有重大影响力的会展主办机构和配套服务企业。中国会展业还需要持续发力，借鉴英国和德国组展商先进经验，建设一批具有全球竞争力的会展集团。

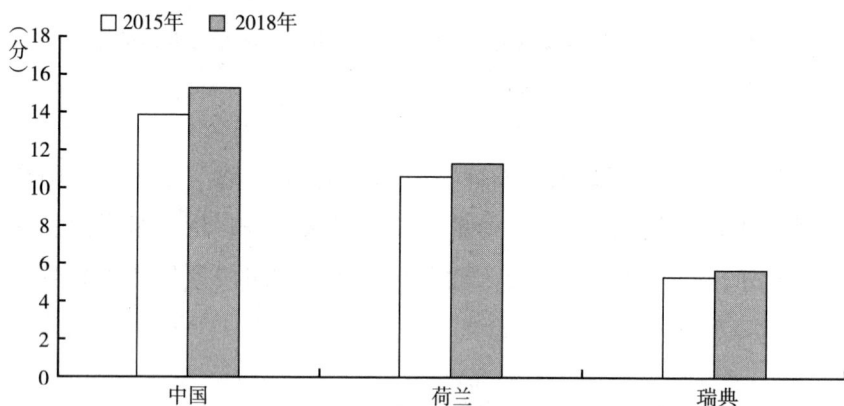

图 8　中国、荷兰、瑞典组展商发展指数变动情况

资料来源：根据修正后的 *AUMA Review 2018* 数据整理计算。

4.西班牙、比利时组展商成长迅速

2018 年，西班牙组展商发展指数 14.25 分，是 2015 年的 1.36 倍。西班牙组展商发展如此迅速，离不开全球性组展商——巴塞罗那展览中心和马德里展览中心的出色表现（见表 10）。比利时被 *AMUA Review 2018* 纳入统计的组展商只有 Artexis 集团 1 家，比利时组展商发展指数从 2015 年的 4.21 分上升到 2018 年的 6.42 分，增长幅度为 53%，未来发展空间较大。

表10　西班牙、比利时组展商营业额对比情况

单位：百万欧元

国家	组展商名称	2018 年	2015 年
西班牙	巴塞罗那展览中心 （Fira Barcelona）	210	148
	马德里展览中心 （IFEMA Madrid）	138.5	——
比利时	Artexis 集团 （Artexis Group）	157.1	107

资料来源：修正后的 AUMA Review 2018。

三　全球会展国力综合评估

本部分采用前述的会展指数综合评级模型，把无量纲化处理后的会展国家二级指数按照相应的权重进行加权，计算出 2018 年各国会展指数，并将各国归为不同等级的梯队，以此来使数据呈现一定的分门别类的特征，综合评价各国的会展国力。根据以往蓝皮书的会展国力梯队划分方法和本书处理后数据的离散程度，将会展指数大于等于 100 分的归为第一梯队，40~60 分（不含 60 分）的归为第二梯队，20~40 分（不含 40 分）的归为第三梯队，10~20 分（不含 20 分）的归为第四梯队，10 分（不含 10 分）以下的归为第五梯队，由此得到 2018 年各国会展国力梯队发展格局（见表11）。

由于本书对 SMI 指数指标体系进行了修正与完善，修正与完善后指标体系中的展馆发展指数和展会发展指数的权重发生了变化，组展商发展指数的权重不变。为实现会展蓝皮书在数据上的连续性和可比性，本书利用修正与完善后的 SMI 指数体系权重对上本蓝皮书的数据进行重新计算，得到了修正与完善后的会展指数。修正与完善后的会展指数与未修正与完善的相比，发生了微弱变化，但相关排名均未变化，不影响后续数据分析。

表 11　2018 年各国会展指数

单位：分

梯队	国家	会展指数	展馆发展指数	展会发展指数	组展商发展指数
第一梯队	德国	107.91	99.53	103.37	123.72
第二梯队	中国	61.25	136.35	48.29	15.32
	英国	49.09	12.87	—	169.90
第三梯队	意大利	31.64	48.56	27.34	23.62
	法国	25.50	26.63	16.03	41.29
	美国	22.73	53.62	11.77	13.60
第四梯队	西班牙	13.08	36.93	—	14.25
第五梯队	瑞士	8.50	11.11	1.25	18.96
	俄罗斯	4.88	16.19	1.73	—
	荷兰	4.18	4.50	—	11.31
	比利时	3.02	5.15	—	6.42
	波兰	2.85	11.38	—	—
	日本	2.04	—	—	7.54
	阿联酋	1.94	5.35	1.25	—
	泰国	1.58	6.30	—	—
	瑞典	1.54	—	—	5.69
	土耳其	1.35	5.40	—	—
	捷克	1.25	4.99	—	—
	韩国	1.22	4.88	—	—
	新加坡	1.14	4.57	—	—

资料来源：根据修正后的 *AUMA Review 2018* 和"2019 年世界商展 100 大排行榜"数据整理计算。

（一）世界会展强国的五梯队格局整体趋稳

在 2018 年国家会展指数中，德国继续以绝对优势独占第一梯队，会展指数为 107.91 分，展馆、展会和组展商三个维度的指数依旧位居前列，呈现全面领跑世界会展业发展的态势。中国、英国的会展指数分别为 61.25 分和 49.09 分，位于第二梯队。相较于 2015 年，中国和英国的会展指数都有明显提升，均有 10%的增幅。美国凭借 22.73 分的会展指数再度回归，与意大利、法国入围第三梯队。虽然第一、第二、第三、第四梯队的国家稍微发生了变化，但会展指数位居前列的国家依然是德国、中国、英国、意大利、法国、美国、西班牙。第五梯队的国家数量较多，分别是瑞士、俄罗斯、荷兰、比利时、波兰、日本、阿联酋、泰国、瑞典、土耳其、捷克、韩国、新加坡等 13 个国家，其中，波兰和比利时的会展指数上升明显，日本和阿联酋为新入围国家，会展指数表现突出，值得肯定。

（二）德国、中国和英国逐渐形成三足鼎立的局面

从 2018 年会展指数来看，德国在展馆发展指数、展会发展指数和组展商发展指数三个维度整体呈现均衡发展的强劲实力，且展会发展指数较为出类拔萃。中国会展指数 61.25 分，远超除德国以外的其他传统会展强国，展馆发展指数表现突出。英国会展指数 49.09 分，这主要得益于英国组展商的强势助攻。英国组展商发展指数 169.90 分，是其他国家所无法匹敌的。因此，从二级指数来看，德国的展会发展指数、中国的展馆发展指数、英国的组展商发展指数形成了三足鼎立的局面（见图9）。

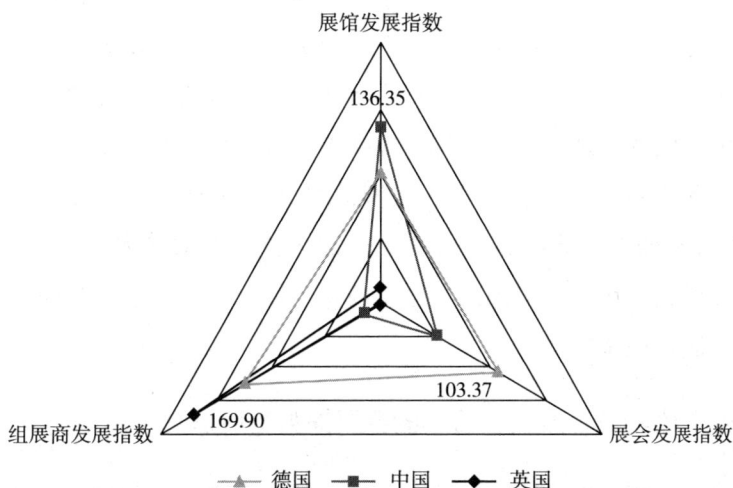

图9 2018 年德国、中国、英国会展指数情况

资料来源：根据修正后的 *AUMA Review 2018* 和 "2019 年世界商展 100 大排行榜" 数据整理计算。

尤其值得注意的是，中国展馆发展指数遥遥领先于其他国家，使得中国处于第二梯队，但是，这并不代表中国会展业实力雄厚。这主要是因为中国目前仍处于展馆建设在先、经营在后的状态。虽然中国会展指数位居前列，且中国在展会数量和面积上增长迅速，但中国展会的国际化程度有待提高。要避免只重量而轻质，积极学习国际优秀展会经验，提高展会质量。除此之外，目前中国会展业发展的最大短板是组展商，这与中国目前会展业仍处于政府主导状态密不可分，过多的政府行为一方面削弱了组展商的积极性和专业性，另一方面在客观上造成了组展商经营能力薄弱和效益较低。中国会展业的实力还有很大的提升空间，仍需要继续努力。

（三）意大利、法国、美国的会展指数平稳增长

老牌会展强国意大利、法国、美国2018年的会展指数分别为31.64分、25.50分、22.73分，较2015年的28.75分、23.98分、19.15分，分别增加了2.89分、1.52分、3.58分，总体呈现平稳增长趋势。第三梯队的三个国家虽然与第二梯队的中国和英国有一定差距，但相互间相差无几，这与三个国家悠久的会展历史有一定关系，会展业作为其国民经济结构中的重要组成部分，三个国家积累了相当多的行业发展经验、资源，建立了较为成熟的管理、运营机制。在展馆发展指数、展会发展指数和组展商展会发展指数等三个指数上，法国的组展商发展指数尤为突出（见图10）。意大利的二级指数位居前列，体现了意大利展馆发展、展会发展、组展商发展相对均衡。美国的二级指数除了展会发展指数，其他均位居前列，其中展馆稳步发展。

（四）比利时、波兰、日本的会展指数有所提升

2018年会展指数除了位居前列的国家保持不变外，其他国家都发生或升或降的变动。在展馆发展指数、展会发展指数和组展商发展指数等三个指数上，由于比利时、波兰、日本未有展会入选"2019年世界商展100大排行榜"，展会发展指数为缺失值（见图11）。这三个国家借助展馆发展指数

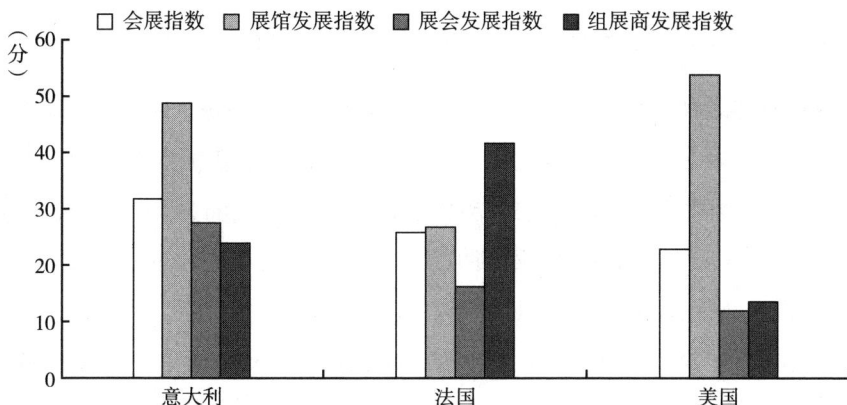

图 10　2018 年意大利、法国、美国会展指数对比情况

资料来源：根据修正后的 *AUMA Review 2018* 和"2019 年世界商展 100 大排行榜"数据整理计算。

和组展商发展指数单项指标的增长，使会展指数有所上升。比如，波兰的展馆发展指数表现突出，2018 年为 11.38 分，相较于 2015 年增长 135%，成绩喜人。比利时的组展商发展指数是 2015 年的 1.47 倍，组展商营业额可观。由于各种原因，日本 2015 年跌出世界商展 100 大排行榜，2018 年再次回归，其中组展商发展指数贡献最大。

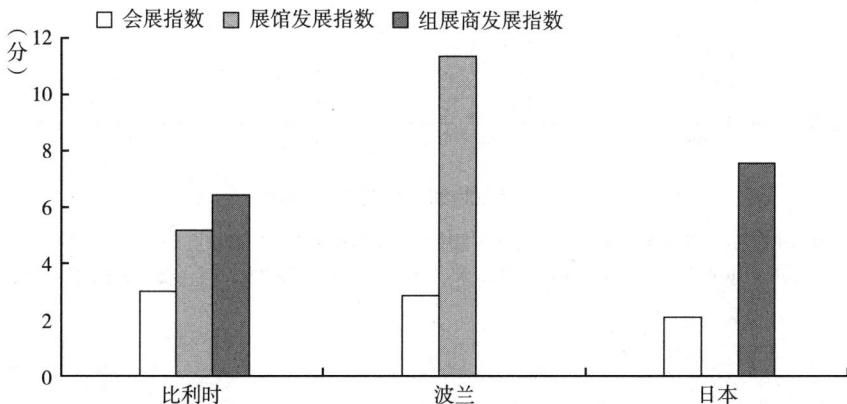

图 11　2018 年比利时、波兰、日本会展指数对比情况

资料来源：根据修正后的 *AUMA Review 2018* 和"2019 年世界商展 100 大排行榜"数据整理计算。

（五）欧洲仍处于全球会展业中心，中东地区成长迅速

按照洲际对国家会展指数进行划分，然后求和得到每个区域的会展指数（见图12）。在会展指数前四梯队中，欧洲、亚洲、北美洲成绩突出，其中欧洲上榜5个国家，欧洲的会展指数为227.22分，亚洲为61.25分，北美洲则为22.73分，由此可看出欧洲仍是全球会展业的中心和主体。在第五梯队中，瑞士、俄罗斯、荷兰、比利时、波兰、瑞典、捷克等7个欧洲国家的总会展指数为26.22分；中东地区的阿联酋首次入围榜单，会展指数为1.94分，超越瑞典等欧洲国家，成长迅速；亚洲国家日本、泰国、土耳其、韩国、新加坡等总会展指数为7.33分。第五梯队国家会展指数的差异并未使洲际会展格局发生大变化，欧洲依然遥遥领先，亚洲、北美洲、中东地区欲要超越，需要加大马力。

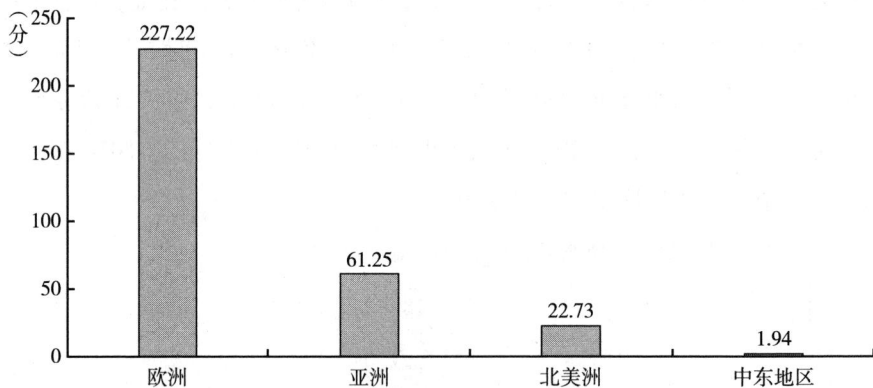

图12 按洲际划分会展指数情况

注：由于引用数据的关系，笔者将阿联酋作为中东地区的代表性国家以作统计。

资料来源：根据修正后的 *AUMA Review 2018* 和"2019年世界商展100大排行榜"数据整理计算。

参考文献

［1］张敏主编《中外会展业动态评估研究报告（2016）》，社会科学文献出版社，

2016。

［2］蔡礼彬、司玲：《会展可持续发展评价指标之构建——以广交会为例》，《广州大学学报》（社会科学版）2016年第1期。

［3］张晓明：《从G20国际峰会看杭州市"会展产业生态化"发展》，《宁夏社会科学》2016年第6期。

［4］王中可、张洁、郭峦：《绿色展会的认知路径及支付意愿研究——基于参展商视角》，《旅游学刊》2019年第3期。

［5］张健康：《智慧会展的技术解构与人文关怀》，《理论探索》2017年第4期。

［6］刘林艳：《互联网驱动的展览业商业模式创新》，《中国流通经济》2018年第9期。

B.3
2018年世界会展城市实力报告

中外会展业动态评估研究报告课题组*

摘 要： 本报告根据展馆、展会及组展商三维数据评估全球各大会展城市的能力水平，研究世界会展城市的发展态势。在新 SMI 指数指标体系的基础上，本报告评估利用比值法计算展馆、展会及组展商发展指数，采用综合加权法计算世界会展城市的综合实力。2018 年，世界会展城市入围数量共计67 个，中国入围城市数量的占比超 1/4。其中，上海在展馆发展指数和展会发展指数上位居前列、伦敦在组展商发展指数上位居前列。根据评估各项指标，上海综合实力最强，汉诺威和巴黎紧随其后。值得注意的是，上海会展业整体呈现不均衡发展态势，未来应注重组展商质量的提升。

关键词： 世界会展城市　新 SMI 指数　展馆　展会　组展商

一　基于会展指数评价的世界会展城市

本报告采用最新的 SMI 指数指标体系进行运算（见表1），展馆发展指数、展会发展指数、组展商发展指数的具体衡量指标分别是室内展馆面积、展会展览面积及组展商营业额。首先，将各个会展城市的原始数据无量纲化处理，以 2015 年数据为基础，采用比值法计算出展馆发展指数、展会发展指数、组展商发展指数。其次，运用综合加权法计算出世界会展城市综合发展指

---

* 执笔人为张敏，博士，上海会展研究院执行院长，上海大学会展专业教授、博士生导师，研究方向为会展沟通与企业间市场；印文翔，硕士，上海会展研究院实习研究员，研究方向为会展沟通；钱景，硕士，上海会展研究院实习研究员，研究方向为会展沟通。

数。最后，采用纵向比较法，将2018年的数据与2015年的数据进行比较，以反映世界会展城市的变化情况。本报告利用最新的SMI指数指标体系对2015年的数据进行了重新计算，以确保2015年和2018年的数据具有可比性。

表1 新 SMI 指数指标体系及其权重

一级指数	二级指数及权重	具体指标
会展指数	展馆发展指数（0.25）	室内展馆面积
	展会发展指数（0.48）	展会展览面积
	组展商发展指数（0.27）	组展商营业额

本报告采用的室内展馆面积数据和组展商营业额数据均来自修正后的 *AUMA Review 2018*，展会展览面积来自《进出口经理人》杂志发布的"2019年世界商展100大排行榜"。按照上本蓝皮书的规则，世界各大会展城市只要满足展馆、组展商、展会中的一项标准，即可进入评价范围。2018年，共有67个城市入围世界会展城市，其中欧洲入围35个、亚洲入围23个、北美洲入围9个（见表2）。

表2 2018 年世界会展城市一览

地区	国家	城市
欧洲（35个）	德国（11个）	科隆、汉诺威、法兰克福、杜塞尔多夫、慕尼黑、柏林、纽伦堡、斯图加特、莱比锡、埃森、汉堡
	意大利（6个）	博洛尼亚、维罗纳、里米尼、罗马、帕尔玛、米兰
	西班牙（4个）	巴塞罗那、瓦伦西亚、马德里、毕尔巴鄂
	荷兰（2个）	乌德勒支、阿姆斯特丹
	英国（2个）	伦敦、伯明翰
	法国（2个）	巴黎、里昂
	瑞士（2个）	巴塞尔、日内瓦
	波兰（2个）	华沙、波兹南
	瑞典（1个）	哥森堡
	捷克（1个）	布洛诺
	比利时（1个）	布鲁塞尔
	俄罗斯（1个）	莫斯科

续表

地区	国家	城市
亚洲(23个)	中国(17个)	上海、广州、北京、成都、昆明、青岛、重庆、厦门、武汉、南昌、义乌、南京、沈阳、深圳、香港、佛山、南宁
	日本(1个)	东京
	韩国(1个)	首尔
	泰国(1个)	曼谷
	土耳其(1个)	伊斯坦布尔
	新加坡(1个)	新加坡
	阿联酋(1个)	迪拜
北美洲(9个)	美国(9个)	拉斯维加斯、芝加哥、路易斯维尔、奥兰多、亚特兰大、休斯敦、新奥尔良、洛杉矶、劳德代尔堡

与2015年相比，欧洲入围世界会展城市的总数量没有变化，但各国入围世界会展城市的数量有变动，其中德国汉堡、波兰华沙新增入围，意大利巴里、英国范堡罗跌落榜单。

亚洲新增入围10个世界会展城市，中国的成都、昆明、青岛、义乌、沈阳、佛山、南京、南昌和南宁首次榜上有名，日本东京再次强势回归，阿联酋迪拜新增入围。北美洲入围9个世界会展城市，主要集中在美国，其中新增的世界会展城市为奥兰多、劳德代尔堡。

二 世界会展城市展馆、展会与组展商发展评价

（一）展馆发展指数

拥有室内展馆面积10万平方米及以上的展馆的城市主要有上海、巴黎、法兰克福、汉诺威、莫斯科、米兰、广州、科隆、杜塞尔多夫、芝加哥等59个。根据比值法计算出世界会展城市展馆发展指数及其增长率（见表3）。

表3   2018年世界会展城市展馆发展指数情况

国家	城市	室内展馆面积(平方米)	展馆发展指数(分)	增长率(%)
中国	上海	600000	127.67	0.0
法国	巴黎	461841	98.27	0.0
德国	法兰克福	393838	83.80	7.4
德国	汉诺威	392453	83.51	−15.3
俄罗斯	莫斯科	359960	76.59	0.2
意大利	米兰	345000	73.41	0.0
中国	广州	338000	71.92	−0.6
中国	成都	315000	67.03	186.3
中国	昆明	300000	63.84	—
德国	科隆	284000	60.43	0.0
德国	杜塞尔多夫	248580	52.89	−5.1
美国	芝加哥	241549	51.40	0.0
西班牙	巴塞罗那	240000	51.07	−32.4
中国	青岛	240000	51.07	
西班牙	瓦伦西亚	230837	49.12	0.0
美国	路易斯维尔	222193	47.28	85.2
意大利	博洛尼亚	200000	42.56	0.0
西班牙	马德里	200000	42.56	0.0
中国	重庆	200000	42.56	−2.0
德国	慕尼黑	200000	42.56	11.1
美国	奥兰多	195096	41.51	—
英国	伯明翰	186000	39.58	−7.8
美国	拉斯维加斯	180290	38.36	−2.3
德国	纽伦堡	179600	38.22	5.6
德国	柏林	170000	36.17	0.0
意大利	维罗纳	151536	32.24	0.0
中国	武汉	150000	31.92	0.0
西班牙	毕尔巴鄂	150000	31.92	38.9
波兰	华沙	143000	30.43	—
瑞士	巴塞尔	141000	30.00	0.0
泰国	曼谷	140000	29.79	0.0
中国	南昌	140000	29.79	—
意大利	帕尔玛	135000	28.73	35.0
美国	亚特兰大	130112	27.69	0.0

续表

国家	城市	室内展馆面积(平方米)	展馆发展指数(分)	增长率(%)
法国	里昂	130000	27.66	13.8
意大利	里米尼	129000	27.45	18.3
美国	休斯敦	120402	25.62	0.0
土耳其	伊斯坦布尔	120000	25.53	0.0
中国	义乌	120000	25.53	—
德国	斯图加特	119800	25.49	13.9
阿联酋	迪拜	118996	25.32	—
意大利	罗马	118910	25.30	0.0
比利时	布鲁塞尔	114445	24.35	0.0
德国	莱比锡	111300	23.68	0.0
捷克	布洛诺	110921	23.60	-8.6
德国	埃森	110000	23.41	0.0
波兰	波兹南	110000	23.41	2.2
中国	南京	110000	23.41	—
韩国	首尔	108556	23.10	0.1
中国	北京	106800	22.73	0.0
瑞士	日内瓦	106000	22.56	-1.9
中国	沈阳	105600	22.47	—
中国	深圳	105000	22.34	0.0
美国	新奥尔良	102230	21.75	0.0
新加坡	新加坡	101624	21.62	0.0
英国	伦敦	100000	21.28	0.0
荷兰	乌德勒支	100000	21.28	0.0
中国	佛山	100000	21.28	—
中国	厦门	100000	21.28	—

注：增长率是指2018年展馆发展指数相较于2015年的增长情况。

资料来源：根据修正后的 *AUMA Review 2018* 数据整理计算。

1. 上海领先，中国多个会展城市崭露头角

上海展馆发展指数为127.67分。此外，中国共有9个城市首次上榜，成都展馆发展指数为67.03分，昆明展馆发展指数为63.84分，青岛展馆发展指数为51.07分，南昌展馆发展指数为29.79分，义乌展馆发展指数为

25.53分,南京展馆发展指数为23.41分,沈阳展馆发展指数为22.47分,佛山和厦门展馆发展指数均为21.28分。在世界会展城市展馆发展指数中,中国表现突出,共有15个城市上榜,未来发展潜力依然巨大。

2. 汉诺威展馆发展指数下降,德国城市展馆发展指数增长有限

2018年,汉诺威展馆发展指数为83.51分,较2015年下降15.3%。法兰克福展馆面积有所增加,展馆发展指数为83.80分。科隆、柏林、莱比锡、埃森等4个城市的展馆发展指数分别为60.43分、36.17分、23.68分、23.41分,相较于2015年均未发生变动。德国有3个城市进入展馆发展指数前十强,但整体来看,德国城市展馆发展指数增长有限,发展趋于平稳。

3. 芝加哥进入世界前列,路易斯维尔进步明显

美国芝加哥以51.40分闯入世界会展城市展馆发展指数前列。美国路易斯维尔进步显著,2018年展馆发展指数为47.28分,较2015年增长85.2%。此外,美国还有5个城市上榜,奥兰多展馆发展指数为41.51分,拉斯维加斯展馆发展指数为38.36分,亚特兰大展馆发展指数为27.69分,休斯敦展馆发展指数为25.62分,新奥尔良展馆发展指数为21.75分。

（二）展会发展指数

以《进出口经理人》杂志发布的"2019年世界商展100大排行榜"数据为基准,本报告计算得出世界城市展会发展指数及其增长率（见表4）。

表4　2018年世界会展城市展会发展指数情况

国家	城市	展会面积（平方米）	展会发展指数（分）	增长率（%）
中国	上海	2777000	117.36	19.8
德国	汉诺威	2266500	95.79	2.4
德国	科隆	2038100	86.13	2.3
德国	法兰克福	1776200	75.06	-5.3
意大利	米兰	1766600	74.66	31.4
德国	杜塞尔多夫	1732400	73.21	-4.9
德国	慕尼黑	1699400	71.82	8.7

续表

国家	城市	展会面积(平方米)	展会发展指数(分)	增长率(%)
法国	巴黎	1667000	70.45	-6.6
中国	广州	1146000	48.43	57.0
意大利	博洛尼亚	874400	36.95	25.5
美国	拉斯维加斯	814600	34.43	8.0
德国	柏林	781500	33.03	2.9
中国	北京	661000	27.93	30.6
德国	纽伦堡	457900	19.35	3.3
美国	劳德代尔堡	278000	11.75	—
意大利	维罗纳	202800	8.57	-2.7
俄罗斯	莫斯科	180000	7.61	0.0
中国	厦门	180000	7.60	8.4
中国	香港	135000	5.71	0.0
美国	芝加哥	132000	5.58	-14.8
瑞士	巴塞尔	130000	5.49	-53.7
阿联酋	迪拜	129600	5.48	—
中国	南宁	124000	5.24	—

注：增长率是指2018年展会发展指数相较于2015年的增长情况。

资料来源：根据"2019年世界商展100大排行榜"的数据整理计算。

1. 中国共6个城市上榜，上海位居世界前列

2018年，中国上海、广州进入世界会展城市展会发展指数前十强，上海展会发展指数为117.36分，较2015年增长19.8%，广州展会发展指数为48.43分，较2015年增长57.0%。此外，中国还有4个城市进入世界会展城市展会发展指数榜单，北京展会发展指数为27.93分，较2015年增长30.6%，厦门展会发展指数为7.60分，较2015年增长8.4%；南宁首次进入榜单，展会发展指数为5.24分。中国的世界会展城市展会发展指数整体增长明显，上海优势突出，领先汉诺威21.57分，成绩值得肯定。

2. 德国城市进入前十五名，汉诺威表现突出

德国有5个城市进入世界会展城市展会发展指数前十强，分别为汉诺威、科隆、法兰克福、杜塞尔多夫、慕尼黑，相较于2015年，柏林跌出前十强。在展会发展指数增长上，汉诺威、科隆保持2%左右的增长幅度，柏林增长2.9%，法兰克福、杜塞尔多夫下降5%左右。但从整体情况和上榜城市数量来看，德国城市在展会发展上依旧保持着较强的实力。

3. 意大利共3个城市上榜，米兰表现亮眼

意大利共3个城市入围世界会展城市展会发展指数榜单，它们在此次榜单中表现出色，米兰展会发展指数为74.66分，博洛尼亚以36.95分进入世界会展城市展会发展指数前十强，维罗纳展会发展指数为8.57分。米兰和博洛尼亚的展会发展指数增长幅度均超过25%，进步十分显著。

（三）组展商发展指数

以 *AUMA Review 2018* 数据为基础，本报告计算得出世界会展城市组展商发展指数及其增长率（见表5）。

表5　2018年世界会展城市组展商发展指数情况

国家	城市	组展商营业额（百万欧元）	组展商发展指数（分）	增长率(%)
英国	伦敦	3971.6	162.36	31.2
法国	巴黎	1010.0	41.29	19.2
德国	法兰克福	718.1	29.36	10.9
瑞士	巴塞尔	463.9	18.96	24.2
德国	慕尼黑	417.9	17.08	50.6
德国	柏林	352.1	14.39	45.5
德国	科隆	337.4	13.79	5.0
美国	洛杉矶	332.6	13.60	18.4
德国	纽伦堡	315.1	12.88	54.6
德国	汉诺威	309.7	12.66	−5.9
德国	杜塞尔多夫	294.0	12.02	−3.8
意大利	米兰	247.2	10.11	−26.7
中国	香港	240.0	9.81	7.6
西班牙	巴塞罗那	210.0	8.58	41.8
英国	伯明翰	184.6	7.55	—
日本	东京	184.5	7.54	—

国家	城市	组展商营业额 （百万欧元）	组展商发展指数 （分）	增长率(%)
德国	斯图加特	178.0	7.28	54.9
意大利	博洛尼亚	170.8	6.98	43.6
意大利	里米尼	159.7	6.53	—
比利时	布鲁塞尔	157.1	6.42	46.9
荷兰	阿姆斯特丹	152.3	6.23	20.7
瑞典	哥森堡	139.2	5.69	8.0
西班牙	马德里	138.5	5.66	—
中国	上海	134.8	5.51	16.5
荷兰	乌德勒支	124.4	5.09	-6.6
德国	汉堡	104.3	4.26	—

注：增长率是指 2018 年组展商发展指数相较于 2015 年的增长情况。

资料来源：根据 *AUMA Review 2018* 的数据整理计算。

1. 英国伦敦发展迅猛，遥遥领先

在 2018 年世界会展城市组展商发展指数中，伦敦仍然遥遥领先，组展商发展指数为 162.36 分，较 2015 年增长 31.2%，保持高增长的发展态势。在伦敦组展商中，励展博览集团和英富曼公司表现最为优异，其营业额均超过 10 亿欧元。除此之外，博闻集团、柯莱睿展览公司、英国国际贸易与展览集团等组展商发展实力也较为强劲。

2. 德国共6个城市进入前十强，纽伦堡、慕尼黑等增速较快

德国凭借自身优势，包揽世界会展城市组展商发展指数前十强中的六席。与 2015 年相比，除法兰克福和科隆的组展商发展指数排名依然保持不变，慕尼黑、柏林、纽伦堡、汉诺威均出现变化。2018 年，慕尼黑、柏林和纽伦堡组展商发展指数分别为 17.08 分、14.39 分、12.88 分，较 2015 年的增长幅度均保持在 45%~55%。

3. 中国香港进入前二十强

中国香港进入前二十强，组展商发展指数为 9.81 分。虽然目前全球展览业协会认证的中国会员机构数量已经达到了 167 个，但中国的世界会展城市组展商发展实力依然较为薄弱，会展业整合程度较低。未来，中国组展商还需要持续发力，学习英国和德国组展商的先进组展经验和盈利模式，提升其核心竞争力。

三　世界会展城市实力综合评价

运用新 SMI 指数指标评价模型计算世界会展城市综合发展指数，根据综合得分高低，得到 2018 年世界会展城市的综合实力情况（见表6）。

表6　2018 年世界会展城市的综合实力情况

单位：分

城市	展馆发展指数	展会发展指数	组展商发展指数	综合发展指数
上海	127.67	117.36	5.51	89.74
汉诺威	83.51	95.79	12.66	70.27
巴黎	98.27	70.45	41.29	69.53
法兰克福	83.80	75.06	29.36	64.91
科隆	60.43	86.13	13.79	60.18
米兰	73.41	74.66	10.11	56.92
杜塞尔多夫	52.89	73.21	12.02	51.61
慕尼黑	42.56	71.82	17.08	49.72
伦敦	21.28	0.00	162.36	49.16
广州	71.92	48.43	0.00	41.23
博洛尼亚	42.56	36.95	6.98	30.26
柏林	36.17	33.03	14.39	28.78
拉斯维加斯	38.36	34.43	0.00	26.12
莫斯科	76.59	7.61	0.00	22.80
纽伦堡	38.22	19.35	12.88	22.32
北京	22.73	27.93	0.00	19.09
成都	67.03	0.00	0.00	16.76
昆明	63.84	0.00	0.00	15.96
芝加哥	51.40	5.58	0.00	15.53
巴塞尔	30.00	5.49	18.96	15.26
巴塞罗那	51.07	0.00	8.58	15.08

续表

城市	展馆发展指数	展会发展指数	组展商发展指数	综合发展指数
青岛	51.07	0.00	0.00	12.77
瓦伦西亚	49.12	0.00	0.00	12.28
维罗纳	32.24	8.57	0.00	12.17
马德里	42.56	0.00	5.66	12.17
伯明翰	39.58	0.00	7.55	11.93
路易斯维尔	47.28	0.00	0.00	11.82
重庆	42.56	0.00	0.00	10.64
奥兰多	41.51	0.00	0.00	10.38
厦门	21.28	7.60	0.00	8.97
迪拜	25.32	5.48	0.00	8.96
里米尼	27.45	0.00	6.53	8.62
斯图加特	25.49	0.00	7.28	8.34
武汉	31.92	0.00	0.00	7.98
毕尔巴鄂	31.92	0.00	0.00	7.98
布鲁塞尔	24.35	0.00	6.42	7.82
华沙	30.43	0.00	0.00	7.61
南昌	29.79	0.00	0.00	7.45
曼谷	29.79	0.00	0.00	7.45
帕尔玛	28.73	0.00	0.00	7.18
亚特兰大	27.69	0.00	0.00	6.92
里昂	27.66	0.00	0.00	6.92
乌德勒支	21.28	0.00	5.09	6.69
休斯敦	25.62	0.00	0.00	6.40
义乌	25.53	0.00	0.00	6.38
伊斯坦布尔	25.53	0.00	0.00	6.38
罗马	25.30	0.00	0.00	6.33
莱比锡	23.68	0.00	0.00	5.92
布洛诺	23.60	0.00	0.00	5.90
南京	23.41	0.00	0.00	5.85
波兹南	23.41	0.00	0.00	5.85
埃森	23.41	0.00	0.00	5.85
首尔	23.10	0.00	0.00	5.77
劳德代尔堡	0.00	11.75	0.00	5.64
日内瓦	22.56	0.00	0.00	5.63

城市	展馆发展指数	展会发展指数	组展商发展指数	综合发展指数
沈阳	22.47	0.00	0.00	5.62
深圳	22.34	0.00	0.00	5.59
新奥尔良	21.75	0.00	0.00	5.44
新加坡	21.62	0.00	0.00	5.41
香港	0.00	5.71	9.81	5.39
佛山	21.28	0.00	0.00	5.32
洛杉矶	0.00	0.00	13.60	3.67
南宁	0.00	5.24	0.00	2.52
东京	0.00	0.00	7.54	2.04
阿姆斯特丹	0.00	0.00	6.23	1.68
哥森堡	0.00	0.00	5.69	1.54
汉堡	0.00	0.00	4.26	1.15

（一）上海拔得头筹，展馆、展会优势显著

在世界会展城市中，中国上海以89.74分拔得头筹，这主要得益于展馆发展指数、展会发展指数的贡献。上海展馆发展指数以127.67分超过法国巴黎、德国法兰克福。上海展会发展指数为117.36分，较2015年大幅提升，领先汉诺威21.57分。但是上海组展商实力较弱，由此可见，上海会展业存在不均衡的发展状况，未来应注重组展商质量的提升。

（二）中国入围城市数量的占比超1/4

在世界会展城市中，中国城市入围数量最多，占比超1/4。

上海表现尤为突出。广州、北京、成都、昆明也不甘示弱，分别以41.23分、19.09分、16.76分和15.96分进入前二十强。青岛、重庆、武汉、南昌、义乌等城市在展馆发展方面优势明显，但在展会发展和组展商发展方面有待加强。与之相反，厦门凭借展馆和展会发展优势成为世界会展城市，香港在展会和组展商的共同作用下成为世界会展城市。

（三）德国有5个城市进入前十强

德国共有 11 个城市入围世界会展城市，其中有 5 个城市进入前十强。汉诺威综合发展指数为 70.27 分，仅次于中国上海。法兰克福和科隆的综合发展指数分别为 64.91 分、60.18 分。杜塞尔多夫综合发展指数为 51.61 分，慕尼黑综合发展指数为 49.72 分。除此之外，德国的柏林、纽伦堡会展发展实力也较为强劲，分别以 28.78 分、22.32 分进入前二十强。在进入前十强的德国城市中，其展馆、展会和组展商等单项指标均呈现较为均衡的发展态势。

（四）巴黎位居前列，英国、法国的世界会展城市稳步发展

在世界会展城市中，法国、英国均有 2 个城市，即法国的巴黎和里昂，英国的伦敦和伯明翰。巴黎综合发展指数为 69.53 分。英国伦敦虽然组展商实力较强，但展馆和展会的成绩平平，综合而言，伦敦综合发展指数为 49.16 分。相较于 2015 年，巴黎和伦敦的综合发展指数均呈现不同程度的增长。伯明翰综合发展指数为 11.93 分，里昂综合发展指数为 6.92 分，英国、法国的世界会展城市发展较为平稳。

（五）米兰居于前列，意大利、西班牙的世界会展城市之间竞争激烈

在欧洲入围的 35 个城市中，除德国外，意大利、西班牙入围城市较多，其中意大利入围 6 个，西班牙入围 4 个。意大利米兰表现突出，其综合发展指数为 56.92 分，博洛尼亚综合发展指数为 30.26 分。相较于 2015 年，米兰和博洛尼亚均有所变化。

值得注意的是，西班牙毕尔巴鄂、意大利帕尔玛进步显著。毕尔巴鄂综合发展指数为 7.98 分，帕尔玛综合发展指数为 7.18 分。除此之外，意大利和西班牙的其他世界会展城市都有不同程度的后退。由此可见，意大利和西班牙的世界会展城市之间竞争激烈，各有进退。

（六）北美洲的世界会展城市仍集中在美国

北美洲有 9 个城市入围世界会展城市，全部位于美国，分别为拉斯维加斯、芝加哥、奥兰多、亚特兰大、休斯敦、路易斯维尔、新奥尔良、劳德代尔堡和洛杉矶。与 2015 年相比，拉斯维加斯与芝加哥依然位于世界前二十强。拉斯维加斯的展馆和展会实力表现突出，但组展商发展实力较为薄弱。芝加哥展馆实力强劲，但展会发展指数和组展商发展指数较小。奥兰多和劳德代尔堡首次入围榜单，奥兰多综合发展指数为 10.38 分，劳德代尔堡综合发展指数为 5.64 分。路易斯维尔有所进步，这主要得益于展馆的发展。

（七）泰国、韩国等亚洲国家的世界会展城市表现平平

在 2018 年世界会展城市中，泰国、土耳其、韩国、日本和新加坡等 5 个亚洲国家均有 1 个城市入围，分别是曼谷、伊斯坦布尔、首尔、东京和新加坡，这 6 个城市的综合发展实力一般。曼谷综合发展指数为 7.45 分，伊斯坦布尔综合发展指数为 6.38 分，首尔综合发展指数为 5.77 分，新加坡综合发展指数为 5.41 分，东京再次入围，其综合发展指数为 2.04 分，相较于 2015 年，首尔的退步明显，这与首尔组展商发展实力减弱有关。

B.4
2019年中国城市—省域—区域
会展实力报告

中外会展业动态评估研究报告课题组*

摘　要： 本报告基于SMI会展指数评价模型，以会展业生产力三要素，即展馆、展会、组展商为考量标准，从城市、省域、区域三个层面对中国会展业发展态势展开全面分析。研究发现，从会展城市竞争力来看，上海、广州、北京跻身我国一线会展城市；重庆、深圳等18个二线会展城市各具特色、潜力巨大；189个三线会展城市各项实力有待进一步提升，以便更充分发挥其创新促进和商务交往功能。从省域层面来看，我国会展业省域实力呈三级阶梯分布。第一梯队成员为广东省、上海市、山东省、北京市，会展业发展相对均衡、实力遥遥领先；第二梯队成员众多，会展业发展势头强劲、成就有俟来日；第三梯队各项指数有所不足，亟待进一步提升。从区域层面来看，长三角、珠三角、环渤海三大会展城市群在全国居于明显领先地位，相互间竞争激烈；西南、中部、东北三大会展城市带处于快速成长之中，未来前景得期待；西北会展城市带及海西经济特区和海南国际旅游岛会展城市特区基础稍显薄弱，希望后来居上。

关键词： 城市—省域—区域　展馆发展指数　展会发展指数　组展商发展指数　SMI会展指数评价模型

---

* 执笔人为张敏，博士，上海会展研究院执行院长，上海大学会展专业教授、博士生导师，研究方向为会展沟通与企业间市场；聂菁，硕士，上海会展研究院实习研究员，研究方向为会展沟通；朱蕊，硕士，上海会展研究院实习研究员，研究方向为会展沟通；张兰，硕士，上海会展研究院实习研究员，研究方向为会展沟通；钱景，硕士，上海会展研究院实习研究员，研究方向为会展沟通。

一 评价标准与数据来源

为更好地适应会展业的发展变化、满足实际需求以及洞悉未来动向，本书对原会展指数指标体系及评价模型进行了重新演绎与完善。通过专家征询法，邀请了 15 位高管和权威专家参与群决策，采用层次分析法对原 SMI 指数指标体系的各项评价指标进行重新确定，最终得到了新 SMI 指数指标体系及各指标权重。中国城市—省域—区域会展指数指标体系及权重如表 1 所示。

由于国内组展商营业额相关数据缺失，本报告用组展商的"年组展面积"来替代"组展商营业额"。具体评价指标数据来源如下：展馆和展会的数据来源为中国会展经济研究会的《2019 年度中国展览数据统计报告》，组展商的数据来源为中国国际贸易促进委员会的《中国展览经济发展报告（2019）》。由于港澳台相关数据难以获得，本报告对港澳台会展发展情况暂不评价。

表 1 中国城市—省域—区域会展指数指标体系及权重

一级指数	二级指数及权重	具体指标
会展指数	展馆发展指数（0.25）	室内展馆面积
	展会发展指数（0.48）	展会展览面积
	组展商发展指数（0.27）	年组展面积

为更好把握中国会展业的发展情况，本报告在此加入了区域的会展发展评价，使区域间的对比更加全面和明显。在进行城市—省域—区域会展发展指数分析时，按照数据的离散情况对其会展综合实力进行梯队划分，确保评价的层次性和系统性。除此之外，本书还加入了与上本书相应维度的纵向比较，以此来分析我国会展城市、省域、区域的会展发展格局和发展态势。

二 中国会展城市实力比较情况

按照会展蓝皮书的规则，中国各大会展城市只要拥有展馆、展会、组展商任何一项发展数据，即可进入评价范围。2019年，入围的中国会展城市共有210个。本报告将各个会展城市的原始数据进行无量纲化处理，即采用比值法计算出展馆发展指数、展会发展指数、组展商发展指数。在运用综合加权法的基础上，得出2019年中国会展城市会展指数发展情况（见表2）。从单项指标指数来看，上海、深圳、广州、昆明的展馆发展指数名列前茅，上海、广州、重庆、北京的展会发展指数优势明显，北京、上海、广州的组展商实力遥遥领先。综合来看，截至2019年底，上海、广州、北京三大会展城市为我国的第一梯队，即一线会展城市；重庆市、深圳市等18个会展城市为第二梯队，即二线会展城市；厦门市、合肥市等189个会展城市为第三梯队，即三线会展城市。

表2 2019年中国会展城市会展指数发展情况

单位：分

城市	展馆发展指数	展会发展指数	组展商发展指数	会展综合发展指数
上海市	100.00	100.00	58.69	88.85
广州市	65.42	52.74	57.86	57.29
北京市	34.23	30.38	100.00	50.14
重庆市	33.28	51.09	3.35	33.75
深圳市	73.16	20.34	11.95	31.28
昆明市	62.39	19.26	0.00	24.84
青岛市	35.67	21.94	9.87	22.11
成都市	39.90	21.90	4.67	21.75
南京市	18.40	26.38	0.00	17.27
杭州市	37.19	12.95	0.00	15.52
沈阳市	15.67	21.42	4.79	15.50
长春市	27.13	15.79	3.54	15.32
武汉市	26.65	14.52	5.05	15.00
西安市	20.56	12.41	2.48	11.77

城市	展馆发展指数	展会发展指数	组展商发展指数	会展综合发展指数
郑州市	10.64	15.51	4.26	11.25
长沙市	11.43	16.53	1.46	11.19
天津市	17.05	11.68	3.47	10.81
临沂市	20.92	11.43	0.00	10.72
济南市	9.92	15.78	2.33	10.68
苏州市	26.96	7.87	0.00	10.52
潍坊市	22.87	9.11	0.00	10.09
厦门市	12.09	12.36	1.32	9.31
合肥市	15.48	11.34	0.00	9.31
石家庄市	16.69	6.66	0.00	7.37
哈尔滨市	8.46	9.66	1.61	7.19
宁波市	7.26	10.97	0.00	7.08
南昌市	18.14	4.99	0.00	6.93
佛山市	21.28	3.28	0.00	6.89
无锡市	13.60	5.56	2.65	6.79
贵阳市	9.67	8.49	0.00	6.49
大连市	8.95	8.03	0.00	6.09
东莞市	7.26	4.84	7.03	6.04
福州市	9.67	6.82	0.00	5.69
中山市	14.21	4.05	0.00	5.50
廊坊市	8.62	5.38	0.00	4.74
南宁市	11.12	4.43	0.00	4.91
泸州市	9.67	4.58	0.00	4.62
太原市	6.17	5.11	0.00	3.99
珠海市	12.84	1.48	0.00	3.92
义乌市	15.28	0.00	0.00	3.82
威海市	8.30	2.68	0.00	3.36
温州市	4.96	3.24	1.88	3.30
桂林市	3.49	4.91	0.00	3.23
乌鲁木齐市	5.44	3.84	0.00	3.20
东营市	9.19	1.81	0.00	3.17
永康市	9.19	1.77	0.00	3.15
呼和浩特市	6.13	3.34	0.00	3.13
泰安市	7.98	2.33	0.00	3.12

城市	展馆发展指数	展会发展指数	组展商发展指数	会展综合发展指数
泰州市	7.50	2.54	0.00	3.10
唐山市	5.08	3.21	0.00	2.81
烟台市	6.43	2.46	0.00	2.79
邢台市	8.83	1.21	0.00	2.79
绵阳市	3.83	3.73	0.00	2.75
云浮市	10.28	0.31	0.00	2.72
金华市	0.00	5.58	0.00	2.68
昆山市	6.05	2.40	0.00	2.66
滨州市	5.20	2.63	0.00	2.56
兰州市	3.85	2.54	1.08	2.47
海口市	4.58	2.73	0.00	2.46
曲阜市	9.67	0.00	0.00	2.42
商丘市	9.67	0.00	0.00	2.42
西宁市	5.67	1.93	0.00	2.34
乐山市	5.80	1.79	0.00	2.31
锦州市	7.62	0.82	0.00	2.30
淄博市	3.63	2.75	0.00	2.22
漳州市	8.71	0.08	0.00	2.21
洛阳市	4.72	1.98	0.00	2.13
常州市	4.84	1.59	0.00	1.97
连云港市	6.19	0.85	0.00	1.96
濮阳市	7.68	0.00	0.00	1.92
信阳市	4.84	1.32	0.00	1.84
芜湖市	5.44	0.98	0.00	1.83
拉萨市	7.01	0.13	0.00	1.82
银川市	3.63	1.87	0.00	1.80
沧州市	2.18	2.62	0.00	1.80
台州市	3.02	2.11	0.00	1.77
安阳市	4.74	0.89	0.00	1.61
漯河市	1.81	2.30	0.00	1.56
盐城市	3.02	1.64	0.00	1.54
池州市	6.05	0.00	0.00	1.51

城市	展馆发展指数	展会发展指数	组展商发展指数	会展综合发展指数
莆田市	6.05	0.00	0.00	1.51
嘉兴市	3.02	1.53	0.00	1.49
余姚市	3.75	1.11	0.00	1.47
南通市	2.06	1.95	0.00	1.45
绍兴市	2.32	1.65	0.00	1.37
遂宁市	0.00	2.79	0.00	1.34
达州市	0.00	2.76	0.00	1.33
南充市	0.00	2.73	0.00	1.31
宜宾市	2.42	1.44	0.00	1.29
铁岭市	2.39	1.39	0.00	1.27
徐州市	1.57	1.80	0.00	1.26
平顶山市	4.84	0.00	0.00	1.21
新乡市	4.84	0.00	0.00	1.21
石狮市	3.63	0.61	0.00	1.20
绥芬河市	4.59	0.10	0.00	1.20
莱芜市 *	3.42	0.66	0.00	1.17
包头市	0.00	2.33	0.00	1.12
常熟市	2.49	0.96	0.00	1.08
惠州市	1.45	1.48	0.00	1.07
宿迁市	3.02	0.62	0.00	1.05
桐乡市	3.99	0.07	0.00	1.03
延吉市	2.77	0.67	0.00	1.01
日照市	1.81	1.10	0.00	0.98
扬州市	1.81	1.09	0.00	0.98
三亚市	0.00	1.95	0.00	0.93
民权县	3.63	0.04	0.00	0.93
邯郸市	2.42	0.67	0.00	0.93
汕头市	3.63	0.00	0.00	0.91
宁德市	3.39	0.10	0.00	0.90
阜新市	2.18	0.69	0.00	0.88
广元市	2.42	0.54	0.00	0.86
本溪市	3.02	0.22	0.00	0.86

城市	展馆发展指数	展会发展指数	组展商发展指数	会展综合发展指数
海宁市	1.44	1.04	0.00	0.86
襄阳市	3.39	0.00	0.00	0.85
资阳市	0.00	1.65	0.00	0.79
温岭市	1.43	0.89	0.00	0.78
三门峡市	1.69	0.74	0.00	0.78
大同市	2.20	0.48	0.00	0.78
柳州市	1.45	0.82	0.00	0.76
张掖市	3.02	0.00	0.00	0.76
鹤壁市	3.02	0.00	0.00	0.76
德阳市	0.00	1.53	0.00	0.74
济宁市	1.93	0.48	0.00	0.71
慈溪市	2.00	0.44	0.00	0.71
聊城市	1.51	0.63	0.00	0.68
盘锦市	1.21	0.78	0.00	0.68
牡丹江市	2.66	0.00	0.00	0.67
鄂尔多斯市	1.92	0.32	0.00	0.63
赣州市	1.33	0.62	0.00	0.63
赤峰市	2.18	0.15	0.00	0.62
驻马店市	2.42	0.00	0.00	0.60
德清县	2.42	0.00	0.00	0.60
马鞍山市	0.00	1.24	0.00	0.59
衡水市	1.28	0.51	0.00	0.57
江门市	2.24	0.00	0.00	0.56
满洲里市	2.22	0.10	0.00	0.60
张家口市	2.06	0.05	0.00	0.54
菏泽市	0.00	1.10	0.00	0.53
鞍山市	0.00	1.05	0.00	0.50
镇江市	1.33	0.32	0.00	0.48
攀枝花市	0.00	1.00	0.00	0.48
伊春市	1.90	0.00	0.00	0.48
自贡市	0.00	0.96	0.00	0.46
阜阳市	1.81	0.00	0.00	0.45
平潭县	1.81	0.00	0.00	0.45
淮安市	1.69	0.00	0.00	0.42

城市	展馆发展指数	展会发展指数	组展商发展指数	会展综合发展指数
秦皇岛市	1.45	0.11	0.00	0.42
湛江市	1.63	0.00	0.00	0.41
运城市	1.21	0.21	0.00	0.40
昌邑市	1.57	0.00	0.00	0.39
巴中市	0.00	0.81	0.00	0.39
眉山市	0.00	0.75	0.00	0.36
齐齐哈尔市	1.35	0.03	0.00	0.35
保定市	0.00	0.68	0.00	0.33
临夏回族自治州 **	1.28	0.00	0.00	0.32
蚌埠市	1.21	0.00	0.00	0.30
玉树市	1.21	0.00	0.00	0.30
晋江市	0.00	0.62	0.00	0.30
枣庄市	0.00	0.53	0.00	0.26
诸暨市	0.00	0.44	0.00	0.21
晋城市	0.00	0.38	0.00	0.18
玉环市	0.00	0.32	0.00	0.15
佳木斯市	0.00	0.31	0.00	0.15
凉山彝族自治州	0.00	0.31	0.00	0.15
惠安县	0.00	0.31	0.00	0.15
德化县	0.00	0.31	0.00	0.15
宁海县	0.00	0.30	0.00	0.14
抚顺市	0.00	0.28	0.00	0.14
景德镇市	0.00	0.26	0.00	0.12
丹东市	0.00	0.23	0.00	0.11
营口市	0.00	0.22	0.00	0.10
喀什	0.00	0.21	0.00	0.10
郴州市	7.26	0.18	0.00	1.90
辛集市	0.00	0.18	0.00	0.09
宝鸡市	0.00	0.15	0.00	0.07
肇庆市	0.00	0.15	0.00	0.07
朝阳市	0.00	0.14	0.00	0.07
承德市	0.00	0.14	0.00	0.07
辽阳市	0.00	0.14	0.00	0.07
泉州市	0.00	0.13	0.00	0.06

续表

城市	展馆发展指数	展会发展指数	组展商发展指数	会展综合发展指数
南安市	0.00	0.13	0.00	0.06
龙岩市	0.00	0.13	0.00	0.06
德州市	0.00	0.11	0.00	0.05
葫芦岛市	0.00	0.11	0.00	0.05
潜江市	0.00	0.11	0.00	0.05
六安市	0.00	0.10	0.00	0.05
七台河市	0.00	0.10	0.00	0.05
四平市	0.00	0.10	0.00	0.05
阿坝藏族羌族自治州	0.00	0.09	0.00	0.04
十堰市	0.00	0.08	0.00	0.04
张家港市	0.00	0.07	0.00	0.03
东阳市	0.00	0.07	0.00	0.03
梅河口市	0.00	0.07	0.00	0.03
雅安市	0.00	0.07	0.00	0.03
定州市	0.00	0.06	0.00	0.03
公主岭市	0.00	0.06	0.00	0.03
甘孜藏族自治州	0.00	0.05	0.00	0.02
三明市	0.00	0.05	0.00	0.02
通化市	0.00	0.03	0.00	0.01
松原市	0.00	0.03	0.00	0.01
五常市	0.00	0.03	0.00	0.01
衢州市	0.00	0.03	0.00	0.01
大庆市	0.00	0.02	0.00	0.01
农安县	0.00	0.02	0.00	0.01
吉林市	0.00	0.01	0.00	0.00
黄南藏族自治州	0.00	0.01	0.00	0.00
太仓市	0.00	0.01	0.00	0.00
延安市	0.00	0.01	0.00	0.00
安溪县	0.00	0.01	0.00	0.00
图们市	0.00	0.01	0.00	0.00

* 莱芜市 2019 年被撤销，设立济南市莱芜区。由于所采用的资料来源，本书保留莱芜市用法。下同。

** 表中各自治州指的是其首府所在城市。下同。

资料来源：根据中国会展经济研究会《2019 年度中国展览数据统计报告》和中国国际贸易促进委员会《中国展览经济发展报告（2019）》的数据整理计算。

（一）城市展馆发展指数分析

根据《2019 年度中国展览数据统计报告》，中国拥有至少一个展馆的城市共有 142 个，较上年增加了 20 个，同比增长 16.4%。本报告从城市展馆数量、展馆面积入手，通过新 SMI 指数指标体系的展馆发展指数进行评估分析，在此基础上研究我国会展城市展馆设施建设和城市展能格局。具体数据见附表 1。

1. 上海、深圳、广州、昆明4市名列前茅

根据我国会展城市展馆发展指数分析，上海、广州的展馆展能依旧保持前列，昆明的展馆展能稳定且有序发展，深圳作为一匹黑马，提升较快。其中，上海展馆发展指数为 100 分，深圳展馆发展指数为 73.16 分，广州展馆发展指数为 65.42 分，昆明展馆发展指数为 62.39 分，展馆发展指数均高于 50 分。

在展馆面积上，上海市的展馆面积为 82.70 万平方米①，广州市和昆明市的展馆面积分别为 54.10 万平方米和 51.60 万平方米，较 2016 年的展馆规模均有所扩大。深圳市的展馆面积为 60.50 万平方米，深圳国际会展中心的竣工为深圳市建设会展城市提供了中坚力量，其展馆面积高达 50 万平方米，超过国家会展中心（上海），成为目前国内面积最大的专业展馆。上海、深圳、广州和昆明的展馆面积占全国的比重为 22.75%，也是国内大型会展活动的主要举办城市。在室内展馆面积 40 万平方米的国家会展中心（上海）、室内展馆面积 50 万平方米的深圳国际会展中心新建项目的带动下，国内新馆建设大型化趋势显著。新馆均设于城市郊区，充分辐射周边配套设施的建设。全国室内展馆面积 10 万平方米及以上的专业展馆分布情况如图 1 所示。

在展馆数量上，上海有 9 个展馆，仍然是拥有展馆数量最多的城市，其中拥有我国室内展馆面积 10 万平方米及以上的专业展馆 2 个，室内展馆面积 40 万平方米的国家会展中心（上海）和室内展馆面积 20 万平方米的上

---

① 本报告对《2019 年度中国展览数据统计报告》中上海市的展馆面积进行了修订，上海世贸商城展览馆面积为 19 万平方米，实际为 4 万平方米，故上海市的展馆面积减少 15 万平方米。

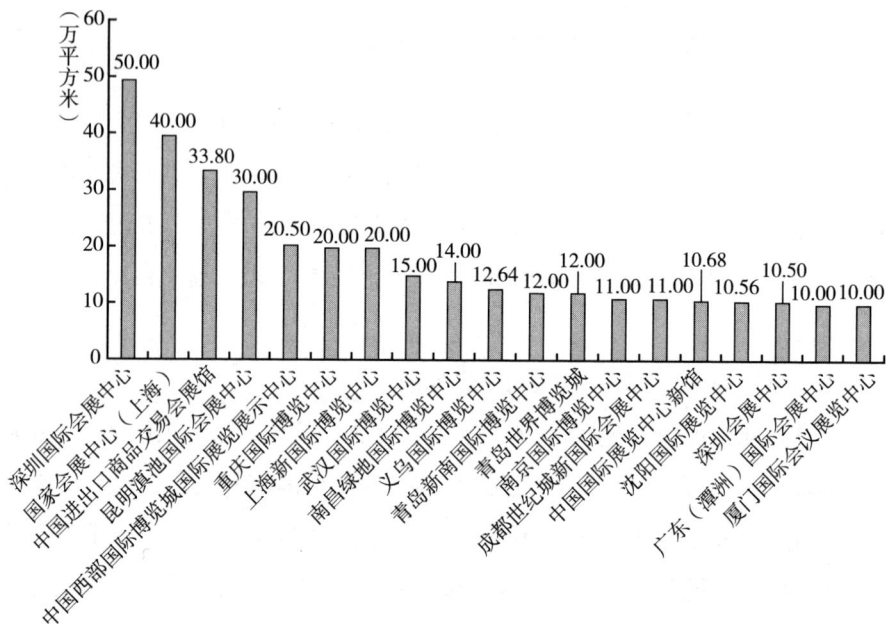

图1　全国室内展馆面积10万平方米及以上的专业展馆分布

注：重庆国际博览中心、中国西部国际博览城国际展览展示中心、广东（潭洲）国际会展中心、中国国际展览中心新馆的面积参考官网进行了修订。

资料来源：中国会展经济研究会《2019年度中国展览数据统计报告》。

海新国际博览中心是上海展馆的主力军，大型展会承办能力突出。深圳有2个室内展馆面积10万平方米及以上的专业展馆，50万平方米的深圳国际会展中心和10.50万平方米的深圳会展中心，前者将为深圳未来的会展业迅猛发展保驾护航。广州有5个展馆，是我国拥有4个及以上展馆的14个会展城市之一（见图2），广州市拥有我国室内展馆面积10万平方米及以上的专业展馆1个，即中国进出口商品交易会展馆。昆明市有4个展馆，昆明滇池国际会展中心是室内展馆面积10万平方米及以上的专业展馆，面积为30万平方米，是昆明承办国内、国际大型会展活动的主要场所。上海、广州、昆明均拥有4个及以上展馆，是展览举办集中度较高的大型城市。此外，国内目前有28个会展城市拥有2个以上展馆。拥有4个及以上展馆的会展城市有14个。随着新馆陆续建成投用，一城多馆在多数会展城市将成为常态。

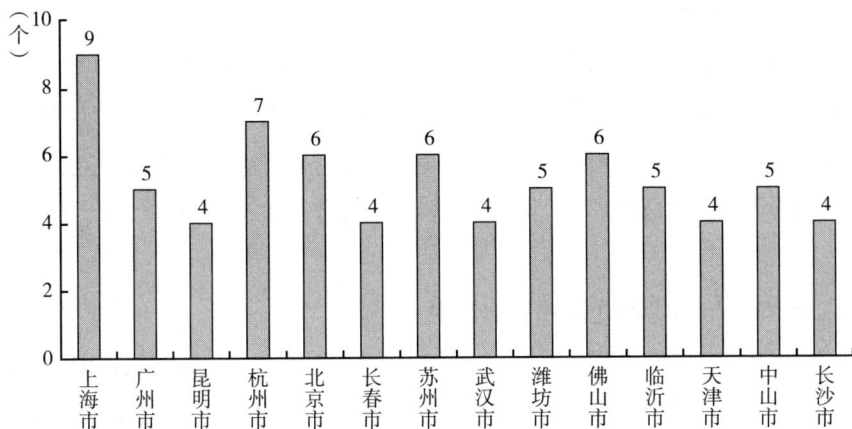

图2 我国拥有4个及以上展馆的会展城市

资料来源：中国会展经济研究会《2019年度中国展览数据统计报告》。

在展馆利用率上，上海有2个展馆进入2019年全国展馆利用率前十名（见图3），分别是展馆利用率达76.6%的上海新国际博览中心和展馆利用率达47.8%的上海世博展览馆。深圳有1个利用率达65.7%的深圳会展中心进入前十名，广州有2个展馆进入前十名，分别是展馆利用率达51.5%的广

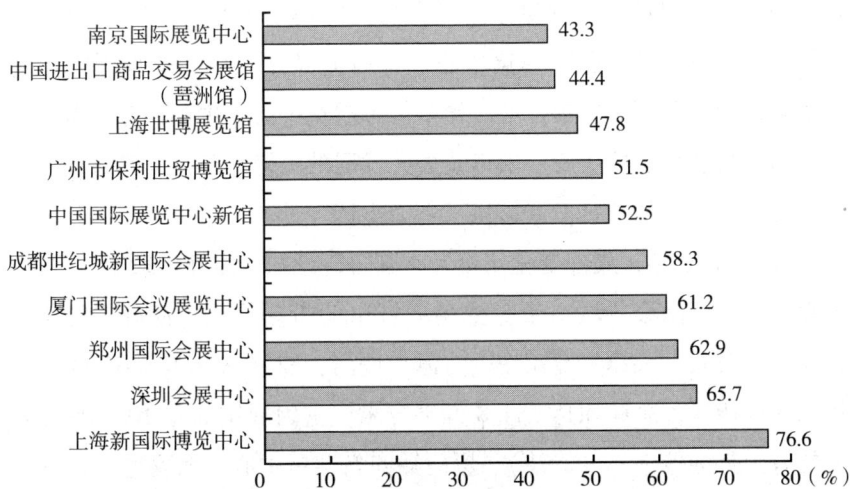

图3 2019年全国展馆利用率前十名

资料来源：中国会展经济研究会《2019年度中国展览数据统计报告》。

州市保利世贸博览馆和44.4%的中国进出口商品交易会展馆（琶洲馆）。昆明暂无专业展馆入围，需进一步优化展能配置，提高展馆利用率，最大限度发挥会展业的经济带动优势。随着大型展馆规模的提升，展览主办方拥有更多的展览举办地选择，但展馆空置率问题日益凸显，各新兴大型会展城市在展馆面积扩大、数量增加的同时，仍需要兼顾展馆质量的提升、配套设施的完善。

2. 成都、杭州等27个城市稳居其中

在我国城市展馆发展指数中，成都市、杭州市、青岛市、北京市、重庆市、长春市、苏州市、武汉市、潍坊市、佛山市、临沂市、西安市、南京市、南昌市、天津市等27个城市稳居其中，其展馆发展指数集中在10~40分。成都市展馆发展指数为39.90分，杭州市为37.19分，可见这27个会展城市的展馆发展情况与上海、深圳、广州、昆明还有较大差距。

在这27个会展城市中，拥有4个及以上展馆的城市有11个，分别为杭州、北京、长春、苏州、武汉、潍坊、佛山、临沂、天津、中山和长沙。这27个会展城市拥有室内展馆面积10万平方米及以上的专业展馆13个，分别为重庆国际博览中心、中国西部国际博览城国际展览展示中心、武汉国际博览中心、南昌绿地国际博览中心、义乌国际博览中心、广东（潭洲）国际会展中心、青岛新南国际博览中心、青岛世界博览城、南京国际博览中心、成都世纪城新国际会展中心、沈阳国际展览中心、中国国际展览中心新馆和厦门国际会议展览中心。展馆是展会发展的关键一环，大型专业展馆的有效运营为会展业的长足发展提供了有力支持。

相较于2016年，成都变化比较大，展馆建设和展能开发取得长足进步，充分发挥作为西南会展城市带重要会展城市的带动作用。此外，杭州、青岛、北京、西安、天津、石家庄、珠海、厦门、郑州这9个城市共有11个展馆在建或待建，总面积达184.8万平方米，室内展馆面积10万平方米及以上的有国际会展中心（天津）、厦门翔安新会展中心、西安丝路国际会展中心、郑州新国际会展中心和红岛国际会展中心，建成后的展馆将为城市展能注入新力量，也将缩小其与四强会展城市的差距。此外，郑州国际会展中心、厦门国际会议展览中心、成都世纪城新国际会展中心、中国国际展览中心新馆和南京国际展览中心进入 2019 年全国展馆利用率前十名，利用率分别为 62.9%、61.2%、58.3%、52.5%、43.3%。城市在扩大展馆建设规模的同时，需要提高展馆利用率，加快进入城市展馆质量型提升阶段，充分提升展馆综合展能。

3. 济南、福州等111个城市暂居其后

在我国会展城市展馆发展指数中，共有 111 个城市的展馆发展指数普遍在 10 分以下，发展实力较弱。其中，展馆发展指数在 9~10 分的有济南市、福州市、贵阳市、泸州市、曲阜市、商丘市、东营市、永康市 8 个城市，发展差距较小；展馆发展指数在 2~9 分（不含 9 分）的有大连市、邢台市、漳州市、廊坊市等 75 个城市；展馆发展指数在 2 分（不含 2 分）以下的有济宁市、鄂尔多斯市、伊春市、阜阳市等 28 个城市。值得注意的是，贵阳市、丹东市、菏泽市、济南市、淄博市、宜昌市、驻马店市、许昌市、新乡市、开封市、商丘市、秦皇岛市等 24 个城市均有在建或待建的展馆，其中商丘市有 3 个展馆在建或待建，包括面积达 14 万平方米的商丘国际会展中心，开封市有 2 个展馆在建。此外，贵阳市在建 26 万平方米的贵阳空港国际会展中心、丹东市在建 20 万平方米的丹东国门湾金融国际会展城、菏泽市在建 13.35 万平方米的菏泽国际会展中心、济南市在建 13.2 万平方米的济南西部国际会展中心、淄博市在建 12 万平方米的 HM 全球家居会展中心等，未来这些城市的展馆实力发展潜力巨大。相较于 2016 年，其中邢台市、济南市展馆有力扩张，呈现良好的发展态势。

（二）城市展会发展指数分析

以中国会展经济研究会《2019 年度中国展览数据统计报告》为基准，计算得出中国会展城市展会发展指数，具体数据见附表2。

1. 上海、广州、重庆、北京4市表现突出

上海、广州、重庆、北京 4 个城市的展会发展指数分别为 100.00 分、52.74 分、51.09 分、30.38 分。与 2016 年相比，这 4 个会展城市继续以平稳的发展速度和强大的实力在全国会展业的发展中发挥重大作用。

2019年，上海、广州、重庆、北京4个会展城市的办展面积达4547.49万平方米，占总办展面积的30.55%。其中，上海市共举办展会1043场，办展面积达1941.67万平方米；广州市共办展690场，办展面积达1024.02万平方米；重庆市办展数量为513场，办展面积达992万平方米；北京市办展数量为324场，办展面积达589.80万平方米。上海、广州、重庆、北京的办展质量突出，其中上海有40场展会进入中国展出面积TOP100展会，包括2018年中国国际进口博览会、2019中国国际医疗器械（春季）博览会、2016年中国国际纺织面料及辅料（春夏）博览会、中国华东进出口商品交易会等大型展会。广州有14场展会进入中国展出面积TOP100展会，包括第125届中国进出口商品交易会（春季）、第125届中国进出口商品交易会（秋季）等大型展会。重庆有6场展会进入中国展出面积TOP100展会，包括2019Navigate领航者峰会、2019中国国际智能产业博览会（重庆）等重要展会。北京有3场展会进入中国展出面积TOP100展会，包括第28届中国（北京）国际墙纸、布艺展览会，第28届中国（北京）国际建筑装饰及材料博览会，第14届中国国际机床工具展览会。总体来看，大型展会稳步成长，上海仍是全国最多超大展会的举办城市，深圳、昆明未来随着城市展馆的完善，有望在超大展会的举办数量上实现飞跃。

2.南京、青岛等29个城市稳中有升

南京市、青岛市、成都市、沈阳市、深圳市、昆明市、长沙市、长春市、济南市、郑州市、武汉市、杭州市、西安市、厦门市等29个城市展会发展指数主要集中在5~30分，其中南京、青岛、成都、沈阳和深圳展会发展指数较高，未来发展潜力巨大。2019年，这29个会展城市办展面积达7199.5万平方米，占全部的48.36%。值得一提的是，有24个城市拥有全国单展规模排名前100的展会（见图4），其中成都有5场，天津有4场，北京、厦门、深圳、长沙均有3场，杭州、昆明、南昌、武汉均有 2 场, 滨州、大连、东莞、福州、济南、临沂、宁波、青岛、沈阳、长春、淄博均有 1 场。大型展会的成长离不开产业与市场发展的需求, 展会规模的壮大、数量的增加与城市发展相辅相成, 新一线城市需要加快举办大型展会的步伐。相较于 2016 年, 青岛、成都、深圳、昆明、天津等城市展会发展指数上升迅速、展会质量提升迅速, 这与其自身经济的发展密不可分。

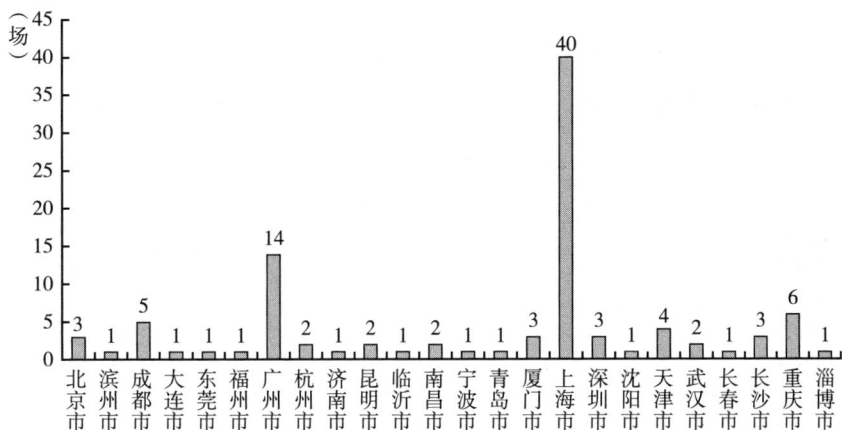

图 4　2019 年全国城市单展规模排名前 100 的展会及其城市分布

资料来源: 中国会展经济研究会《2019 年度中国展览数据统计报告》。

3. 南昌、桂林等153个城市较为落后

在我国会展城市展会发展指数中, 有 153 个城市处于展会发展的起步阶段, 展会发展指数均在 5 分以下, 发展较为落后, 这 153 个会展城市办展面积达 3140.27 万平方米, 占全部的 21.09%。其中, 南昌市、桂林市、东莞市、泸州市、南宁市、中山市的展会发展指数分别为 4.99 分、4.91 分、4.84 分、4.58 分、4.43 分、4.05 分, 处于相对靠前的位置。南昌、东莞、淄博、滨州 4 个城市拥有全国单展规模排名前 100 的展会, 包括 2019 中国·厨都国际酒店用品博览会、第 41 届国际名家具 (东莞) 展览会、2019 中国 (周村) 第 5 届家居采购节暨原辅材料展、第 76 届中国教育装备展示会。与 2016 年相比, 桂林、沧州、台州 3 市的展会发展指数上升明显, 昆

山的展会发展指数下降幅度较大。总体来看，这 153 个城市的整体展会水平和展会质量还需要把握机会进行快速提升。

（三）城市组展商发展指数分析

组展商是展览活动重要的利益相关者，是展会举办的主承担者。组展商的资源调配能力和专业策划能力是组展商长远发展的重要基石，而组展商的内核实力是城市会展核心竞争力的重要组成部分。以中国国际贸易促进委员会《中国展览经济发展报告（2019）》的数据为依据，计算得出 2019 年中国城市组展商发展指数情况（见附表 3），2019 年排名前 100 的组展商分别在北京、上海、广州等 22 个城市举办展会（见图 5）。

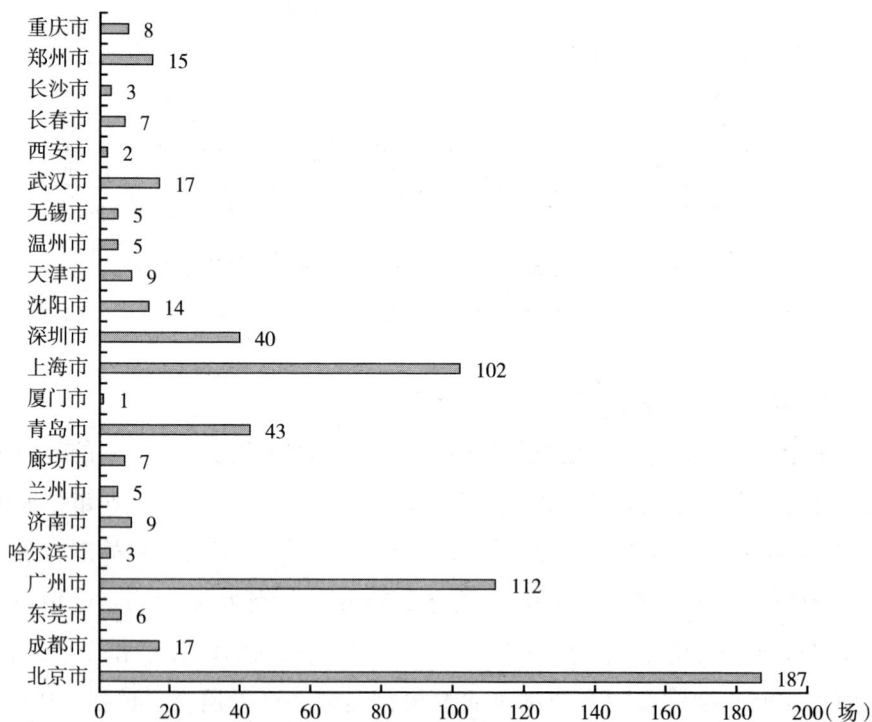

图 5　2019 年排名前 100 的组展商在中国举办展会的城市分布

资料来源：中国国际贸易促进委员会《中国展览经济发展报告（2019）》。

1. 北京、上海、广州3市实力突出

在城市组展商发展指数中，相较于2016年，北京、上海、广州三大城市在2019年依旧占据领先位置，组展商发展指数依次为100分、58.69分、57.86分，3市组展商的组展面积达26175714平方米，占全国的75%，发展实力十分强劲，这与众多优质组展商落地3市紧密相关。北京、上海、广州3市分别拥有28家、19家、17家排名前100的组展商，办展专业化程度高，品牌塑造个性突出。2019年，北京、上海、广州3市的优质组展商紧扣时代脉搏，充分发挥资源调配和整合优势，在展会举办中积极寻求线上会展新窗口，这为我国的会展业数字化做出了有效的尝试。

2. 深圳、青岛等7市发展潜力较大

在城市组展商发展指数中，深圳市、青岛市、东莞市、武汉市、沈阳市、成都市、郑州市7个城市的组展商发展指数均在50分以下，具体分别为11.95分、9.87分、7.03分、5.05分、4.79分、4.67分、4.26分。这7个城市的组展商的组展面积达5756550平方米，占全国的16%。这7个城市的组展商的办展数量和组展面积与北京、上海、广州存在较大差距，组展商的大型展会组展能力和品牌展会打造能力需要快速提升，需要充分借鉴北京、上海、广州专业组展商的办展思维。与2016年相比，东莞市组展商发展指数波动较大。值得一提的是，自2018年开始，东莞市会展业就围绕"华南工业展览之都""广东国际会议之都"的定位，一直积极推动会展业的产业融合，持续把会展业做特、做优、做强，促进了东莞市组展商综合办展实力迅速提高。

3. 长春、天津等12市较为落后

在城市组展商发展指数中，长春市、天津市、重庆市、无锡市、西安市、济南市、温州市、哈尔滨市、长沙市、厦门市、廊坊市、兰州市12个城市的组展商发展指数均在4分以下。这12个城市的组展商的组展面积共3196962平方米，占全国的9%，处于明显落后地位。值得明确的是，增强办展专业性是这12个城市接下来发展会展业的重要切入点。

（四）中国城市会展综合实力比较

在会展城市综合实力分布上，本报告将我国城市分为三大梯队，0～10分（不含10分）为第三梯队，10～40分（不含40分）为第二梯队，40～100分为第一梯队，从第一梯队到第三梯队代表相应的维度实力依次减弱。其中，上海、广州、北京三大会展城市为我国的第一梯队，即一线会展城市；重庆市、深圳市等18个会展城市为第二梯队，即二线会展城市；厦门市、合肥市等189个会展城市为第三梯队，即三线会展城市。

1. 一线会展城市：上海、广州、北京

截至2019年，上海、广州、北京会展综合发展指数分别为88.85分、57.29分、50.14分，居全国会展城市发展第一梯队。与2016年相比，上海、广州、北京的会展业发展实力依然稳健强劲，其中，上海持续保持绝对的领先地位，综合实力表现突出。在展馆发展指数、展会发展指数和组展商发展指数三项单项指标上，上海、广州和北京表现较为均衡，在全国都遥遥领先，这充分显示了3个城市强大的综合实力和突出的会展地位。三大会展城市的强劲发展辐射力和拉动力，使它们成为全国会展发展的模范样本和重要参照。

2. 二线会展城市：重庆市、深圳市、昆明市等18个城市

截至2019年，中国二线会展城市会展综合发展指数均在10～40分（不含40分），主要包括重庆市、深圳市、昆明市、青岛市、成都市、南京市、杭州市、沈阳市、长春市、武汉市、西安市、郑州市、长沙市、天津市、临沂市、济南市、苏州市、潍坊市18个城市。重庆市、深圳市分别以33.75分、31.28分的会展综合发展指数居二线会展城市中的前列，2市分别作为西南会展城市带和珠三角会展城市群的重要组成部分，继续发挥会展区位优势，提升展会发展综合实力，稳步朝一线会展城市迈进。昆明市、青岛市、成都市、南京市、杭州市、沈阳市、长春市、武汉市等16个城市会展综合发展指数位于10～30分，如何发挥自身优势来稳步保持二线会展城市地位是这16个城市会展业未来发展的重要突破口。与2016年相比，这16个城

市的会展发展均衡性有所提升。

3. 三线会展城市：厦门市、合肥市等189个城市

2019年，中国三线会展城市会展综合发展指数全部在10分以下，包括厦门市、合肥市、石家庄市、哈尔滨市、宁波市、南昌市、佛山市、无锡市、贵阳市等189个城市。其中，厦门市、哈尔滨市、无锡市、东莞市、温州市、兰州市6个城市在展馆、展会、组展商三个维度的发展具有一定的均衡性，另183个城市的会展均衡发展程度不高，培育和吸引专业组展商是其未来发展会展业的重中之重。与2016年相比，三线会展城市数量增多。三线会展城市未来需要找准自身地域特色，激发会展发展活力，逐渐摆脱较为落后的会展地位。

三 中国省域会展实力比较情况

本部分从展馆、展会、组展商三个维度，对中国省域会展实力进行比较。从单项指标来看，广东省、山东省的展馆发展指数遥遥领先，上海市、广东省、山东省的展会项目占据优势，北京市、广东省、上海市的组展商实力领先全国平均水平。考虑到我国省域会展综合实力的实际情况，按照会展综合发展指数将省域划分为三大梯队。广东省、上海市、山东省、北京市会展综合实力较强，位居第一梯队；江苏省领跑第二梯队13个省域，江苏省、四川省、浙江省、重庆市会展业表现不俗；陕西省等14个省域构成第三梯队，各项指数均有待提升。

（一）中国省域展馆发展指数分析

以《2019年度中国展览数据统计报告》的数据为基础，本报告将展馆数据按照省域进行分类，并对相应的展馆面积进行加总。按照比值法，对处理后的数据进行无量纲化处理，计算得到中国省域展馆发展指数情况（见表3）。

表3 2019 年中国省域展馆发展指数情况

省域	展馆数量(个)	展馆面积(万平方米)	展馆发展指数(分)
广东省	27	176.47	100.00
山东省	38	124.07	70.31
江苏省	26	83.15	47.12
上海市	9	82.70	46.86
浙江省	20	80.44	45.58
河南省	18	53.37	30.24
四川省	8	52.97	30.02
云南省	4	51.60	29.24
河北省	16	40.19	22.77
福建省	8	37.50	21.25
辽宁省	10	33.94	19.23
北京市	6	28.31	16.04
重庆市	3	27.52	15.59
湖北省	5	24.84	14.08
安徽省	6	24.80	14.05
吉林省	6	24.73	14.01
陕西省	3	17.00	9.63
江西省	3	16.10	9.12
黑龙江省	5	15.69	8.89
湖南省	5	15.45	8.76
天津市	4	14.10	7.99
广西壮族自治区	3	13.29	7.53
内蒙古自治区	5	10.30	5.84
贵州省	1	8.00	4.53
山西省	4	7.92	4.49
甘肃省	3	6.74	3.82
西藏自治区	2	5.80	3.29
青海省	2	5.69	3.22
新疆维吾尔自治区	1	4.50	2.55
海南省	1	3.79	2.15
宁夏回族自治区	1	3.00	1.70

资料来源：根据中国会展经济研究会《2019 年度中国展览数据统计报告》的数据整理计算。

1. 广东省、山东省居于前列，领先优势明显

在 31 个省域中，广东省的展馆发展指数为 100.00 分，山东省的展馆发展指数为 70.31 分。广东省及山东省的展馆建设在我国省域中处于明显领先地位，其中广东省凭借以深圳国际会展中心、中国进出口商品交易会展馆为代表的大型专业展馆在全国展馆发展中占有较大优势。与 2016 年相比，广东省的展馆发展指数上升，山东省下降。目前，山东省在建的展馆有红岛国际会展中心、菏泽国际会展中心、HM 全球家居会展中心等，这些专业展馆的建成，未来会提升山东省的展馆实力。

2. 8个省域展馆发展指数介于20~70分，江苏省、上海市、浙江省具有比较优势

江苏省、上海市、浙江省、河南省、四川省、云南省、河北省、福建省等 8 个省域的展馆发展指数在 20~70 分。其中，江苏省、上海市、浙江省的展馆发展指数在 40~50 分，河南省、四川省、云南省、河北省、福建省的展馆发展指数在 20~40 分。与河南省、四川省等 5 个省域相比，江苏省、上海市、浙江省的展馆发展具有比较优势，但和广东省、山东省存在一定差距。与 2016 年相比，河南省、云南省、河北省的展馆发展指数上升，其中云南省、河南省上升幅度较大，江苏省、上海市、浙江省的展馆发展指数保持稳定，四川省、福建省的展馆发展指数下降。

3. 21个省域展馆发展指数均在20分以下，中西部地区省域居多

在省域展馆发展指数中，辽宁省、北京市、重庆市、湖北省、安徽省、吉林省、陕西省、江西省等 21 个省域的展馆发展指数均低于 20 分，占全国省域的 2/3 左右。其中，辽宁省、北京市、重庆市的表现较为良好，展馆发展指数均未低于 15 分。与 2016 年相比，北京市、吉林省、陕西省、湖南省、甘肃省、新疆维吾尔自治区的展馆发展指数上升，山西省、青海省、宁夏回族自治区的展馆发展指数保持稳定，辽宁省、重庆市、湖北省、安徽省、江西省、黑龙江省、天津市、广西壮族自治区、内蒙古自治区、贵州省、西藏自治区、海南省的展馆发展指数下降。从地域而言，展馆发展指数在 20 分以下的省域多分布在中西部地区。

（二）中国省域展会发展指数分析

以《2019年度中国展览数据统计报告》的数据为基础，本报告将展会数据按照省域进行分类，并对相应的展会面积进行加总。按照比值法，对处理后的数据进行无量纲化处理，计算得到中国省域展会发展指数情况（见表4）。

表4　2019年中国省域展会发展指数情况

省域	展会数量（场）	展会面积（万平方米）	展会发展指数（分）
上海市	1043	1941.67	100.00
广东省	1029	1721.83	88.68
山东省	1004	1505.28	77.53
江苏省	1186	1080.75	55.66
四川省	953	1020.84	52.58
重庆市	513	992.00	51.09
浙江省	697	831.96	42.85
辽宁省	729	689.70	35.52
北京市	324	589.80	30.38
河南省	412	442.23	22.78
福建省	343	420.44	21.65
河北省	337	416.78	21.47
云南省	132	374.00	19.26
吉林省	180	325.63	16.77
湖南省	274	324.50	16.71
湖北省	274	290.80	14.98
安徽省	295	265.08	13.65
陕西省	226	244.10	12.57
天津市	123	226.76	11.68
黑龙江省	45	198.90	10.24
广西壮族自治区	156	197.23	10.16
贵州省	156	164.81	8.49

省域	展会数量(场)	展会面积(万平方米)	展会发展指数(分)
内蒙古自治区	128	121.33	6.25
山西省	164	119.76	6.17
江西省	101	113.93	5.87
新疆维吾尔自治区	39	78.55	4.05
海南省	29	53.04	2.73
甘肃省	78	49.35	2.54
青海省	27	37.53	1.93
宁夏回族自治区	34	36.30	1.87
西藏自治区	2	2.50	0.13

资料来源：根据中国会展经济研究会《2019年度中国展览数据统计报告》的数据整理计算。

1. 上海市、广东省、山东省连年稳居前列

上海市、广东省、山东省稳居中国省域展会发展指数前列，其中上海市的展会发展指数为 100.00 分，广东省的展会发展指数为 88.68 分，山东省的展会发展指数为 77.53 分。上海市的展会发展指数超过广东省。山东省的展会发展指数虽然落后广东省 11.15 分，但是高出江苏省 21.87 分，领先优势较为明显。与 2016 年相比，上海市的展会发展指数上升，山东省保持稳定，广东省下降。结合展会数量和展会面积来看，虽然上海市、广东省和山东省的展会数量比较接近，但是 3 个省市的办展面积仍然存在一定差距，呈现阶梯状分布。同时，这 3 个省市的展会发展指数连年稳居我国前列，在全国范围内一直保有较大优势。

2. 9个省域展会发展指数介于20~70分，展会发展指数变化较小

在省域展会发展指数上，江苏省、四川省、重庆市、浙江省、辽宁省、北京市、河南省、福建省、河北省 9 个省市的展会发展指数均在 20~70 分，居于中等地位。具体而言，江苏省、四川省、重庆市的表现较为优异，展会发展指数分别为 55.66 分、52.58 分、51.09 分。从全国省域展会数量来看，

江苏省的展会数量为 1186 场，展会数量比上海市高出 143 场，但展会面积却仅为上海市展会面积的 55.7%。未来，江苏省不仅要注重展会数量的增加，还要进一步提升办展的规模和质量。浙江省的展会发展指数为 42.85 分。辽宁省、北京市、河南省、福建省、河北省的展会发展指数在 20~40 分，展会面积均保持在 400 万平方米以上。与 2016 年相比，除四川省展会发展指数上升、重庆市展会发展指数下降外，其余 7 个省市展会发展指数保持不变，该分数段省市的展会发展相对稳定。

3. 超六成省域展会发展指数低于20分，展会发展较为落后

目前，我国有 19 个省域的展会发展指数低于 20 分，占全部省域的 61.3%，具体省域主要有云南省、吉林省、湖南省、湖北省、安徽省、陕西省、天津市、黑龙江省等。虽然云南省、吉林省、湖南省的展会发展指数均在 15 分以上，但剩余省市的展会发展指数有待提高。其中，贵州省、内蒙古自治区、山西省、江西省等 10 个省域的展会发展指数在 10 分以下，展会发展实力较弱。与 2016 年相比，云南省、吉林省、湖南省、黑龙江省、广西壮族自治区、贵州省、山西省、青海省等 8 个省域的展会发展指数小幅上升，天津市、新疆维吾尔自治区、海南省、甘肃省、西藏自治区等 5 个省域的展会发展指数保持稳定，湖北省、安徽省、陕西省、内蒙古自治区、江西省、宁夏回族自治区等 6 个省域的展会发展指数下降。其中，云南省上升幅度较大，江西省下降幅度较大。

（三）中国省域组展商发展指数分析

以《中国展览经济发展报告（2019）》的数据为基础，本报告将组展商数据按照省域进行分类，并对相应的组展商组展面积进行加总。按照比值法，对处理后的数据进行无量纲化处理，计算得到中国省域组展商发展指数情况（见表5）。由于《中国展览经济发展报告（2019）》仅统计了中国主办展览面积超过 10 万平方米的前 100 家企业型组展单位（不包括港澳台地区），本报告分析的省域，只涉及北京市、广东省、上海市、山东省、湖北省、辽宁省、四川省、河南省、吉林省、天津市、重庆市、江苏省、陕西省、浙江省、黑龙江省、湖南省、福建省、河北省、甘肃省等 19 个省域，其余省域不在本次评价范围之内。

表 5 2019 年中国省域组展商发展指数情况

省域	组展数量(场)	组展面积(平方米)	组展商发展指数(分)
北京市	187	12087300	100.00
广东省	158	9288550	76.85
上海市	102	7094414	58.69
山东省	52	1475200	12.20
湖北省	17	610000	5.05
辽宁省	14	579000	4.79
四川省	17	565000	4.67
河南省	15	515000	4.26
吉林省	7	428000	3.54
天津市	9	420000	3.47
重庆市	8	405000	3.35
江苏省	5	320762	2.65
陕西省	2	300000	2.48
浙江省	5	227000	1.88
黑龙江省	3	195000	1.61
湖南省	3	177000	1.46
福建省	1	160000	1.32
河北省	7	151000	1.25
甘肃省	5	131000	1.08

资料来源：根据中国国际贸易促进委员会《中国展览经济发展报告（2019）》的数据整理计算。

1. 北京市、广东省、上海市以断层式优势高居前列

在全国省域组展商发展指数中，北京市、广东省、上海市的组展商发展指数分别为 100.00 分、76.85 分、58.69 分。其中，北京市与广东省的组展商发展指数相差 23.15 分，广东省与上海市的组展商发展指数相差 18.16 分，组展商发展指数居于前列的省域组展商发展水平存在差距。与 2016 年

相比，广东省的组展商发展指数上升，北京市、上海市保持稳定。北京市、广东省、上海市是我国经济较为发达的省域，其组展商实力同样遥遥领先于国内其他省域。国内其他省域组展商发展指数均在15分以下，组展商实力较为薄弱。北京市、广东省、上海市的组展商发展断层式优势明显。

2.山东省组展商发展指数12.20分，其他15个省域组展商发展指数均低于10分

山东省的组展商发展指数为12.20分，处于我国省域组展商发展的中间地带。除山东省外，湖北省、辽宁省、四川省、河南省、吉林省、天津市、重庆市、江苏省、陕西省、浙江省、黑龙江省、湖南省、福建省、河北省、甘肃省等15个省域的组展商发展指数均低于10分。与2016年相比，湖北省、四川省、河南省、吉林省、陕西省、河北省的组展商发展指数有所上升，辽宁省的组展商发展指数保持稳定，山东省、天津市、重庆市、江苏省、浙江省、黑龙江省、湖南省、福建省的组展商发展指数下降。此外，2016年甘肃省组展商发展指数未进入评价范围。山东省、湖北省等16个省域的百强组展商主要集中于这些省域内的少数城市，比如山东省的百强组展商来自济南市、青岛市，四川省的百强组展商来自成都市，湖北省的百强组展商来自武汉市，福建省的百强组展商来自厦门市，辽宁省的百强组展商来自沈阳市等。由此可看出，优质的组展商资源主要集中在省域内经济较为发达的城市。

3.12个省域组展商发展暂时落后

在中国主办展览面积超过10万平方米的前100家企业型组展单位中，有12个省域的组展商不在此范围内，这些省域包括云南省、安徽省、广西壮族自治区、贵州省、江西省、内蒙古自治区、山西省、新疆维吾尔自治区、海南省、青海省、宁夏回族自治区及西藏自治区，中西部省域居多。大型组展商的缺失将会成为这12个省域会展业发展的短板与不利因素，也会成为我国会展业长远发展的阻碍。目前，对云南省、安徽省等12个省域而言，如何培育发展优质的组展商是亟待解决的问题。

（四）中国省域会展综合发展指数分析

运用新 SMI 指数指标评价模型，计算中国省域会展综合评价指数，根据综合得分高低，得到 2019 年中国省域会展综合发展指数情况（见表6）。为确保数据具有纵向可比性，本报告使用新 SMI 指数指标体系对 2016 年的省域综合发展指数进行了重新计算。此外，考虑到我国省域会展实力的实际情况，将我国省域划分为三大梯队，0～10 分（不含 10 分）为第三梯队，10～40 分（不含 40 分）为第二梯队，40～100 分为第一梯队，从第一梯队到第三梯队代表相应的实力依次减弱。

表6　2019 年中国省域会展综合发展指数情况

单位：分

梯队	省域	会展综合发展指数
第一梯队	广东省	88.31
	上海市	75.56
	山东省	58.08
	北京市	45.59
第二梯队	江苏省	39.21
	四川省	34.00
	浙江省	32.47
	重庆市	29.33
	辽宁省	23.15
	河南省	19.64
	云南省	16.56
	河北省	16.33
	福建省	16.06
	吉林省	12.51
	湖北省	12.07
	湖南省	10.61
	安徽省	10.07

续表

梯队	省域	会展综合发展指数
第三梯队	陕西省	9.11
	天津市	8.54
	黑龙江省	7.58
	广西壮族自治区	6.76
	贵州省	5.21
	江西省	5.10
	内蒙古自治区	4.46
	山西省	4.08
	新疆维吾尔自治区	2.58
	甘肃省	2.47
	海南省	1.85
	青海省	1.73
	宁夏回族自治区	1.32
	西藏自治区	0.88

资料来源：根据中国会展经济研究会《2019年度中国展览数据统计报告》、中国国际贸易促进委员会《中国展览经济发展报告（2019）》以及《中外会展业动态评估研究报告（2017）》的数据整理计算。

1.四大东部会展省域构成第一梯队，引领全国

广东省、上海市、山东省、北京市的会展综合发展指数分别为88.31分、75.56分、58.08分、45.59分，这4个省域构成省域会展综合发展第一梯队。第一梯队的省域全部位于我国东部地区，整体表现较为优秀，引领全国会展业不断发展。但是具体而言，不同省域的表现各有优劣。广东省三项指数表现均衡，上海市的展会发展表现突出，但是展馆发展指数、组展商发展指数有待提升。山东省的展馆发展指数、展会发展指数均表现较好，但是组展商发展指数仅为12.20分，对其会展业的综合实力有较大影响。北京市的展馆发展指数和展会发展指数还有较大的提升空间，但是其组展商发展指数为100.00分，表现十分突出，有效带动了北京市会展综合发展指数的提高。与2016年相比，除上海市的会展综合发展指数上升、山东省的会展综合发展指数下降以外，广东省、北京市的会展综合实力均保持稳定，第一

梯队省域会展实力发展与格局较为稳定。

2. 江苏省领跑第二梯队13个省域，川、浙、渝会展业表现不俗

江苏省、四川省、浙江省、重庆市、辽宁省、河南省、云南省、河北省、福建省、吉林省、湖北省、湖南省、安徽省等13个省域的会展综合发展指数位于10~40分（不含40分），构成省域会展综合发展第二梯队。第二梯队省域中，江苏省、四川省、浙江省、重庆市及辽宁省表现相对较好，会展综合发展指数位于20~40分（不含40分）。其中，江苏省的展馆发展指数和展会发展指数、四川省的展会发展指数、浙江省的展馆发展指数和展会发展指数、重庆市的展会发展指数单项指标均在40分以上，表现不俗。河南省、云南省等其他8个省域的会展综合发展指数位于10~20分。在单项指标上，河南省展馆发展指数为30.24分，云南省展馆发展指数为29.24分，湖北省的组展商发展指数为5.05分，单项指数表现较为突出。综合来看，第二梯队省域在各项指标上整体落后于第一梯队省域，尤其是组展商发展指数，与第一梯队省域存在较大差距。第二梯队省域会展业具有较大的发展空间，需要不断挖掘自身会展业的发展特色，维持和扩大现有优势，弥补发展不足，从而实现会展业发展水平的较大幅度提升。与2016年相比，2019年四川省、重庆市、河南省、云南省、河北省、吉林省、湖南省的会展综合发展指数上升，其中云南省实现了会展实力较大幅度的提升，江苏省保持稳定，浙江省、辽宁省、福建省、湖北省、安徽省下降。

3. 陕西省等14个省域构成第三梯队，各项指数均有待提升

2019年，陕西省、天津市、黑龙江省、广西壮族自治区、贵州省、江西省、内蒙古自治区、山西省、新疆维吾尔自治区、甘肃省、海南省、青海省、宁夏回族自治区、西藏自治区等14个省域的会展综合发展指数均低于10分，构成了我国省域会展发展第三梯队。与2016年相比，广西壮族自治区、贵州省、甘肃省的会展综合发展指数上升，黑龙江省、山西省、新疆维吾尔自治区、青海省、宁夏回族自治区、西藏自治区保持稳定，陕西省、天津市、江西省、内蒙古自治区、海南省下降。14个省域的单项发展指数均较低，除陕西省展会发展指数为12.57分、天津市展会发展指数为11.68

分、黑龙江省展会发展指数为 10.24 分、广西壮族自治区展会发展指数为 10.16 分以外，其余省域的各单项指数均低于 10 分。在组展商发展指数上，除陕西省、天津市、黑龙江省及甘肃省以外，其余 10 个省域未进入评价范围。地理位置、经济环境等诸多因素造成了第三梯队省域会展业的发展不足，14 个省域需要通过政策扶持促进经济发展，逐步提高会展业各项指数，充分提升会展发展水平，发挥会展业对经济的拉动作用。

四 中国区域会展实力比较

按照 2019 年会展城市区域划分依据，我国会展呈现三、四、二（特区）格局，即长三角、珠三角、环渤海三大会展城市群，西南、中部、东北、西北四大会展城市带，海西经济区和海南国际旅游岛两大会展城市特区。以上区域正在不同程度地参与全球化、内陆开放、"一带一路"倡议、长江经济带等，推动了结构性调整与创新驱动，促进了内陆地区全方位的改革开放。具体会展区域及城市如表 7 所示。

表 7 我国三大会展城市群、四大会展城市带及两大会展城市特区情况

区域	城市
长三角会展城市群（45 个）	上海市、南京市、杭州市、苏州市、合肥市、宁波市、无锡市、义乌市、温州市、永康市、泰州市、金华市、昆山市、常州市、连云港市、芜湖市、台州市、盐城市、嘉兴市、余姚市、南通市、绍兴市、徐州市、常熟市、宿迁市、桐乡市、扬州市、海宁市、温岭市、慈溪市、德清县、马鞍山市、镇江市、阜阳市、淮安市、蚌埠市、诸暨市、玉环市、宁海县、六安市、张家港市、东阳市、衢州市、太仓市、池州市
环渤海会展城市群（34 个）	北京市、青岛市、天津市、临沂市、济南市、潍坊市、石家庄市、廊坊市、威海市、东营市、泰安市、唐山市、烟台市、邢台市、滨州市、曲阜市、淄博市、沧州市、莱芜市、日照市、邯郸市、济宁市、聊城市、衡水市、张家口市、菏泽市、秦皇岛市、昌邑市、保定市、枣庄市、辛集市、承德市、德州市、定州市
珠三角会展城市群（12 个）	广州市、深圳市、东莞市、佛山市、中山市、珠海市、云浮市、汕头市、湛江市、惠州市、江门市、肇庆市

区域	城市
西南会展城市带 （27个）	重庆市、成都市、昆明市、贵阳市、南宁市、泸州市、绵阳市、桂林市、乐山市、拉萨市、达州市、遂宁市、宜宾市、南充市、广元市、柳州市、德阳市、资阳市、巴中市、攀枝花市、眉山市、自贡市、凉山彝族自治州、阿坝藏族羌族自治州、甘孜藏族自治州、雅安市、黄南藏族自治州
中部会展城市带 （26个）	武汉市、长沙市、郑州市、南昌市、太原市、洛阳市、信阳市、郴州市、漯河市、襄阳市、大同市、三门峡市、驻马店市、赣州市、安阳市、运城市、晋城市、景德镇市、潜江市、十堰市、晋中市、商丘市、濮阳市、平顶山市、新乡市、鹤壁市
东北会展城市带 （33个）	沈阳市、长春市、哈尔滨市、大连市、锦州市、铁岭市、绥芬河市、延吉市、阜新市、本溪市、盘锦市、牡丹江市、鞍山市、伊春市、齐齐哈尔市、佳木斯市、抚顺市、丹东市、营口市、朝阳市、辽阳市、葫芦岛市、七台河市、四平市、梅河口市、公主岭市、松原市、五常市、大庆市、农安县、吉林市、图们市、通化市
西北会展城市带 （16个）	西安市、乌鲁木齐市、呼和浩特市、兰州市、西宁市、银川市、包头市、张掖市、鄂尔多斯市、赤峰市、满洲里市、临夏回族自治州、玉树市、喀什、宝鸡市、延安市
海西经济区和海南国际旅游岛会展城市特区（17个）	厦门市、福州市、海口市、漳州市、莆田市、石狮市、三亚市、宁德市、平潭县、晋江市、惠安县、德化县、泉州市、南安市、龙岩市、三明市、安溪县

以《2019年度中国展览数据统计报告》和《中国展览经济发展报告（2019）》的数据为基准，本报告将相关的展馆、展会和组展商的数据，按照三大会展城市群、四大会展城市带及两大会展城市特区进行分类并加总求和。采用比值法，对处理后的数据进行无量纲化处理，以得到中国区域会展发展指数情况（见表8）。

表8 2019年中国区域会展发展指数情况

单位：分

区域	展馆发展指数	展会发展指数	组展商发展指数	会展综合发展指数
长三角会展城市群	100.00	100.00	54.07	87.60
环渤海会展城市群	76.24	66.48	100.00	77.97
珠三角会展城市群	65.10	41.80	65.72	54.08

区域	展馆发展指数	展会发展指数	组展商发展指数	会展综合发展指数
西南会展城市带	58.72	66.79	6.86	48.59
中部会展城市带	43.41	31.34	9.21	28.38
东北会展城市带	27.43	29.48	8.50	23.30
西北会展城市带	17.42	13.77	3.05	11.79
海西经济区和海南国际旅游岛会展城市特区	15.23	11.49	1.13	9.63

资料来源：根据中国会展经济研究会《2019年度中国展览数据统计报告》和中国国际贸易促进委员会《中国展览经济发展报告（2019）》的数据整理计算。

（一）东部会展城市群一骑绝尘

1. 长三角会展城市群稳居龙头地位

2019年，长三角会展城市群会展综合发展指数为87.60分，展馆发展指数、展会发展指数较高，组展商发展指数稍低，有较大提升空间。长三角会展城市群涵盖了上海、江苏、浙江和安徽4个省域的45个会展城市，其中包括1个一线会展城市、3个二线会展城市和41个三线会展城市。上海市作为长三角会展城市群中仅有的一线会展城市，在组展商发展指数方面与北京市有些许差距，但在展馆发展指数、展会发展指数上均表现突出，总体居全国会展城市会展指数的龙头位置。南京市、杭州市、苏州市凭借展馆和展会的发展优势，成为长三角会展城市群的二线会展城市，但3市在组展商发展指数上成绩不佳，未来还有很大的提升空间。从省域来看，上海市居前列，江苏省和浙江省紧随其后，安徽省会展发展实力较弱。长三角会展城市群的发展实力整体优于其他城市群，这主要得益于良好的经济发展基础、优越的地理位置。

2. 环渤海会展城市群组展商实力强劲

2019年，环渤海会展城市群会展综合发展指数为77.97分，这主要得益于城市群组展商强大的发展实力。环渤海会展城市群涵盖了北京市、天津市、河北省和山东省 4 个省域的 34 个会展城市，其中包括 1 个一线会展城市、5 个二线会展城市、28 个三线会展城市。北京是环渤海会展城市群的一线会展城市，其会展综合发展指数居全国前列。北京的组展商发展实力雄厚，单项指标领先其他城市，但展馆发展指数和展会发展指数远不如上海、广州。在环渤海会展城市群的二线会展城市中，青岛市、天津市在展馆、展会和组展商发展实力上较为均衡，潍坊市、临沂市的展馆发展指数、展会发展指数良好，济南市展会发展表现突出。石家庄市、廊坊市、威海市等 28 个三线会展城市的会展综合发展指数均在 10 分以下，会展综合实力还有待提高。从省域来看，山东省会展实力领先、北京市、天津市和河北省紧随其后。

3. 珠三角会展城市群均衡发展

2019 年，珠三角会展城市群会展综合发展指数为 54.08 分，落后长三角会展城市群 33.52 分。珠三角会展城市群涵盖广东省的 12 个会展城市，主要包括 1 个一线会展城市、1 个二线会展城市、10 个三线会展城市。广州市会展综合实力较强，其会展综合发展指数仅次于上海市。深圳市是珠三角会展城市群的二线会展城市，展馆发展实力较强。佛山市、中山市等 8 个三线会展城市的组展商实力和展会发展规模都有待提升。相比长三角会展城市群、环渤海会展城市群的城市数量而言，珠三角会展城市群所涉及的 12 个城市均在广东省内，会展发展集中度比较高。

（二）西南、中部、东北三大会展城市带保持良好发展势头

1. 西南会展城市带发展省域不均衡

西南会展城市带的会展综合会展指数为 48.59 分，落后于珠三角会展城市群 5.49 分。西南会展城市带涵盖四川省、重庆市、云南省、贵州省、广西壮族自治区和西藏自治区 6 个省域的 27 个会展城市，包括 3 个二线会展城市、24 个三线会展城市，但无一线会展城市。重庆市、成都市、昆明市是西南会展城市带的二线会展城市，其中昆明和成都两城的展馆发展指数均居前列，仅次于上海市、深圳市、广州市。除贵阳市会展综合发展指数为

6.49 分外，南宁市、泸州市、绵阳市、桂林市等 23 个三线会展城市会展综合发展指数均在 6 分以下，会展业发展水平较低。西南会展城市带的发展以省域内经济较为发达的城市为主，比如四川省的成都市、云南省的昆明市和重庆市。从省域来看，西南会展城市带表现出了不均衡的发展态势，四川省和重庆市的发展优于云南省，贵州省、广西壮族自治区和西藏自治区的发展较慢。

2. 中部会展城市带发展潜力较大

中部会展城市带的会展综合发展指数为 28.38 分，其展馆发展指数、展会发展指数、组展商发展指数分别为 43.41 分、31.34 分、9.21 分。中部会展城市带涵盖湖北省、河南省、湖南省、山西省、江西省 5 个省域的 26 个城市，包括 3 个二线会展城市、23 个三线会展城市，暂无一线会展城市。武汉市、郑州市和长沙市作为中部会展城市带的二线会展城市，会展发展特色较为明显，武汉市的展馆发展指数较高，郑州市和长沙市的展会发展指数较高。总体而言，武汉市会展业发展势头较好，会展综合发展指数为 15.00 分。从省域来看，河南省发展势头更好，以 19.64 分的会展综合发展指数居中部区域前列，湖北省和湖南省的会展综合发展指数较为接近，高于江西省和山西省。中部较快的经济增长和产业发展，离不开会展业的支持，中部会展城市带的会展综合实力具有较大的发展空间和潜力。

3. 东北会展城市带稳定发展

东北会展城市带的会展综合发展指数为 23.30 分，其展馆发展指数、展会发展指数、组展商发展指数分别为 27.43 分、29.48 分、8.50 分。东北会展城市带主要分布在辽宁省、黑龙江省、吉林省 3 个省域的 33 个会展城市，包括 2 个二线会展城市、31 个三线会展城市，暂无一线会展城市。东北会展城市带与中部会展城市带的会展综合发展指数较为接近，仅存在 5.08 分的差距。沈阳市和长春市是东北会展城市带的二线会展城市，其中，沈阳市的展会发展指数高于长春市。哈尔滨市、大连市、锦州市等 31 个会展城市综合实力表现平平。从省域来看，辽宁省较为靠前，其次为吉林省，黑龙江省较为靠后。相较于 2016 年，东北会展城市带处于稳定发展的态势。未来，东北会展城市带的发展需要进一步挖掘新的产业经济增长点，以加快会展业的增速。

（三）西北会展城市带、海西经济区和海南国际旅游岛会展城市特区发展缓慢

西北会展城市带、海西经济区和海南国际旅游岛会展城市特区的会展综合发展指数分别为 11.79 分和 9.63 分。西北会展城市带主要分布在陕西省、内蒙古自治区、新疆维吾尔自治区、甘肃省、青海省和宁夏回族自治区 6 个省域的 16 个城市，包括 1 个二线会展城市、15 个三线会展城市，无一线会展城市。展馆、展会在海西经济区和海南国际旅游岛会展城市特区主要分布在福建省、海南省 2 个省域的 17 个城市，均为三线会展城市。西安市、厦门市均居所属区域前列，两者在展会、展馆、组展商方面发展均衡。从省域来看，福建省会展综合发展实力稍强，位居省域发展第二梯队，而陕西省、甘肃省、青海省等 7 个省域则位于第三梯队，其中陕西省以 9.11 分居省域第三梯队前列，总体而言，会展业发展步伐较为缓慢。

附表：

附表1　2019 年中国会展城市展馆发展指数情况

城市	展馆数量（个）	展馆面积（万平方米）	展馆发展指数（分）
上海市	9	82.70	100.00
深圳市	2	60.50	73.16
广州市	5	54.10	65.42
昆明市	4	51.60	62.39
成都市	3	33.00	39.90
杭州市	7	30.76	37.19
青岛市	3	29.50	35.67
北京市	6	28.31	34.23
重庆市	3	27.52	33.28
长春市	4	22.44	27.13

续表

城市	展馆数量（个）	展馆面积（万平方米）	展馆发展指数（分）
苏州市	6	22.30	26.96
武汉市	4	22.04	26.65
潍坊市	5	18.91	22.87
佛山市	6	17.60	21.28
临沂市	5	17.30	20.92
西安市	3	17.00	20.56
南京市	2	15.22	18.40
南昌市	2	15.00	18.14
天津市	4	14.10	17.05
石家庄市	3	13.80	16.69
沈阳市	2	12.96	15.67
合肥市	2	12.80	15.48
义乌市	1	12.64	15.28
中山市	5	11.75	14.21
无锡市	3	11.25	13.60
珠海市	2	10.62	12.84
厦门市	1	10.00	12.09
长沙市	4	9.45	11.43
南宁市	1	9.20	11.12
郑州市	2	8.80	10.64
云浮市	1	8.50	10.28
济南市	3	8.20	9.92
福州市	1	8.00	9.67
贵阳市	1	8.00	9.67
泸州市	1	8.00	9.67
曲阜市	1	8.00	9.67
商丘市	2	8.00	9.67
东营市	3	7.60	9.19
永康市	1	7.60	9.19
大连市	3	7.40	8.95
邢台市	3	7.30	8.83
漳州市	2	7.20	8.71
廊坊市	3	7.13	8.62
哈尔滨市	1	7.00	8.46

城市	展馆数量(个)	展馆面积(万平方米)	展馆发展指数(分)
威海市	3	6.86	8.30
泰安市	3	6.60	7.98
濮阳市	2	6.35	7.68
锦州市	1	6.30	7.62
泰州市	2	6.20	7.50
郴州市	1	6.00	7.26
东莞市	2	6.00	7.26
宁波市	1	6.00	7.26
拉萨市	2	5.80	7.01
烟台市	2	5.32	6.43
连云港市	2	5.12	6.19
太原市	2	5.10	6.17
呼和浩特市	2	5.07	6.13
池州市	1	5.00	6.05
昆山市	1	5.00	6.05
莆田市	1	5.00	6.05
乐山市	1	4.80	5.80
西宁市	1	4.69	5.67
乌鲁木齐市	1	4.50	5.44
芜湖市	1	4.50	5.44
滨州市	3	4.30	5.20
唐山市	2	4.20	5.08
温州市	1	4.10	4.96
常州市	2	4.00	4.84
平顶山市	1	4.00	4.84
新乡市	1	4.00	4.84
信阳市	1	4.00	4.84
安阳市	2	3.92	4.74
洛阳市	2	3.90	4.72
绥芬河市	1	3.80	4.59
海口市	1	3.79	4.58
桐乡市	1	3.30	3.99
兰州市	1	3.18	3.85
绵阳市	1	3.17	3.83

续表

城市	展馆数量(个)	展馆面积(万平方米)	展馆发展指数(分)
余姚市	1	3.10	3.75
淄博市	1	3.00	3.63
民权县	1	3.00	3.63
汕头市	1	3.00	3.63
石狮市	1	3.00	3.63
银川市	1	3.00	3.63
桂林市	1	2.89	3.49
莱芜市	2	2.83	3.42
宁德市	1	2.80	3.39
襄阳市	1	2.80	3.39
本溪市	1	2.50	3.02
鹤壁市	1	2.50	3.02
嘉兴市	1	2.50	3.02
台州市	1	2.50	3.02
宿迁市	1	2.50	3.02
盐城市	1	2.50	3.02
张掖市	1	2.50	3.02
延吉市	2	2.29	2.77
牡丹江市	1	2.20	2.66
常熟市	1	2.06	2.49
德清县	1	2.00	2.42
广元市	1	2.00	2.42
邯郸市	1	2.00	2.42
宜宾市	1	2.00	2.42
驻马店市	1	2.00	2.42
铁岭市	1	1.98	2.39
绍兴市	1	1.92	2.32
江门市	1	1.85	2.24
满洲里市	1	1.84	2.22
大同市	1	1.82	2.20
沧州市	1	1.80	2.18
赤峰市	1	1.80	2.18
阜新市	1	1.80	2.18
南通市	1	1.70	2.06

城市	展馆数量(个)	展馆面积(万平方米)	展馆发展指数(分)
张家口市	1	1.70	2.06
慈溪市	1	1.65	2.00
济宁市	1	1.60	1.93
鄂尔多斯市	1	1.59	1.92
伊春市	1	1.57	1.90
阜阳市	1	1.50	1.81
漯河市	1	1.50	1.81
平潭县	1	1.50	1.81
日照市	1	1.50	1.81
扬州市	1	1.50	1.81
淮安市	1	1.40	1.69
三门峡市	1	1.40	1.69
湛江市	1	1.35	1.63
昌邑市	1	1.30	1.57
徐州市	1	1.30	1.57
聊城市	1	1.25	1.51
惠州市	1	1.20	1.45
柳州市	1	1.20	1.45
秦皇岛市	1	1.20	1.45
海宁市	1	1.19	1.44
温岭市	1	1.18	1.43
齐齐哈尔市	1	1.12	1.35
赣州市	1	1.10	1.33
镇江市	1	1.10	1.33
衡水市	1	1.06	1.28
临夏回族自治州	1	1.06	1.28
蚌埠市	1	1.00	1.21
盘锦市	1	1.00	1.21
玉树市	1	1.00	1.21
运城市	1	1.00	1.21

资料来源：根据中国会展经济研究会《2019年度中国展览数据统计报告》的数据整理计算。

附表2　2019年中国会展城市展会发展指数情况

城市	办展数量(场)	办展面积(万平方米)	展会发展指数(分)
上海市	1043	1941.67	100.00
广州市	690	1024.02	52.74
重庆市	513	992.00	51.09
北京市	324	589.80	30.38
南京市	543	512.30	26.38
青岛市	286	426.00	21.94
成都市	335	425.20	21.90
沈阳市	410	416.00	21.42
深圳市	121	395.00	20.34
昆明市	132	374.00	19.26
长沙市	273	321.00	16.53
长春市	163	306.53	15.79
济南市	202	306.30	15.78
郑州市	240	301.13	15.51
武汉市	267	282.00	14.52
杭州市	226	251.50	12.95
西安市	196	241.00	12.41
厦门市	236	240.03	12.36
天津市	123	226.76	11.68
临沂市	115	221.90	11.43
合肥市	204	220.10	11.34
宁波市	198	213.00	10.97
哈尔滨市	39	187.60	9.66
潍坊市	85	176.90	9.11
贵阳市	156	164.81	8.49
大连市	144	155.90	8.03
苏州市	174	152.83	7.87
福州市	92	132.51	6.82
石家庄市	118	129.31	6.66
金华市	71	108.30	5.58
无锡市	105	107.97	5.56
廊坊市	80	104.42	5.38
太原市	126	99.20	5.11
南昌市	84	96.80	4.99

城市	办展数量(场)	办展面积(万平方米)	展会发展指数(分)
桂林市	85	95.40	4.91
东莞市	46	94.04	4.84
泸州市	39	89.00	4.58
南宁市	62	85.93	4.43
中山市	57	78.67	4.05
乌鲁木齐市	38	74.55	3.84
绵阳市	72	72.50	3.73
呼和浩特市	59	64.80	3.34
佛山市	31	63.60	3.28
温州市	46	62.96	3.24
唐山市	61	62.27	3.21
遂宁市	24	54.21	2.79
达州市	40	53.65	2.76
淄博市	32	53.30	2.75
海口市	29	53.04	2.73
南充市	28	53.00	2.73
威海市	33	52.10	2.68
滨州市	29	51.00	2.63
沧州市	34	50.80	2.62
泰州市	16	49.41	2.54
兰州市	78	49.35	2.54
烟台市	31	47.80	2.46
昆山市	54	46.60	2.40
包头市	57	45.33	2.33
泰安市	41	45.30	2.33
漯河市	30	44.60	2.30
台州市	17	41.00	2.11
洛阳市	63	38.50	1.98
南通市	40	37.85	1.95
三亚市	40	37.80	1.95
西宁市	26	37.38	1.93
银川市	34	36.30	1.87
东营市	43	35.13	1.81
徐州市	36	35.00	1.80

城市	办展数量(场)	办展面积(万平方米)	展会发展指数(分)
乐山市	27	34.67	1.79
永康市	13	34.30	1.77
绍兴市	29	32.10	1.65
资阳市	28	32.00	1.65
盐城市	50	31.91	1.64
常州市	25	30.90	1.59
德阳市	44	29.80	1.53
嘉兴市	25	29.66	1.53
珠海市	23	28.80	1.48
惠州市	42	28.70	1.48
宜宾市	32	27.90	1.44
铁岭市	10	27.00	1.39
信阳市	33	25.60	1.32
马鞍山市	61	24.00	1.24
邢台市	8	23.50	1.21
海宁市	11	20.19	1.04
余姚市	13	21.60	1.11
日照市	24	21.40	1.10
菏泽市	20	21.30	1.10
扬州市	40	21.23	1.09
鞍山市	22	20.30	1.05
攀枝花市	25	19.33	1.00
芜湖市	28	18.98	0.98
常熟市	43	18.61	0.96
自贡市	39	18.58	0.96
安阳市	18	17.20	0.89
温岭市	14	17.20	0.89
连云港市	21	16.49	0.85
锦州市	23	16.00	0.82
柳州市	9	15.90	0.82
巴中市	28	15.78	0.81
盘锦市	32	15.10	0.78
眉山市	35	14.50	0.75
三门峡市	27	14.40	0.74

城市	办展数量(场)	办展面积(万平方米)	展会发展指数(分)
阜新市	9	13.40	0.69
保定市	8	13.20	0.68
延吉市	2	13.00	0.67
邯郸市	11	12.98	0.67
莱芜市	15	12.80	0.66
聊城市	12	12.20	0.63
赣州市	16	12.13	0.62
晋江市	1	12.00	0.62
宿迁市	15	12.00	0.62
石狮市	3	11.80	0.61
广元市	32	10.50	0.54
枣庄市	15	10.34	0.53
衡水市	3	9.90	0.51
济宁市	17	9.30	0.48
大同市	33	9.26	0.48
慈溪市	8	8.60	0.44
诸暨市	6	8.50	0.44
晋城市	2	7.30	0.38
玉环市	4	6.24	0.32
鄂尔多斯市	8	6.20	0.32
镇江市	7	6.15	0.32
惠安县	3	6.00	0.31
德化县	1	6.00	0.31
云浮市	1	6.00	0.31
佳木斯市	1	6.00	0.31
凉山彝族自治州	10	6.00	0.31
宁海县	7	5.80	0.30
抚顺市	17	5.50	0.28
襄阳市	5	5.20	0.27
景德镇市	1	5.00	0.26
丹东市	6	4.40	0.23
营口市	11	4.20	0.22
本溪市	13	4.20	0.22
运城市	3	4.00	0.21

城市	办展数量(场)	办展面积(万平方米)	展会发展指数(分)
喀什	1	4.00	0.21
辛集市	2	3.50	0.18
郴州市	1	3.50	0.18
肇庆市	18	3.00	0.15
赤峰市	3	3.00	0.15
宝鸡市	29	3.00	0.15
朝阳市	14	2.80	0.14
承德市	4	2.70	0.14
辽阳市	12	2.70	0.14
龙岩市	1	2.50	0.13
泉州市	3	2.50	0.13
南安市	1	2.50	0.13
拉萨市	2	2.50	0.13
德州市	4	2.21	0.11
秦皇岛市	4	2.20	0.11
葫芦岛市	6	2.20	0.11
潜江市	1	2.10	0.11
六安市	2	2.00	0.10
宁德市	1	2.00	0.10
七台河市	1	2.00	0.10
绥芬河市	1	2.00	0.10
满洲里市	1	2.00	0.10
四平市	6	1.90	0.10
阿坝藏族羌族自治州	18	1.69	0.09
漳州市	1	1.50	0.08
十堰市	1	1.50	0.08
桐乡市	10	1.42	0.07
梅河口市	2	1.40	0.07
张家港市	13	1.40	0.07
东阳市	3	1.40	0.07
雅安市	13	1.30	0.07
定州市	1	1.10	0.06
公主岭市	2	1.10	0.06
三明市	1	1.00	0.05

城市	办展数量（场）	办展面积（万平方米）	展会发展指数（分）
甘孜藏族自治州	13	1.00	0.05
张家口市	3	0.90	0.05
民权县	1	0.80	0.04
通化市	1	0.60	0.03
齐齐哈尔市	1	0.50	0.03
五常市	1	0.50	0.03
松原市	1	0.50	0.03
衢州市	1	0.50	0.03
大庆市	1	0.30	0.02
农安县	1	0.30	0.02
吉林市	1	0.20	0.01
黄南藏族自治州	1	0.15	0.01
安溪县	1	0.10	0.01
图们市	1	0.10	0.01
太仓市	4	0.10	0.01
延安市	1	0.10	0.01

资料来源：根据中国会展经济研究会《2019年度中国展览数据统计报告》的数据整理计算。

附表3　2019年中国会展城市组展商发展指数情况

城市	组展面积（平方米）	组展商发展指数（分）
北京市	12087300	100.00
上海市	7094414	58.69
广州市	6994000	57.86
深圳市	1444550	11.95
青岛市	1193000	9.87
东莞市	850000	7.03
武汉市	610000	5.05
沈阳市	579000	4.79
成都市	565000	4.67
郑州市	515000	4.26
长春市	428000	3.54
天津市	420000	3.47
重庆市	405000	3.35

续表

城市	组展面积(平方米)	组展商发展指数(分)
无锡市	320762	2.65
西安市	300000	2.48
济南市	282200	2.33
温州市	227000	1.88
哈尔滨市	195000	1.61
长沙市	177000	1.46
厦门市	160000	1.32
廊坊市	151000	1.25
兰州市	131000	1.08

资料来源：根据中国国际贸易促进委员会《中国展览经济发展报告（2019）》的数据整理计算。

会展业要素评估 ⟩⟩

B.5
2018~2019年世界场馆实力地图
研究报告

中外会展业动态评估研究报告课题组*

摘　要：　2018年底全球贸易紧张局势一度加剧，然而会展作为促进经济全球化和国际贸易发展的重要公共平台，继续吸引各国重视会展基础设施建设，加大对新一代规模化、智能化、绿色化会展场馆的投入。世界会展场馆展能总体稳中有升，欧洲依然占据世界会展场馆展能的半壁江山，但增量市场主要来自亚太地区等发展中国家，尤其是中国超大型场馆建设如火如荼，上海、广州在全国会展城市竞争中持续保持领先地位；上海目前在超大型场馆竞争中仍以绝对优势居于前列。随着互联网技术的不断成熟，世界场馆市场将逐渐摒弃一味追求数量规模的粗放式增长，转向内涵提升式智慧化发展道路，场馆运营将向绿色化、专业化、智能化转型。

---

* 执笔人为张敏，博士，上海会展研究院执行院长，上海大学会展专业教授、博士生导师，研究方向为会展沟通与企业间市场；唐燚桦，博士，上海会展研究院助理研究员、研究主管，研究方向为会展沟通；茹婕妤，硕士，上海会展研究院实习研究员，研究方向为会展沟通。

关键词： 会展场馆　展能实力　超大型场馆

一　2018年全球会展场馆展能情况

本部分基于全球会展场馆专业统计数据，在量化层面关注全球会展场馆的建设情况，研究全球超大型场馆的发展变化及新入榜场馆情况，最后在对本报告数据进行分析的基础上研判未来会展场馆发展趋势。

（一）全球会展场馆展能现状

1. 全球经济维持复苏态势，会展场馆展能稳中有升

2017~2018年，全球经济自2008年国际金融危机后首次呈现强势复苏态势：全球主要经济体同时呈现稳定增长态势，全球贸易进一步回暖，大宗商品价格企稳回升。借此契机，全球会展场馆展能潜力进一步释放，整体呈现稳中有升的发展态势。

全球展览业协会（UFI）统计数据显示，截至2017年底，全球已有1217座会展场馆，室内展览面积达3470万平方米（见图1），同2011年全

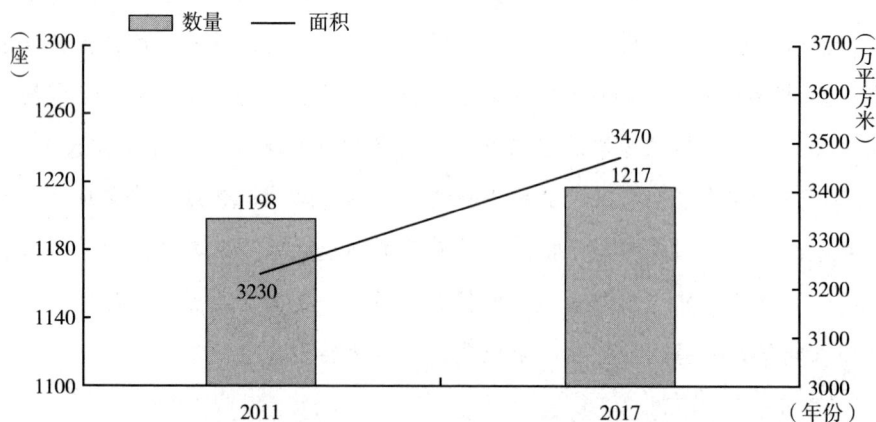

图1　2011年和2017年全球会展场馆数量和室内展馆面积情况

资料来源：UFI, World Map of Exhibition Venues（2017）。

球会展场馆统计数据相比，全球会展场馆数量净增长 1.6%，室内展馆面积净增长 7.4%，平均每年增长 1.3%。①

2. 欧洲总量继续领跑全球，亚太地区平均规模居世界首位

从会展展能分布区域来看（见图 2、图 3、图 4），2017 年欧洲依然是全球会展场馆展能最强的区域，拥有场馆 499 座，室内展馆面积达 1570 万平方米，在全球占 45.2%，平均室内展馆面积 31421 平方米。2017 年亚太地区会展场馆展能首次超越北美，拥有场馆 205 座，室内展馆面积 823 万平方米，在全球占 23.7%，平均室内展馆面积 40147 平方米。2017 年北美拥有场馆 394 座，室内展馆面积 817 万平方米，在全球占 23.5%。展能较为落后的区域为中东和非洲以及中南美洲，2017 年中东和非洲拥有场馆 59 座，室内展馆面积 140 万平方米，在全球占 4.0%。中南美洲作为全球会展场馆展能资源较为落后的区域，会展场馆有 60 座，室内展馆面积 120 万平方米，在全球占 3.5%。2017 年世界会场场馆平均室内展馆面积为 28533 平方米，中南美洲、北美、中东和非洲的平均室内展馆面积均在世界平均值之下，分别为 20613 平方米、20738 平方米和 23863 平方米。

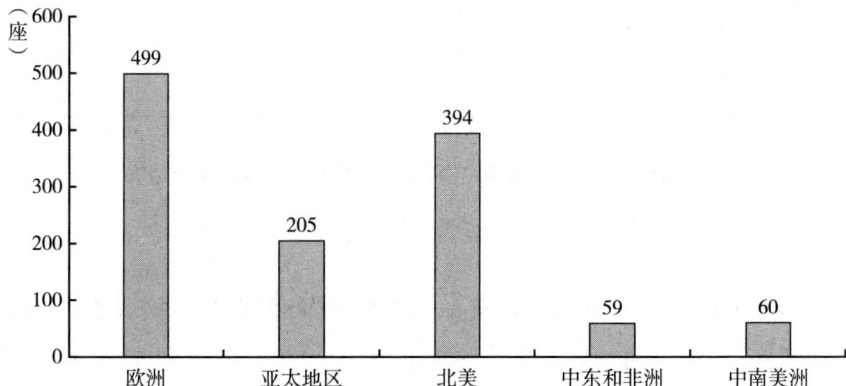

图 2　2017 年全球会展场馆不同区域数量分布情况

注：本报告基于使用的资料，将全球会展场馆按图中区域表述。
资料来源：UFI, World Map of Exhibition Venues（2017）。

---

① UFI, World Map of Exhibition Venues（2017）.

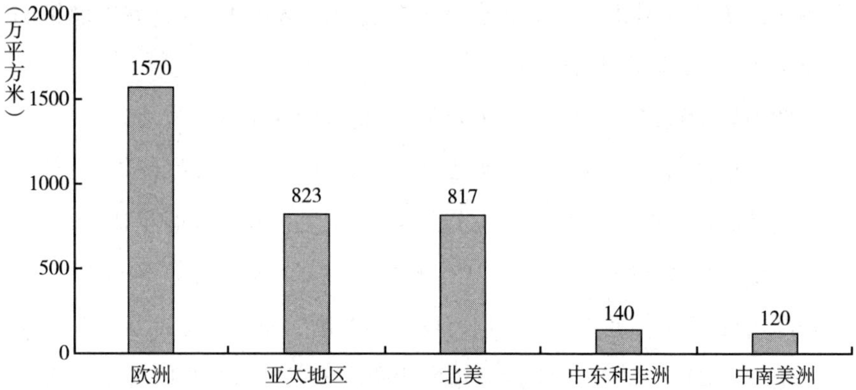

图3　2017年全球会展场馆不同区域室内展馆面积分布情况

资料来源：UFI，World Map of Exhibition Venues（2017）。

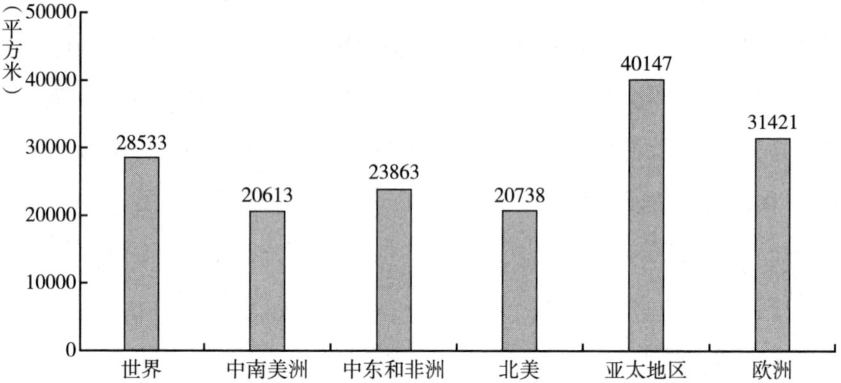

图4　2017年全球会展场馆不同区域平均室内展馆面积情况

资料来源：UFI，World Map of Exhibition Venues（2017）。

同2011年相比，全球不同区域室内展馆面积都有不同程度的增加。亚太地区增长最为明显，达24.7%，欧洲、北美、中东和非洲以及中南美洲增长幅度分别为4.0%、3.4%、7.7%和9.1%（见图5）。同2011年相比，除亚太地区与中东和非洲外，其他区域展能全球市场份额均有小幅下降，欧洲、北美以及中南美洲展能全球市场份额分别下降1.8个百分点、1.1个百分点和0.2个百分点。亚太地区市场份额提高3.2个百分点（见图6）。

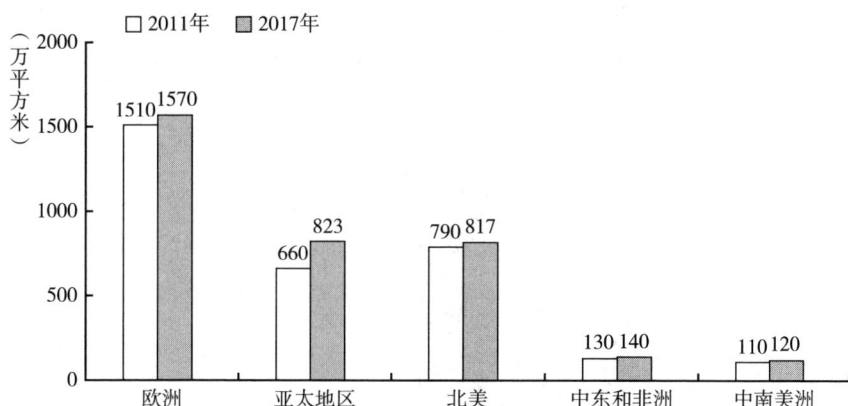

图 5 2011 年和 2017 年全球会展场馆不同区域室内展馆面积分布情况

资料来源：UFI，World Map of Exhibition Venues（2017）。

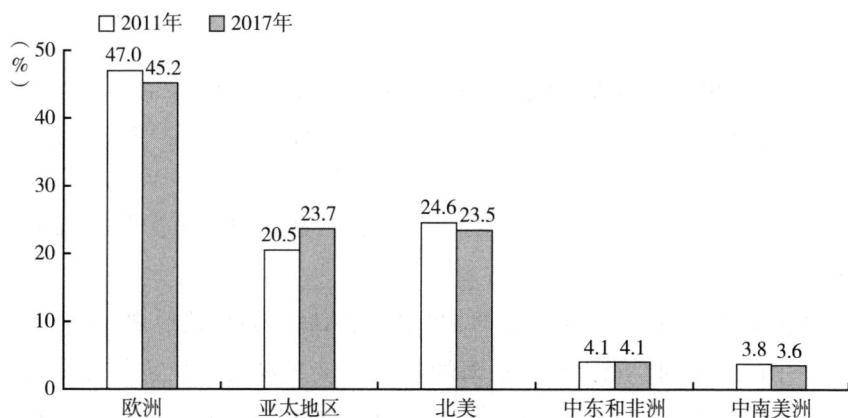

图 6 2011 年和 2017 年全球不同区域展能全球市场份额分布情况

资料来源：UFI，World Map of Exhibition Venues（2017）。

3. 全球会展场馆规模主要集中在5000～2万平方米（包括2万平方米），超过10万平方米的超大型场馆增长最快

截至 2017 年底，在世界范围内有 738 座会展场馆室内面积在 5000～2 万平方米（包括 2 万平方米），占世界会展场馆市场的比重达 61%，一般规模场馆数量仍是市场众数；全球 34% 的会展场馆室内面积在 2 万～10 万平方米（包

括 10 万平方米）（见图 7），数量达 417 座。此外，全球有 62 座场馆面积超过 10 万平方米，较 2011 年的 48 座场馆增长了 29%，是细分市场中增长最快的。

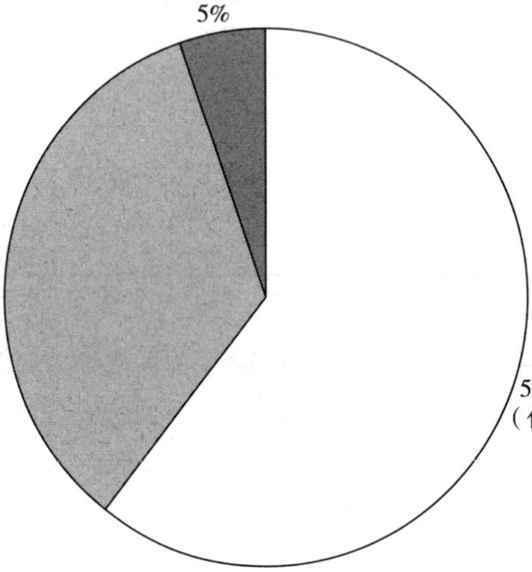

超过10万平方米
5%

2万~10万平方米
（包括10万平方米）
34%

5000~2万平方米
（包括2万平方米）
61%

图 7　2017 年全球会展场馆不同室内展馆面积的占比情况

资料来源：UFI，World Map of Exhibition Venues（2017）。

4. 全球会展场馆资源集中度高，28 个国家室内展馆面积超过20 万平方米

截至 2017 年底，全球共有 28 个国家室内展览面积超过 20 万平方米，美国、中国、德国、意大利、法国的总占比接近六成（见表 1），全球会展场馆资源集中度较高。美国和中国室内展馆面积占比分别达 19.7% 和 16.6%，已接近 20%。欧洲整体在全球室内展馆面积超过 20 万平方米的国家中表现抢眼，共有 15 个国家进入该行列，分别为德国、意大利、法国、西班牙、荷兰、英国、土耳其、瑞士、波兰、比利时、奥地利、瑞典、希腊、丹麦、捷克，这显示出欧洲会展场馆在全球会展市场中的强势地位。美洲和亚太地区分别有 4 个国家（美国、加拿大、巴西和墨西哥）和 6 个国家（中国、日本、印度①、韩国、泰国和新加坡）进入全球室内

①　在本报告中，将印度列入亚太地区。

展馆面积超过 20 万平方米的国家行列。中东和非洲有 2 个国家的室内展馆面积超过 20 万平方米，分别是南非和阿联酋。

表 1 截至 2017 年底全球室内展馆面积超过 20 万平方米的国家

国家	数量(座)	面积(平方米)	占比(%)
美国	326	6850426	19.7
中国	110	5753724	16.6
德国	60	3228020	9.3
意大利	43	2293748	6.6
法国	93	2245311	6.5
西班牙	44	1526319	4.4
加拿大	34	840376	2.4
巴西	31	788011	2.3
俄罗斯	28	768276	2.2
荷兰	42	709701	2.0
英国	31	648121	1.9
土耳其	20	602030	1.7
瑞士	13	495798	1.4
墨西哥	34	480088	1.4
波兰	19	473341	1.4
比利时	19	455462	1.3
日本	12	365575	1.1
印度	14	354945	1.0
奥地利	11	327854	0.9
韩国	10	301744	0.9
泰国	7	236943	0.7
瑞典	10	232965	0.7
南非	11	229504	0.7
希腊	9	223400	0.6
新加坡	4	219970	0.6
阿联酋	3	215491	0.6
丹麦	5	215255	0.6
捷克	9	205310	0.6

资料来源：UFI, World Map of Exhibition Venues (2017)。

（二）全球超大型场馆展能情况

1. 全球超大型场馆数量和面积齐升

根据 *AUMA Review 2018* 和《2018 年度中国展览数据统计报告》，2015～2018 年，室内展馆面积超过 10 万平方米的场馆数量和面积保持低速稳步提升态势。截至 2018 年底，全球超大型场馆面积已达 1098.45 万平方米，比 2015 年增长 17.29%，数量由 54 座增加到 65 座，增长 20.37%，年均增长率 6.79%（见图 8）。2011～2015 年，全球超大型场馆面积增加了 77.19 万平方米[①]，而 2015～2018 年增量达 161.91 万平方米。由此可见，全球超大型场馆市场一直保持增长，发展趋势积极向好。

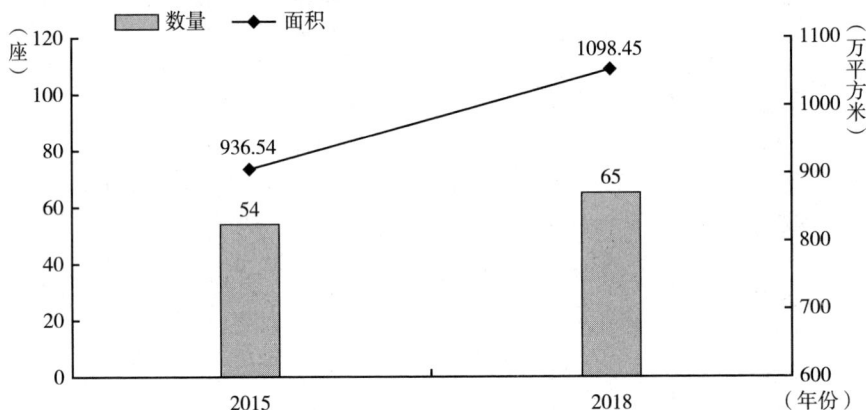

图 8 2015 年和 2018 年全球超大型场馆展能情况

资料来源：AUMA，German Trade Fair Industry Figures 2019；中国会展经济研究会《2018 年度中国展览数据统计报告》。

2. 欧洲占据超大型场馆资源半壁江山，中东地区突破"零"

2018 年，全球超大型场馆来自欧洲、亚太地区、北美和中东地区。与 2015 年相比，中东地区为新增区域。此次 *AUMA Review 2018* 将中东地区纳入考察范围，足以说明中东地区在全球会展市场的地位越来越受到重视。

---

① 张敏主编《中外会展业动态评估研究报告（2017）》，社会科学文献出版社，2018。

2018年，在全球超大型场馆区域分布上，欧洲有35座，比2015年减少了1座，2018年超大型场馆面积达629.30万平方米，约占全球超大型场馆的57.29%，比2015年的面积减少了0.27%，全球占比下降近10个百分点。亚太地区入围21座，比2015年增加了10座，增量全部来自中国，分别是昆明滇池国际会展中心、中国西部国际博览城国际展览展示中心、南昌绿地国际博览中心、青岛世界博览城、义乌国际博览中心、青岛新南国际博览中心、南京国际博览中心、沈阳国际展览中心、广东（潭洲）国际会展中心、厦门国际会议展览中心。2018年，亚太地区超大型场馆面积338.06万平方米，约占全球的30.78%，比2015年的面积增长了71.96%，市场份额增加接近10个百分点。其中，中国贡献最大，2018年中国为亚太地区贡献了近89.64%的超大型场馆室内展馆容量。北美超大型场馆展能变化不大，共有超大型场馆8座，增加了1座，为路易斯维尔肯塔基会展中心，面积相应增加了10.22万平方米[1]，2018年超大型场馆面积达119.19万平方米，市场份额下降了1%，占11%。中东地区仅有1座场馆符合超大型场馆的条件，是来自阿联酋的迪拜国际会展中心，面积11.90万平方米。[2]

3. 超大型场馆国家基本稳定，中国超越德国居全球前列

由于超大型场馆建设体量大、规划设计复杂、技术含量高、受影响因素多，短时间内全球超大型场馆基本比较稳定。2018年共有18个国家拥有超大型场馆（见表2），比2015年增加了1个国家——阿联酋。中国是拥有超大型场馆数量最多的国家，达18座，比2015年增加了10座，面积3030400平方米，比2015年增长了87.55%。2018年，中国占全球的27.59%，较2015年增加10.34个百分点，也是第一次超越德国。德国超大型场馆面积2209571平方米，占全球的20.12%，占比较2015年下降3.61个百分点（见图9）。2015~2018年各个国家的超大型场馆面积占全球的比重除中国和德国有明显变化外，其他国家较为稳定。

---

① AUMA, German Trade Fair Industry Figures 2019.

② AUMA, German Trade Fair Industry Figures 2019.

表2　2018年全球拥有超大型场馆的国家情况

国家	面积(平方米)	数量(座)	占比(%)
中国	3030400	18	27.59
德国	2209571	10	20.12
美国	1191872	8	10.85
意大利	1079446	6	9.83
西班牙	820837	4	7.47
法国	591841	3	5.39
俄罗斯	359960	2	3.28
英国	286000	2	2.60
波兰	253000	2	2.30
瑞士	247000	2	2.25
泰国	140000	1	1.27
土耳其	120000	1	1.09
阿联酋	118996	1	1.08
比利时	114445	1	1.04
捷克	110921	1	1.01
韩国	108556	1	0.99
新加坡	101624	1	0.93
荷兰	100000	1	0.91

资料来源：AUMA，German Trade Fair Industry Figures 2019；中国会展经济研究会《2018年度中国展览数据统计报告》。

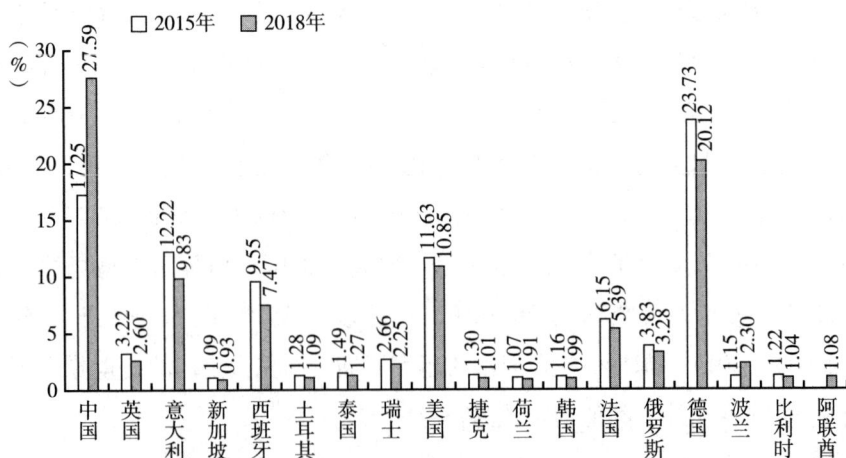

图9　2015年和2018年各国超大型场馆面积占全球的比重情况

资料来源：AUMA，German Trade Fair Industry Figures 2019；中国会展经济研究会《2018年度中国展览数据统计报告》。

4. 居于前列的全球超大型场馆的竞争情况

AUMA Review 2018 和《2018 年度中国展览数据统计报告》显示，2018 年居于前列的全球超大型场馆的室内展馆面积共计 3198913 平方米，比 2015 年增加了 14663 平方米，增长了 4.6%。2018 年居于前列的全球超大型场馆的平均场馆面积 31.99 万平方米。2018 年，居于前列的全球超大型场馆（见表 3）中有 7 座来自欧洲，德国占四席，意大利、俄罗斯和法国各占一席，总面积 2160913 平方米，平均场馆面积 30.87 万平方米；其余三席来自亚太地区的中国，总面积 1038000 平方米，平均场馆面积 34.6 万平方米。2018 年居于前列的全球超大型场馆与 2015 年相比发生较大变动。

第一，国家会展中心（上海）面积已经超越德国汉诺威展览中心，成为全球第一大超级场馆，为 400000 平方米[①]。德国汉诺威展览中心面积比 2015 年下降了 70712 平方米，下降幅度近 15.27%。德国法兰克福展览中心面积 393838 平方米[②]，比 2015 年增加 27201 平方米，涨幅 7.4%。

第二，意大利的米兰展览中心和中国广州的中国进出口商品交易会展馆面积保持稳定。

第三，有 2 座新晋全球超大型场馆，一座是来自中国昆明的昆明滇池国际会展中心，面积 300000 平方米[③]；另一座是来自俄罗斯莫斯科的莫斯科 Crocus 国际展览中心，面积 254960 平方米[④]。

第四，美国芝加哥麦考密克展览中心和西班牙巴塞罗那展览中心在 2018 年的位置较 2015 年有所后退。德国科隆展览中心和杜塞尔多夫展览中心在 2018 年的位置有所后退。2018 年德国科隆展览中心面积 284000 平方米[⑤]，杜塞尔多夫展览中心面积比 2015 年下降了 13237 平方米。

---

① AUMA, German Trade Fair Industry Figures 2019.
② AUMA, German Trade Fair Industry Figures 2019.
③ AUMA, German Trade Fair Industry Figures 2019.
④ AUMA, German Trade Fair Industry Figures 2019.
⑤ AUMA, German Trade Fair Industry Figures 2019.

2018 年法国巴黎的巴黎北维勒班特会展中心的面积没有变动，但位置有所后退。

表3　2015 年和 2018 年居于前列的全球超大型场馆的情况

单位：平方米

2015 年				2018 年			
国家	城市	面积	名称	国家	城市	面积	名称
德国	汉诺威	463165	汉诺威展览中心	中国	上海	400000	国家会展中心（上海）
中国	上海	400000	国家会展中心（上海）	德国	法兰克福	393838	法兰克福展览中心
德国	法兰克福	366637	法兰克福展览中心	德国	汉诺威	392453	汉诺威展览中心
意大利	米兰	345000	米兰展览中心	意大利	米兰	345000	米兰展览中心
中国	广州	340000	中国进出口商品交易会展馆	中国	广州	338000	中国进出口商品交易会展馆
德国	科隆	284000	科隆展览中心	中国	昆明	300000	昆明滇池国际会展中心
德国	杜塞尔多夫	261817	杜塞尔多夫展览中心	德国	科隆	284000	科隆展览中心
法国	巴黎	242082	巴黎北维勒班特会展中心	俄罗斯	莫斯科	254960	莫斯科 Crocus 国际展览中心
美国	芝加哥	241549	芝加哥麦考密克展览中心	德国	杜塞尔多夫	248580	杜塞尔多夫展览中心
西班牙	巴塞罗那	240000	巴塞罗那展览中心	法国	巴黎	242082	巴黎北维勒班特会展中心

资料来源：AUMA，German Trade Fair Industry Figures 2019。

5. 全球新晋超大型场馆案例分析

（1）昆明滇池国际会展中心

昆明滇池国际会展中心位于的昆明处于中国—东盟自由贸易区和泛珠江

经济合作区域两个国际、国内经济圈的有利接合部。① 昆明滇池国际会展中心于 2015 年建成并投入使用，总占地面积约 2331 亩，总建筑面积约 540 万平方米，是一个以会展为核心，集会议展览、文化体验、休闲娱乐、商贸商业于一体的低碳、生态、环保、多功能型国际会展中心。

该会展中心共有现代化展馆 23 个，室内展馆面积约 30 万平方米，可提供约 15000 个国际标准展位。其中，无柱展馆 13 个，面积约 20 万平方米，有柱展馆 10 个，面积约 10 万平方米，室外展馆面积约 10 万平方米。有 64 间展会配套洽谈室，其中包括 15 间会议室（272～425 平方米）、28 间 VIP 室（48～96 平方米）、1 个 1330 平方米的多功能厅、1 个 468 平方米的报告厅，配备国际化多功能会议系统，可为不同类型的会议、活动提供优质的硬件设备和精细化服务。酒店和餐饮方面，配备超过 1200 平方米的星级标准的宴会厨房和多个宴会厅，可满足 3000 人同时就餐，提供各式中西餐、自助餐、西点茶歇等。配备 1 家四星级酒店——会展假日酒店，约有 1300 间客房，能为不同类型的展览、商务接待、会议活动提供场地及服务。

昆明滇池国际会展中心是昆明市的新标志性建筑，设计方把独具云南地域特色的孔雀翎羽作为建筑设计概念，主题寓意"孔雀开屏、祥瑞春城"。项目在智能化便捷式管理方面还配备能源管理、信息发布、公共广播、会议、照明控制、防盗报警、门禁、视频监控（含人流量统计）、巡更、ITS、人流量管理、停车管理、系统集成（含综合协调）、机房工程（含机房大屏、机房电气、机房装修等）、无线对讲、语音通信等智能化管理系统。

昆明滇池国际会展中心代表性展会：中国—南亚博览会暨昆明进出口商品交易会。

（2）中国西部国际博览城国际展览展示中心

中国西部国际博览城国际展览展示中心位于中国四川省成都市，是目前

---

① 东方环球（昆明）国际会展运营管理有限公司网站，https：//www.oucegroup.net/zhuanguan_1/1.html。

中国中西部最大的国际展览展示中心。项目总规划用地 1080 亩，总建筑面积 57 万平方米，室内展馆容量 20.5 万平方米，标准展厅 15 个、多功能厅 1个，可布置国际标准展位 1.1 万个；室外展馆面积 10 万平方米，可用于展览、室外路演、大型演唱会、开闭幕仪式及大型商业活动。会议室配备齐全，有 150 平方米以内的小型会议室 40 余间，300 平方米的中型会议室 4间，可组合成 600 平方米的会议室 2 间，1650 平方米的大型会议室 3 间，并可组合成 3300 平方米或 5000 平方米的超大型会议 1 间；贵宾室 11 间，独立贵宾厅 1 个；新闻发布厅 1 个。[①]

中国西部国际博览城国际展览展示中心配套会议、办公、餐饮及停车场、货运轮转区等基础功能设施。展馆配置南、北、中央三个餐饮广场，共计 1.25 万平方米，可同时容纳 6200 人就餐。目前，中国西部国际博览城周边已投运和即将投运酒店 120 余家，15 分钟车程内可供应酒店房间 20000余间；展馆内设置地面停车位 800 个，地下停车位 3000 个，周边配套停车位约 6000 个；中国西部国际博览城货运轮候区占地约 150 亩，规划停车面积 70000 平方米，大型货运车辆停车位 500 余个，功能性用房 500 平方米，卫生间、休息区等配套设施约 1000 平方米，仓储用房约 4000 平方米。货运轮候区四周具备大型货车停靠、休息、中转以及仓储等功能；生态环境方面，中国西部国际博览城紧邻面积 3800 亩、水域面积 415 亩的鹿溪河生态区和水域面积 4500 亩的兴隆湖以及总面积 2.13 平方公里，休闲体验、生态体验并重的中央公园。

中国西部国际博览城国际展览展示中心代表性展会：中国西部国际博览会。

（3）青岛世界博览城

青岛世界博览城位于中国山东省青岛市的西海岸新区核心区，总投资500 亿元，占地面积 3000 亩，于 2015 年 11 月开工建设，2018 年正式投入使用，是集展览、会议、酒店、地产、商业、文化、旅游、休闲等多功能于

---

① 中国西部国际博览城网站，http://www.wciexpo.com/center.aspx? t=9。

一体的复合型博览城，是东北亚区域室内展览面积最大、功能设置最全、科技水平最高的综合性会展博览城。①

目前，已建成投入使用总建筑面积为 64 万平方米的国际会议中心、国际展览中心、会展商务配套中心三大板块。国际展览中心展览规模达 20 万平方米，展馆内部展位采用国际标准化设计，可提供 6600 个标准展位，排水、电力、网络等设施一应俱全。国际会议中心集会议、餐饮、住宿、商业、办公等功能于一体，各区域通过 3120 平方米的共享大厅有效衔接，共有会议室 20 多间，面积为 100~800 平方米，可同时满足多领域的综合应用。多功能厅采用可移动式舞台和灵活的座椅设计，适合举办各种会议、论坛、文体活动、竞技比赛等；大宴会厅为超大无立柱空间，配备智能化会议系统，可满足国际高标准会议的需求，并具备供 1500 人同时就餐的能力。

在建筑风格上，青岛世界博览城按照专业化、品牌化、特色化发展方向，注重突出海洋特色，传承琅琊文化。国际展览中心部分以本地历史遗迹——"琅琊台"为造型意象，并引入海洋文化元素，体现中国传统文化与海洋文化的有机统一。国际会议中心综合体的建筑形态采用丝带状铺开布置，在立面造型上引入海浪的流线型元素，象征着在紧抓"一带一路"发展先机的同时，展现了东亚海洋各国共商共建共享"一带一路"的愿景，在内部功能设计上，坚持智能化、科技化、网络化、信息化相结合，充分体现国际一流水平。

青岛世界博览城代表性展会：中国国际农业机械展览会、东亚海洋合作平台青岛论坛。

（4）迪拜国际会展中心

迪拜国际会展中心于 2003 年建成并投入使用。该会展中心交通便利，距迪拜国际机场只需 15 分钟，距 Jebel Ali 国际机场只需 30 分钟，是一个集国际展览中心、国际会议中心以及商务酒店、商务办公、商业购物中心、商

---

① 第一会展网，https：//www.onezh.com/hall/about_1034.html。

业地产等于一体的多元复合型商业会展综合体。迪拜国际展览中心提供 9 个场馆近 11.90 万平方米的多功能展览面积，配备先进的展览设施。配套的迪拜国际会议中心能容纳 6000 人，主会议厅与展览中心的 8 号馆相连，净面积达到 11500 平方米。[①]

迪拜国际会展中心是中东最先进的展馆，同时由于迪拜是世界游览胜地，每年都吸引世界各地商贸人士来此参加各种展览和会议。每年有超过60 个国际性展览在此举行。迪拜与世界其他国家广泛的经济联系保证了其在过去 20 年中举办的展览都较为成功。

通过对以上 2018 年部分新晋全球超大型场馆的分析后发现：近年来投入使用的超大型场馆基本是以打造智能化、多功能的会展综合体为目标，可以同时满足地标建筑、商业展览、商务会议、酒店餐饮、商务办公、旅游观光、生态休闲等多重功能；在建筑风格方面，往往能够将国际化和民族化进行完美融合，在保持地方特色的同时不失国际大气，使会展场馆外观独树一帜，观赏性极强；在场地利用方面，多采用无柱大厅设计，根据展会项目的实际需要进行灵活性调整，以提高场馆利用率和市场的适应性；近年来，随着"互联网+"的深入，会展场馆能在场馆的智能化软硬件改造上有所突破，能做到场馆运营的智能化、支持展会项目现场的智能化管理、场馆自身营销的大数据精准化等；会展场馆积极打造网站、微信公众号等线上媒体宣传阵地，将信息在互联网上充分披露，提高曝光度。

（三）全球会展场馆发展趋势预测

1. 全球展能保持低速增长，增量市场继续向亚太地区倾斜

未来，全球经济增长面临较大不确定因素，国际贸易关系进一步紧张，国际经济秩序重塑，经济全球化也面临逆风，全球经济或将很快遭遇下行风险。作为全球贸易的风向标和重要推进平台的会展业势必受到影

---

① 佰胜展览网站，http：//www.baishengexpo.com/zixun-index-id-358-fid-4.html。

响，全球展能将面临发展阻力。但随着会展业越来越受到重视，在全球经济发展面临下行压力的形势下，各国必将出台举措促进国际贸易的达成，这又或将会为会展业基础设施的建设提供机遇。因此，可以预测：未来全球会展展能仍保持低速增长，但受到全球经济下行影响，发展态势并不乐观。

一国会展业实力及发展水平与该国综合经济实力、经济总体规模及其发展水平相对应。发达国家凭借各个方面的优势在会展业中处于主导地位并向世界各地扩张。作为世界会展业的发源地，欧洲会展业整体实力较强、规模较大，德国等欧洲国家相继成为世界知名的会展强国。伴随亚洲、非洲和拉丁美洲等新兴市场的经济发展，国际会展业出现了重心由发达国家向发展中国家转移的趋势，特别是近几年随着中国供给侧结构性改革和全面开放型经济建设的深入推进，以会展业为代表的新型服务业迎来新一轮发展机遇，会展场馆也迎来新一轮建造高潮，这使得中国一跃成为全球拥有最多超大型场馆的国家，为全球展能注入活力。未来，中国会展场馆市场将从一线城市继续向二线、三线城市倾斜，挖掘市场潜力，以中国为代表的亚太地区也将继续引领全球展能增长。

2. 全球场馆寻求智慧化转型，走高质量运营之路

随着"互联网+"、5G、区块链、人工智能技术的不断成熟与运用，全球会展场馆的管理也将面临更新迭代。在传统管理理念下，全球会展场馆普遍面临整体利用率低、现场服务不完善、专业管理人员缺失等问题。未来，全球会展场馆将紧随时代步伐，对接新技术、采用新运营理念，改变目前会展场馆只能进行展会业务的状况，会展场馆的业态将进行多元化改造，如会展场馆寻求智慧化转型，有利于推动会展场馆的品牌化、专业化、现代化和可持续性发展。场馆运用人工智能技术完善展会现场的服务，如"扫二维码""人脸识别"进出展馆，大大改善了展馆前的拥挤情况，提升了参展体验；运用互联网大数据技术挖掘参展商和专业观众的参展需求，精准对接可协助招展商开展招展工作，提升展会质量；移动互联技术的接入让会展场馆变得可互动，趣味性增强，有利于会展场馆与年轻人进行沟通，迎合年轻化市场；智慧型场馆打破时空界限，借助 VR 技术实现"云"展会，以减少不可抗力因素的影响。总之，随着全球展能的不断饱和、展会市场的不断成熟，粗放式追求数量增长的时代已一去不复返，未来全球展馆只能积极探索物联网、大数据、移动互联网等信息技术，让会展场馆朝提升质量、丰富内涵的方向发展，这样才能保证其市场竞争力。

3. 全球超大型场馆之间的竞争将日趋激烈

随着全球会展产业品牌化、市场化、国际化运作的不断深入，市场对于超大型场馆的需求量将显著提升，这为超大型场馆的未来发展提供利好，但未来全球超大型场馆之间的竞争不仅体现在数量上，还体现在其产生的综合效应上。在数量方面，欧洲等发达国家虽在未来一段时间内仍保持全球领先，但从长远角度来看，因国土资源和人口资源稀缺，且市场基本接近饱和，其要想实现数量上的增加已基本不可能，超大型场馆在数量上的竞争未来极可能发生在发展中国家，如中国、土耳其、墨西哥和印度等。除了数量、面积规模方面的竞争日趋激烈外，未来超大型场馆方面的主要竞争源于其产生的综合效应。综合效应考察的是一个超大型展馆所能带来的品牌效应、经济效应、社会效应、生态效应和文化效应，是对其运营能力的综合考量。随着全球交通环境的不断改善以及新技术、新理念的不断运用和新资本的不断投入，会展业未来只有紧随市场潮流，进行技术创新，打造自我品牌的超大型场馆，才有可持续发展的能力。

二　2019年中国会展场馆展能情况

会展场馆是会展业发展必不可少的基础设施，近年来我国会展经济的繁荣加快了各地兴建会展场馆的脚步，会展场馆如雨后春笋般涌现，超大型场馆也逐渐成为各城市的地标性建筑与区域经济发展水平的象征。在此背景下，本报告收集了全国已建成的 253 座会展场馆和在建与待建中的 37 座会展场馆，划分其所在区域、城市，进而对各地场馆数量、展馆面积与超大型场馆情况进行考察分析，并结合在建与待建中的会展场馆预测我国会展场馆未来的发展趋势。

（一）中国会展场馆展能情况

1. 超大型场馆拉动全国会展场馆展能增长

据中国会展经济研究会统计，截至 2019 年底，我国 31 个省、自治区、直辖市共建成 253 座场馆并投入使用，室内展馆面积达 1094.03 万平方米，与 2018 年相比稳中有升。馆均面积 4.32 万平方米，较 2018 年增长 3.9%。全国超大型场馆（展馆面积超过 10 万平方米）共 19 座。[1] 纵观数据，2018~2019 年各地建成并投入使用的超大型场馆有效拉动了全国会展场馆展能的增长。

同时，全国正在建设的场馆有 24 座（包括超大型场馆 11 座），面积达 261.74 万平方米；已立项待建的场馆共 14 座（包括超大型场馆 5 座），面积达 161.57 万平方米。在国务院意见[2]与市场经济的双重驱动下，许多地区开始规划会展场馆建设，特别是超过 10 万平方米的超大型场馆建设。截至 2019 年底，我国在建与待建场馆面积达 423.31 万平方米，占目前室内展馆面积的 38.7%。未来，新一批场馆投入使用后将进一步完善我国会展业的基础设施与区域布局，越来越多的地区也将会展场馆的建设写进规划，给中国会展业的发展带来机遇。

2. 地区发展差异导致区域会展场馆展能不均

表 4 为 2019 年长三角、环渤海、珠三角会展城市群，中部、东北、西北、西南会展城市带，海西经济区和海南国际旅游岛会展城市特区的会展场馆展能情况。

---

① 中国会展经济研究会：《2019 年度中国展览数据统计报告》。本报告的数据，笔者依据有关情况做了一些处理。

② 《国务院关于进一步促进展览业改革发展的若干意见》，中国政府网，2015 年 4 月 19 日，http：//www.gov.cn/zhengce/content/2015-04/19/content_9621.htm。

表 4　2019 年各会展城市群、会展城市带、会展城市特区的场馆展能情况

	长三角会展城市群	环渤海会展城市群	珠三角会展城市群	中部会展城市带	东北会展城市带	西北会展城市带	西南会展城市带	海西经济区和海南国际旅游岛
场馆数量（座）	61	64	27	35	21	15	21	9
数量占比（%）	24.1	25.3	10.7	13.8	8.3	5.9	8.3	3.6
展馆面积（万平方米）	271.09	206.67	176.47	117.68	74.36	47.23	159.18	41.29
面积占比（%）	24.8	18.9	16.1	10.8	6.8	4.3	14.5	3.8
馆均面积（万平方米）	4.44	3.23	6.54	3.36	3.54	3.15	7.58	4.59
与全国馆均面积比较的变动情况（万平方米）	+0.12	-1.09	+2.22	-0.96	-0.78	-1.17	+3.26	+0.27

注：展馆面积指"室内展馆面积"，此后不赘。

资料来源：中国会展经济研究会《2019 年度中国展览数据统计报告》。

（1）长三角会展城市群连拔头筹，国内领先

如表 5 所示，截至 2019 年我国长三角会展城市群拥有 61 座会展场馆，占全国会展场馆总数的 24.1%，室内展馆面积达到 271.09 万平方米，占全国的 24.8%。长三角会展城市群场馆展能仍保持全国前列，会展基础设施建设优势突出。

就场馆数量而言，江苏省 26 座、浙江省 20 座、上海市 9 座、安徽省 6 座。室内展馆面积方面，江苏省为 83.15 万平方米，上海市为 82.70 万平方米，浙江省为 80.44 万平方米，安徽省为 24.80 万平方米。浙江省场馆展能实力的飞速发展在一定程度上弥合了长三角会展城市群内部的差距并提高了其整体展能实力，进一步巩固了长三角会展城市群在全国领先的优势地位。

表 5　2019 年长三角会展城市群各省份场馆展能情况

单位：座，万平方米

	江苏省	浙江省	上海市	安徽省	长三角会展城市群
场馆数量	26	20	9	6	61
展馆面积	83.15	80.44	82.70	24.80	271.09

资料来源：中国会展经济研究会《2019 年度中国展览数据统计报告》。

（2）环渤海会展城市群、西南会展城市带展能飞速发展

如表6所示，截至2019年环渤海会展城市群会展场馆数量为64座，仍是中国场馆数量最多的地区，占全国的25.3%，室内展馆面积为206.67万平方米，占我国室内展馆面积的18.9%。从场馆数量来看，山东省以38座场馆继续领跑环渤海会展城市群，保持场馆建设方面的发展优势，之后分别是河北省（16座）、北京市（6座）和天津市（4座）。从室内展馆面积来看，山东省为124.07万平方米，河北省为40.19万平方米，北京市为28.31万平方米，天津市为14.10万平方米。

环渤海会展城市群室内展馆面积超过10万平方米的超大型场馆共有3座，包括山东省的青岛新南国际博览中心（12万平方米）、青岛世界博览城（12万平方米）以及北京市的中国国际展览中心新馆（10.68万平方米），同时山东省仍有4座在建的超大型场馆。不难发现，山东省在场馆数量与展馆面积方面都有显著优势，其大力兴建展馆的举措引领环渤海会展城市群会展业的飞速发展。

表6 2019年环渤海会展城市群各省份场馆展能情况

单位：座，万平方米

	山东省	北京市	河北省	天津市	环渤海会展城市群
场馆数量	38	6	16	4	64
展馆面积	124.07	28.31	40.19	14.10	206.67

资料来源：中国会展经济研究会《2019年度中国展览数据统计报告》。

同样正在飞速发展的还有西南会展城市带。如表7所示，截至2019年底，西南会展城市带共有会展场馆21座，占全国的8.3%，室内展馆面积为159.18万平方米，占我国室内展馆面积的14.5%，同时西南会展城市带的馆均面积为7.58万平方米。

西南会展城市带中，从场馆数量来看，四川省有8座场馆，云南省有4座场馆，重庆市与广西壮族自治区均有3座场馆，西藏自治区有2座场馆，贵州省有1座场馆。就室内展馆面积而言，四川省为52.97万平方米，云南

省为 51.60 万平方米，重庆市为 27.52 万平方米，广西壮族自治区为 13.29 万平方米，贵州省为 8.00 万平方米，西藏自治区为 5.80 万平方米。

西南会展城市带的超大型场馆有 4 座，比 2016 年增长两倍，与实力雄厚的长三角会展城市群、珠三角会展城市群的超大型场馆数量相同。在原有成都世纪城新国际展览中心（11 万平方米）和重庆国际博览中心（20 万平方米）的基础上，新增了云南省的昆明滇池国际会展中心（30 万平方米）和四川省的中国西部国际博览城国际展览展示中心（20.5 万平方米）2 座超大型场馆。四川与云南两省的展馆面积在西南地区优势突出，再加上重庆市馆均面积（9.17 万平方米）的不俗表现，西南会展城市带的飞速发展也在意料之中。

表 7　2019 年西南会展城市带各省份场馆展能情况

单位：座，万平方米

	四川省	云南省	贵州省	重庆市	广西壮族自治区	西藏自治区	西南会展城市带
场馆数量	8	4	1	3	3	2	21
展馆面积	52.97	51.60	8.00	27.52	13.29	5.80	159.18

资料来源：中国会展经济研究会《2019 年度中国展览数据统计报告》。

（3）珠三角会展城市群及中部会展城市带展能稳步提升

如表 8 所示，截至 2019 年珠三角会展城市群拥有会展场馆 27 座，占全国的 10.7%，室内展馆面积 176.47 万平方米，占我国室内展馆面积的 16.1%，馆均面积为 6.54 万平方米。珠三角会展城市群的展能实力在原有基础上继续稳健提升，仅凭广东省在我国区域会展城市群中名列前茅。2019 年，珠三角会展城市群的超大型场馆在中国进出口商品交易会展馆（33.8 万平方米）、广东（潭洲）国际会展中心（10 万平方米）和深圳会展中心（10.5 万平方米）3 座的基础上新增了 50 万平方米的深圳国际会展中心，这一"四强"超大型场馆的布局将为珠三角会展城市群进一步拓展市场、吸纳展会资源奠定坚实基础。

表8　2019年珠三角会展城市群各省份场馆展能情况

单位：座，万平方米

	广东省	珠三角会展城市群
场馆数量	27	27
展馆面积	176.5	176.47

资料来源：中国会展经济研究会《2019年度中国展览数据统计报告》。

如表9所示，截至2019年中部会展城市带的会展场馆有35座，占全国的13.8%，室内展馆面积为117.68万平方米，占全国的10.8%。就场馆数量而言，河南省有18座场馆，湖北省、湖南省有5座场馆，山西省有4座场馆，江西省有3座场馆。室内展馆面积方面，河南省、湖北省、江西省、湖南省、山西省分别为53.37万平方米、24.84万平方米、16.10万平方米、15.45万平方米、7.92万平方米。从以上两项数据不难发现，河南省在中部会展城市带展能优势突出，其余各省展能发展相对均衡。同时，中部会展城市带目前的超大型场馆仍是武汉国际博览中心（15万平方米）与南昌绿地国际博览中心（14万平方米）2座，但中部会展城市带的在建与待建场馆有19座，是各区域中的数量之最，其中包括河南省的郑州新国际会展中心（18万平方米）、商丘国际会展中心（14万平方米），湖南省的衡阳国际会展中心（28万平方米），山西省的太原市会展中心（12万平方米）4座超大型场馆。由此可见，随着中部会展城市带基础设施的逐步完善，当地会展业的规模与专业度将进一步扩大与提升。

表9　2019年中部会展城市带各省份场馆展能情况

单位：座，万平方米

	湖北省	河南省	湖南省	山西省	江西省	中部会展城市带
场馆数量	5	18	5	4	3	35
展馆面积	24.84	53.37	15.45	7.92	16.10	117.68

资料来源：中国会展经济研究会《2019年度中国展览数据统计报告》。

（4）北方（东北会展城市带、西北会展城市带）与南方（海西经济区与海南国际旅游岛）变量不大

如表 10 所示，截至 2019 年东北会展城市带以 21 座场馆占全国的 8.3%，室内展馆面积共 74.36 万平方米，占全国的 6.8%，馆均面积为 3.54 万平方米，较 2018 年有小幅增长。东北三省中，辽宁省有 10 座场馆，吉林省有 6 座场馆，黑龙江省有 5 座场馆。辽宁省、吉林省、黑龙江省室内展馆面积分别为 33.94 万平方米、24.73 万平方米、15.69 万平方米。东北会展城市带的超大型场馆仍只有辽宁省的沈阳国际展览中心（10.56 万平方米），同时 20 万平方米的丹东国门湾金融国际会展城正在建设之中，建成后将为东北会展城市带的展能发展注入新的动力。

表 10　2019 年东北会展城市带各省份场馆展能情况

单位：座，万平方米

	辽宁省	黑龙江省	吉林省	东北会展城市带
场馆数量	10	5	6	21
展馆面积	33.94	15.69	24.73	74.36

资料来源：中国会展经济研究会《2019 年度中国展览数据统计报告》。

如表 11 所示，截至 2019 年底，西北会展城市带共有 15 座场馆，占全国的 5.9%。西北会展城市带室内展馆面积为 47.23 万平方米，占全国的 4.3%。内蒙古自治区有 5 座场馆，陕西省、甘肃省均有 3 座场馆，青海省有 2 座场馆，宁夏回族自治区与新疆维吾尔自治区均有 1 座场馆。陕西省室内展馆面积为 17.00 万平方米，内蒙古自治区为 10.30 万平方米，甘肃省为 6.74 万平方米，青海省为 5.69 万平方米，新疆维吾尔自治区为 4.5 万平方米，宁夏回族自治区为 3.00 万平方米。目前，西北会展城市带尚无超过 10 万平方米的超大型场馆，但未来陕西省 20 万平方米的西安丝路国际会展中心与青海省 10 万平方米的丝绸之路（青海）国际会展中心的建成将填补这一空白，进一步加强西北会展城市带的会展场馆建设，拉动区域展能的增长。

表11　2019年西北会展城市带各省份场馆展能情况

单位：座，万平方米

	陕西省	宁夏回族自治区	内蒙古自治区	甘肃省	青海省	新疆维吾尔自治区	西北会展城市带
场馆数量	3	1	5	3	2	1	15
展馆面积	17.00	3.00	10.30	6.74	5.69	4.5	47.23

资料来源：中国会展经济研究会《2019年度中国展览数据统计报告》。

如表12所示，截至2019年两大会展城市特区的场馆总计9座，在各区域场馆中数量较少，占全国的3.6%，室内展馆面积为41.29万平方米，占全国的3.8%，考虑到两大会展城市特区仅包含海南、福建两省，实际上场馆展能表现不俗。同时，海西经济区和海南国际旅游岛会展城市特区在馆均面积方面表现突出，为4.59万平方米。其中，福建省有8座场馆，室内展馆面积为37.50万平方米，占区域总面积的91%。福建省拥有1座超大型场馆——10万平方米的厦门国际会议展览中心，以及在建的厦门翔安新会展中心（30万平方米）。海南省共有1座场馆，室内展馆面积为3.79万平方米，目前尚无超过10万平方米的超大型场馆。

表12　2019年海西经济区与海南国际旅游岛场馆展能情况

单位：座，万平方米

	海南省	福建省	海西经济区和海南国际旅游岛
场馆数量	1	8	9
展馆面积	3.79	37.50	41.29

资料来源：中国会展经济研究会《2019年度中国展览数据统计报告》。

3. 展馆强省引领发展，后起之秀势头强劲

通过分析比较国内各省份的场馆数量、室内展能、馆均面积和超大型场馆展能这四项数据，可得到如表13所示的2019年我国会展场馆十强，由此总结出当前我国展能实力较为突出的8个省份，分别为发展成熟的上海市、

广东省，实力强劲的山东省、浙江省、江苏省，以及奋起发力的四川省、云南省、重庆市、河南省。

表 13　2019 年我国会展场馆十强情况

单位：座，万平方米

场馆数量		室内展能		馆均面积		超大型场馆展能	
省份	数量	省份	面积	省份	面积	省份	面积
山东	38	广东	176.50	云南	12.90	广东	104.3
广东	27	山东	124.10	上海	9.19	上海	60.0
江苏	26	江苏	83.15	重庆	9.17	四川	31.5
浙江	20	上海	82.70	贵州	8.00	云南	30.0
河南	18	浙江	80.44	四川	6.62	山东	24.0
河北	16	河南	53.37	广东	6.54	重庆	20.0
辽宁	10	四川	52.97	陕西	5.67	湖北	15.0
上海	9	云南	51.60	江西	5.37	浙江	12.64
四川	8	河北	40.19	湖北	4.97	江苏	11.0
福建	8	福建	37.50	北京	4.72	北京	10.68

资料来源：中国会展经济研究会《2019 年度中国展览数据统计报告》。

（1）发展成熟的领军力量：广东省、上海市

广东省和上海市分别是珠三角会展城市群和长三角会展城市群的中心城市，它们依托经济与政策方面的优势率先发展会展业，现已形成全国领先的会展产业规模与专业化水平。如表 14 所示，场馆数量方面，广东省有 27 座场馆，上海市有 9 座场馆；室内展能方面，广东省为 176.50 万平方米，上海市为 82.70 万平方米。两省份室内总展能共 259.20 万平方米，占全国的23.7%，其会展基础设施建设的领先可见一斑。馆均面积方面，上海市为 9.19 万平方米，广东省则为 6.54 万平方米；超大型场馆展能方面，2019 年广东省建成的深圳国际会展中心（50 万平方米）超越了国家会展中心（上海）（40 万平方米），因此广东省具有 4 座场馆 104.3 万平方米的绝对优势，上海则具有 2 座场馆 60.0 万平方米的优势。两地的超大型场馆展能共 164.3 万平方米，占全国的 48.1%，可见超大型场馆已经成为广东省与上海市挖

掘会展资源、开拓会展市场的重要基石。

上海市与广东省的场馆展能发展成熟，具有断层式优势，相较于其他省份继续兴建场馆、扩大展能的发展规划，在现有展能基础上提升场馆利用率，如对场馆进行专业化、智能化、可持续化等方面的优化升级，进一步提升场馆的综合水准，应是上海市和广东省作为会展场馆领军力量未来发展的重心。

表14 领军力量——广东省、上海市的展能发展情况

单位：座，万平方米

省份	场馆数量	室内展能	馆均面积	超大型场馆展能
广东	27	176.50	6.54	104.3
上海	9	82.70	9.19	60.0

资料来源：中国会展经济研究会《2019年度中国展览数据统计报告》。

（2）实力强劲的中坚力量：山东省、江苏省、浙江省

近年来，山东省、江苏省和浙江省的展能增长迅速，奋力追赶上海市和广东省，成为实力同样不容小觑的中坚力量省份。如表15所示，场馆数量方面，山东省有38座，江苏省有26座，浙江省有20座。室内展能方面，山东省为124.10万平方米，江苏省为83.15万平方米，浙江省为80.44万平方米。超大型场馆展能方面，山东省为24.0万平方米，浙江省为12.64万平方米，江苏省为11.0万平方米。馆均面积方面，3省均未排在前列，甚至尚未达到全国馆均面积（4.32万平方米），这与3省的场馆建设规模有关。山东省16个地级市中有15个建有场馆、江苏省13个地级市中有12个建有场馆、浙江省11个地级市中有7个建有场馆，可见3省的会展场馆在全省地级市中的分布率非常高，所以多以一般场馆（展能面积3万平方米以下）为主。

目前，山东、浙江、江苏3省在场馆数量与室内展能方面的领先优势较大，场馆在全省分布广泛。未来，3省应以超大型场馆建设为主并承接更多的大型国际展会，同时注重提高现有场馆利用率，进一步增强本省场馆在全国的竞争力。

表15　中坚力量——山东省、江苏省、浙江省的展能发展情况

单位：座，万平方米

省份	场馆数量	室内展能	馆均面积	超大型场馆展能
山东	38	124.10	3.27	24.0
江苏	26	83.15	3.20	11.0
浙江	20	80.44	4.02	12.64

资料来源：中国会展经济研究会《2019年度中国展览数据统计报告》。

（3）新兴成长的后起之秀：四川省、云南省、重庆市、河南省

2019年，除了以上5个老牌会展强势省份，西南会展城市带的四川省、云南省、重庆市以及中部会展城市带的河南省的展能实力也在全国各省份中脱颖而出。如表16所示，场馆数量方面，河南省有18座场馆，四川省有8座场馆，云南省有4座场馆，重庆市有3座场馆。室内展能方面，河南省为53.37万平方米，四川省为52.97万平方米，云南省和重庆市分别为51.60万平方米、30.52万平方米。馆均面积方面，云南省为12.90万平方米，重庆市为9.17万平方米，四川省为6.62万平方米，河南省的馆均面积较低，未达平均水平。超大型场馆展能方面，四川省为31.5万平方米，云南省为30.0万平方米，重庆市为20.0万平方米。河南省目前尚无超大型场馆，但已有2座合计32万平方米的超大型场馆正在建设中。

从场馆数量、室内展能、馆均面积和超大型场馆展能这四项数据来看，四川省、云南省、重庆市、河南省的会展业已初具规模，展能发展潜力巨大，但仍存在不足。由于省内经济水平的差异，四川省与云南省的场馆分布较为集中。四川省的场馆多分布于铁路沿线的经济发达城市，川西与川东地区目前尚无会展场馆；云南省的4座场馆则全部集中于省会昆明市。未来，四川省与云南省应更好地整合全省资源，在更多地区规划建设会展场馆，扩大会展业在全省的展能分布范围，以会展促经济。重庆市的场馆较少，但展能已初具规模，可以借鉴同为直辖市的上海市经验，下阶段以建设超大型场馆为主，进一步增强场馆展能实力。河南省目前在场馆数量与室内展能方面发展迅速，2座超大型场馆落成后，馆均面积将得到提升。下一阶段，河南

省应结合资源分布与市场规模建设专业化场馆，在走得快的同时确保走得稳。

表 16　后起之秀——四川省、云南省、重庆市、河南省的展能发展情况

单位：座，万平方米

省份	场馆数量	室内展能	馆均面积	超大型场馆展能
四川	8	52.97	6.62	31.5
云南	4	51.60	12.90	30.0
重庆	3	30.52	9.17	20.0
河南	18	53.37	2.97	0

资料来源：中国会展经济研究会《2019 年度中国展览数据统计报告》。

4. 上海市、广州市继续领跑，省会城市异军突起

据中国会展经济研究会对国内各城市展馆的统计，截至 2019 年底，全国共有 142 个城市建有会展场馆，其中有 24 个城市的场馆室内展能超过 10 万平方米[①]，表 17 是 2019 年场馆室内展能居于前列的城市统计情况。其中，上海市和深圳市分别以 82.70 万平方米、60.50 万平方米的场馆室内展能领跑国内各市。以建设"国际会展之都"为目标的上海市目前共建有 9 座会展场馆，其中包括 2 座超大型场馆，40 万平方米的国家会展中心（上海）和 20 万平方米的上海新国际博览中心。全国领先的展能优势为上海市会展业的蓬勃发展提供了沃土，2019 年上海市共办展 1043 场，办展面积达 1941.67 万平方米，占全国的 13.03%。许多具有国际影响力的大型展会活动落户于此，不断增强上海市的区域影响力与城市软实力，也促进会展经济的高速发展。

"商贸之都"广州市是珠三角会展城市群的中心城市。2019 年，广州市共办展 690 场，仅次于上海；办展面积达 1024.02 万平方米，占全国的 6.87%。广州市发达的会展业背后有完善的基础设施作为支撑。目前，广

---

①　中国会展经济研究会：《2019 年度中国展览数据统计报告》。

州市共有 5 座会展场馆，其中包括 1 座超大型场馆——中国进出口商品交易会展馆（33.8 万平方米）。得益于超大型室内展馆、先进的软硬设施以及一流的配套服务，众多国内外品牌展会将广州作为首选地，每年都有中国进出口商品交易会、中国（广东）国际酒店用品展览会、中国（广州）国际家具博览会等在此举办。超大型场馆使广州乃至珠三角会展城市群的会展规模不断扩大、档次不断提升、效益显著提高，对相关行业的拉动效应也越发明显。

由 2019 年场馆室内展能居于前列的城市可知，在各省份会展业发展中，省会城市具有重要的战略地位与先发优势。昆明市拥有云南省全部的会展场馆，是全省展能资源的中心。昆明滇池国际会展中心是目前国内场馆展能较高的超大型场馆，中国（昆明）国际旅游交易会、中国—南亚博览会等国内外展会在此举办，带动了云南省地方产业与区域经济的发展。成都市是近年来会展业飞速发展的省会城市之一，2017 年成都市政府就率先发布《成都市会展业发展"十三五"规划》，提出将着力构建"立足西部、辐射全国、面向世界"的会展经济新高地。2019 年，成都共办展 335 场，办展面积达 425.2 万平方米；场馆展能为 33 万平方米，占四川省年度场馆展能的 60.3%。同时，四川省的 2 座超大型场馆都位于成都，其中中国西部国际博览城是"四川省重点项目"和"大府新区重大项目"，也是中国西部国际博览会的永久会址，为四川省会展业打开了大型国际展会的市场。

与云南省、四川省相同，各省份往往将省会城市作为发展全省会展业的第一站。省会城市通常是全省的政治、经济中心，拥有适宜会展业发展的诸多社会经济要素，以省会之名也更易吸引一些具有国际影响力的大型会展活动。而随着基础设施趋于完善，省会城市逐渐成为全省展能实力最强的地方。同时，有一些会展业起步较早的省份，已开始于省内各市进行会展业基础设施的全面布局，其地级市的展能实力同样不容小觑，如广东省的深圳市、山东省的青岛市、江苏省的苏州市等，它们在城市会展场馆展能中名列前茅，与省会城市平分秋色，实现省内会展业市场的良性竞争。

表17 2019年场馆室内展能居于前列的城市

单位：万平方米

城市	室内展能	城市	室内展能
上海市	82.70	武汉市	22.04
深圳市	60.50	临沂市	17.66
广州市	49.24	佛山市	17.60
昆明市	38.98	西安市	17.00
成都市	33.00	南京市	16.11
杭州市	30.76	南昌市	15.60
北京市	29.64	沈阳市	12.96
青岛市	29.50	义乌市	12.64
重庆市	27.52	中山市	11.75
长春市	22.79	无锡市	11.25
苏州市	22.30	珠海市	10.62

资料来源：中国会展经济研究会《2019年度中国展览数据统计报告》。

5. 会展场馆整体利用率有所提升，前后差距仍然较大

2019年，我国各地继续大力兴建会展场馆，会展场馆在数量上不断增多，在规模上日益扩大，大型场馆的数量将在未来大幅提升。可以说，从会展场馆数量与室内展能来看，我国已超前发展，走在世界前列。但与其他会展强国相比，我国会展场馆的整体利用率却与领先的展能实力不匹配，2019年全国会展场馆利用率居于前列的展馆如表18所示。

上海新国际博览中心的会展场馆利用率为76.60%，居于前列的会展场馆平均利用率为56.42%，比2017年约提升6个百分点[1]。这一方面可能是会展业飞速发展使市场需求增多，丰富了场馆的办展资源；另一方面，一些场馆积极提升利用率，如改善运营管理模式、优化场馆功能等。但我国仍有一半以上的会展场馆利用率低于10%，仅为顶级会展场馆利用率的1/6，同时全国仅有14%的会展场馆能达到30%以上的利用率。[2] 这就造成了一部分地区会展场馆供不应求，而另一部分地区会展场馆无展可办的尴尬境地。

---

[1] 中国会展经济研究会：《中国展览行业发展报告（2017）》。

[2] 中国国际贸易促进委员会：《中国展览经济发展报告（2018）》，2018，第4页。

许多原因都会造成会展场馆利用率偏低的问题。第一，部分地方政府对会展业的发展规划具有盲目性，未结合自身区位条件与当地会展市场的需求、会展业发展规律等进行综合考量，出于发展经济的目的盲目建设新馆，最终导致同一地区的会展场馆重复建设；第二，过于追求会展场馆的数量会导致质量方面要求的松懈，低水平的盲目重复建设势必导致会展场馆利用率偏低，最终造成部分会展场馆的闲置与社会资源的浪费；第三，部分会展场馆以服务当地形象工程建设为目标，盲目追求奇特的场馆外观，导致会展场馆内部布局不合理、实用性不强等问题。

会展场馆的利用率直接决定了会展场馆的收益，也决定了会展场馆的生存与发展。一般而言，会展场馆利用率达到50%～60%才可能获得较好的市场效益[①]，而目前我国大部分会展场馆的利用率要想达到这个水平，仍需在提升会展场馆专业化程度与运营管理水平等方面继续耕耘，地方政府在规划会展场馆建设时也应结合现状科学统筹数量，注重会展场馆的适用性与功能性。

表18　2019年全国会展场馆利用率居于前列的展馆情况

单位：万平方米，%

名称	办展面积	利用率
上海新国际博览中心	742.80	76.60
深圳会展中心	349.70	65.70
郑州国际会展中心	221.60	62.90
厦门国际会议展览中心	305.40	61.20
成都世纪城新国际会展中心	323.50	58.30
中国国际展览中心新馆	269.20	52.50
广州市保利世贸博览馆	222.70	51.50
上海世博展览馆	185.30	47.80
中国进出口商品交易会展馆（琶洲馆）	728.30	44.40
南京国际展览中心	126.10	43.30

资料来源：中国会展经济研究会《2019年度中国展览数据统计报告》。

---

① 中国国际贸易促进委员会：《中国展览经济发展报告（2018）》，2018，第4页。

（二）中国超大型场馆发展情况

1. 中国超大型场馆室内展览面积

截至 2019 年底，中国超大型场馆室内展览面积如表 19 所示。

表 19　2019 年中国超大型场馆室内展览面积

单位：万平方米

城市	名称	室内展览面积	省份
深圳市	深圳国际会展中心	50	广东
上海市	国家会展中心（上海）	40	上海
广州市	中国进出口商品交易会展馆	33.8	广东
昆明市	昆明滇池国际会展中心	30	云南
重庆市	重庆国际博览中心	20	重庆
上海市	上海新国际博览中心	20	上海
成都市	中国西部国际博览城国际展览展示中心	20.5	四川
武汉市	武汉国际博览中心	15	湖北
南昌市	南昌绿地国际博览中心	14	江西
义乌市	义乌国际博览中心	12.64	浙江
佛山市	广东（潭洲）国际会展中心	10	广东
青岛市	青岛新南国际博览中心	12	山东
青岛市	青岛世界博览城	12	山东
南京市	南京国际博览中心	11	江苏
成都市	成都世纪城新国际会展中心	11	四川
沈阳市	沈阳国际展览中心	10.56	辽宁
深圳市	深圳会展中心	10.5	广东
顺义区	中国国际展览中心新馆	10.68	北京
厦门市	厦门国际会议展览中心	10	福建

注：重庆国际博览中心原数据为 23 万平方米，网站显示实际为 20 万平方米；中国西部国际博览城国际展览展示中心原数据为 20 万平方米，网站显示实际为 20.5 万平方米；广东（潭洲）国际会展中心原数据为 12 万平方米，实际为 10 万平方米，来自顺德城市网，http://www.shundecity.com/view-226652-1.html；中国国际展览中心新馆原数据为 10 万平方米，AMUA 为 10.68万平方米，取 10.68 万平方米。

资料来源：中国会展经济研究会《2019 年度中国展览数据统计报告》。

（1）上海市优势依旧，深圳市发力赶超

基础设施是上海市会展业雄厚实力的重要组成部分，其中超大型场馆的展能发挥了巨大作用。上海市共有 2 座超大型场馆，分别是国家会展中心（上海），室内展览面积达 40 万平方米，以及上海新国际博览中心，室内展览面积 20 万平方米。上海市的超大型场馆室内展览面积合计 60 万平方米，占全上海市展馆室内展览总面积的 72.6%，2019 年前在全国所有城市与省份的超大型场馆中稳居前列，吸引了许多影响力巨大的国际展会落户上海，如中国国际进口博览会、中国国际汽车工业展览会、中国国际工业博览会等。超大型场馆积累的影响力也反过来助力上海市会展活动的国际化、品牌化发展。

2019 年 7 月，随着全球第一大会展中心——深圳国际会展中心的建成，深圳市以 60.5 万平方米超过广州，次于上海。虽深圳目前只建有 2 座超大型场馆，它们分别为 50 万平方米的深圳国际会展中心和 10.5 万平方米的深圳会展中心，但这 2 座超大型场馆的室内展览总面积使深圳超过了上海市，成为目前全国城市之最。深圳市对超大型场馆的投资建设，尤其是深圳国际会展中心的建成对其提升城市功能与形象、打造粤港澳大湾区核心区有着重要意义。

（2）超大型场馆分布不均，主要集中于东部地区

截至 2019 年底，全国共有 19 座 10 万平方米及以上的超大型场馆，分布于全国 13 个省级行政区中，室内展览总面积 353.68 万平方米。若将中国划分为东部、中部、西部三个区域，则超大型场馆的具体分布如表 20 所示。

位于东部地区的上海市、广东省、浙江省、山东省、江苏省、辽宁省、北京市、福建省共有 13 座超大型场馆，占总数的 68.4%，室内展览总面积达 243.2 万平方米，占全国超大型场馆室内展览总面积的 68.8%，单个超大型场馆的平均面积为 18.7 万平方米。中部地区的湖北省、江西省共有 2 座超大型场馆，占总数的 10.5%，室内展览总面积 29 万平方米，占总面积的 8.2%，单个超大型场馆的平均面积为 14.5 万平方米。西部地区的四

川省、云南省和重庆市共有 4 座超大型场馆，占总数的 21.1%，室内展览总面积为 81.5 万平方米，占总面积的 23.0%，单个超大型场馆的平均面积为 20.3 万平方米。

不难发现，目前国内各地区超大型场馆的建设差距较大，实力按东部、西部、中部依次递减。我国超大型场馆多分布于长三角、环渤海、珠三角会展城市群所处的东部地区，这里产业集聚、经济发达且政策环境优良，会展业起步较早，不断增长的市场需求促进了基础设施的完善。随着东部地区会展业的飞速发展，许多大型展览会落户于此，对场馆展能提出了更高的要求，进一步驱动了当地专业化超大型场馆的建设。同时，西部地区会展业的飞速发展带动了该地区的超大型场馆建设，其数量与面积都已达到一定规模。相对而言，中部地区的会展业起步相对较晚，目前仍处于完善基础设施的阶段，且超大型场馆建设的市场动力相对不足，所以目前中部地区各省份中山西、河南、安徽、湖南四省的超大型展览场馆尚且空缺，江西与湖北 2 座超大型场馆的面积仅占全国总面积的 8.2%。但随着以河南省为首的中部地区各省份对会展经济日益重视，各项促进会展业发展的政策条例开始实施，超大型场馆会如预期一般不断增多、广泛分布。

表 20　2019 年中国超大型场馆地区分布情况

单位：个，万平方米

地区	省份	名称	室内展览面积
东部地区	上海	国家会展中心（上海）	40
		上海新国际博览中心	20
	广东	深圳国际会展中心	50
		中国进出口商品交易会展馆	33.8
		广东（潭洲）国际会展中心	10
		深圳会展中心	10.5
	浙江	义乌国际博览中心	12.64
	山东	青岛新南国际博览中心	12
		青岛世界博览城	12
	江苏	南京国际博览中心	11

续表

地区	省份	名称	室内展览面积
东部地区	辽宁	沈阳国际展览中心	10.56
	北京	中国国际展览中心新馆	10.68
	福建	厦门国际会议展览中心	10
	总计	13/19	243.2
中部地区	湖北	武汉国际博览中心	15
	江西	南昌绿地国际博览中心	14
	总计	2/19	29
西部地区	四川	中国西部国际博览城国际展览展示中心	20.5
		成都世纪城新国际博览中心	11
	云南	昆明滇池国际会展中心	30
	重庆	重庆国际博览中心	20
	总计	4/19	81.5

资料来源：中国会展经济研究会《2019年度中国展览数据统计报告》。

2. 中国超大型场馆在建与待建情况

（1）超300万平方米超大型场馆展能亟待释放

近年来，中国经济高速发展，开放水平不断提高，推动了全国各地会展业的发展与超大型场馆的建设。如表21所示，2019年全国在建中的超大型场馆共11座，分别是40万平方米的国际会展中心（天津）、30万平方米的厦门翔安新会展中心、26万平方米的贵州空港国际会展中心、20万平方米的丹东国门湾金融国际会展城与西安丝路国际会展中心、18万平方米的郑州新国际会展中心、15万平方米的红岛国际会展中心、14万平方米的商丘国际会展中心、13.35万平方米的菏泽国际会展中心、13.2万平方米的济南西部国际会展中心以及淄博市12万平方米的HM全球家居会展中心。立项待建的超大型场馆共5座，分别是40万平方米的杭州会展新城——大会展中心、30万平方米的淮海国际博览中心、28万平方米的衡阳国际会展中心、12万平方米的太原市会展中心（拟）与西宁市10万平方米的丝绸之路（青海）国际会展中心。待投入使用后，这些超大型场馆将为中国会展业释放341.55万平方米的巨大展能，约是2019年全国会展场馆室内总展能的1/3，基础设施的完善必将进一步促进各地会展经济的繁荣发展。

从 2019 年在建与待建的超大型场馆情况来看，天津市、贵州省、陕西省、河南省、湖南省、山西省以及青海省将拥有首批超大型会展场馆，可以在一定程度上缩小超大型场馆的区域分布差距。同时，超大型场馆周边的会议、酒店、办公、商业等配套设施将丰富所在地的城市功能，吸引商业与投资，促进当地经济的多元化发展。

表 21　2019 年中国超大型场馆在建与待建情况

单位：万平方米

名称	省份	城市	面积	建设状态
国际会展中心（天津）	天津市	天津市	40	在建
厦门翔安新会展中心	福建省	厦门市	30	
贵州空港国际会展中心	贵州省	贵阳市	26	
丹东国门湾金融国际会展城	辽宁省	丹东市	20	
西安丝路国际会展中心	陕西省	西安市	20	
郑州新国际会展中心	河南省	郑州市	18	
红岛国际会展中心	山东省	青岛市	15	
商丘国际会展中心	河南省	商丘市	14	
菏泽国际会展中心	山东省	菏泽市	13.35	
济南西部国际会展中心	山东省	济南市	13.2	
HM 全球家居会展中心	山东省	淄博市	12	
杭州会展新城——大会展中心	浙江省	杭州市	40	待建
淮海国际博览中心	江苏省	徐州市	30	
衡阳国际会展中心	湖南省	衡阳市	28	
太原市会展中心（拟）	山西省	太原市	12	
丝绸之路（青海）国际会展中心	青海省	西宁市	10	

资料来源：中国会展经济研究会《2019 年度中国展览数据统计报告》。

（2）未来中国超大型场馆的面积充满变数

在国内现有的超大型场馆中，面积在 12 万平方米以上的场馆共 13 座，其中面积大于等于 20 万平方米的场馆共 7 座。而 2019 年在建与待建中的 16 座超大型场馆中，有 15 座的面积大于等于 12 万平方米，其中面积大于等于

20万平方米的场馆多达8座。也就是说，未来这些超大型场馆投入使用后，中国12万平方米以上的场馆总数将达到28个，20万平方米以上的场馆将达到15座。

2019年，50万平方米的深圳国际会展中心建成，超过国家会展中心（上海），而为满足中国国际进口博览会的展览需求，国家会展中心（上海）计划进一步扩建。同时，在建的国际会展中心（天津）与待建的杭州会展新城——大会展中心的规划面积都达到40万平方米，这两个重量级选手的加入将进一步加剧国内头部超大型场馆的竞争，使未来超大型场馆的面积充满变数，也将使超大型场馆在市场力量的作用下不断升级完善。超大型场馆的增多是各地政府对会展业与场馆建设日益重视的体现，也将促使中国会展业往规模更大、专业度更高、影响力更强的方向发展。

3. 在建与待建的中国超大型场馆案例分析

（1）国家会展中心（天津）

国家会展中心（天津）是商务部与天津市共建的国家级会展中心，也是除国家会展中心（上海）、中国进出口商品交易会展馆之外的第三大国际会展中心。国家会展中心（天津）工程项目位于天津市津南区，规划可用地面积1.31平方公里，项目建设内容包括大型展览馆、地下车库和设备用房，134万平方米的总建筑面积中展览面积达40万平方米。综合配套区包括酒店、商业、会议、办公与餐饮等。[①]

国家会展中心（天津）是贯彻落实习近平总书记对天津工作"三个着力"重要要求和京津冀协同发展战略的标志性工程，是优化国家会展业发展战略布局、承接北京非首都功能疏解、打造全球会展新高地的重要平台。它将以"会展结合，以会带展，以展促会，重工业题材与轻工业题材结合，轻重协调发展，货物贸易与服务贸易结合，打造高端服务业新引擎"为发展模式，致力于打造中国最好用的超大型场馆，成为承接国家级、国际化会

---

① 国家会展中心（天津）网站，http://www.ncec.cc/pages/web/exhibitionHall/exhibitionHall-cgss.jsp。

议和展览的最佳场地。

（2）厦门翔安新会展中心

厦门翔安新会展中心是厦门市千亿会展硬件项目的投资计划之一，以国际大型展览中心兼具国际高端商业会议功能为定位，规划建造室内展览面积30万平方米的超大型场馆以及10万平方米的室外展场，周边会议、酒店、办公、商业等配套一应俱全，建成后有望成为厦门新的城市中心。[①] 而厦门翔安新会展中心将有效改善厦门市会展基础设施供不应求的情况，与岛内的厦门国际会展中心、厦门佰翔会展中心一起构建更为完善的会展产业设施格局，有效提升厦门乃至福建省会展业可持续发展的动力。

近年来，厦门市大力推动会展业主体与项目的建设与落地，厦门翔安新会展中心的建成将加速厦门旅游会展千亿元产业链的形成。根据《厦门市会展业"双千亿"提升发展行动方案2018—2022》，到2022年厦门总展览面积有望达360万平方米，外来参会总人数将超过300万人，会展经济效益达607亿元，会展业将成为推动厦门产业融合发展和招商引资的重要平台。

（3）淮海国际博览中心

淮海国际博览中心项目位于徐州市奥体中心北侧，是集展览、会议、餐饮、娱乐、文化旅游于一体的国际型会展中心，是徐州发展会展经济的重要载体和打造淮海经济区商贸物流中心、建设双向开放高地的重要城市功能项目。淮海国际博览中心项目分为两期，总建筑规模67.41万平方米，其中室内展览面积达30万平方米，建成后将取代南京国际博览中心成为江苏省规模最大的会展场馆。该博览中心的设计融入了雄鹰振翅翱翔的形态理念，设有"一轴·两翼·三区"："一轴"串联起淮海国际博览中心和奥体中心，打造城市客厅，塑造都市活力门户；"两翼"呼应徐州两汉文化；"三区"协同打造国际会展博览区、商旅乐活休闲区、商贸传媒聚集区。[②]

---

① 《打造国内一流会展产业集聚区新会展中心将在翔安崛起》，厦门网，2020年4月17日，http://news.xmnn.cn/xmnn/2018/11/27/100459392.shtml。

② 《徐州淮海国际博览中心项目举行开工建设仪式》，新华网，2019年9月28日，http://www.js.xinhuanet.com/2019-09/28/c_1125052681.htm。

淮海国际博览中心的建成将有效补齐江苏省超大型场馆数量少、室内展览面积小的发展短板，填补苏北地区缺乏现代化、全功能场馆举办大型展会的空白，成为该地区对外开放的重要窗口和商贸物流发展的新平台，有效提升徐州的区域开放度，辐射带动周边城市实现共同发展。同时，淮海国际博览中心将为长三角会展城市群注入新的展能活力，进一步打开当地会展业市场。

（4）西安丝路国际会展中心

西安丝路国际会展中心项目以欧亚经济论坛为依托，围绕"一带一路"倡议，致力于打造丝绸之路沿线文化、商贸、科技等主题的大型会展平台。西安丝路国际会展中心规划室内展览面积达 20 万平方米，建成后将一举填补西安市无 10 万平方米以上超大型场馆的空缺。同时，该中心设计以"古长安坊"为概念主题，建筑设计隐喻城墙、呼应丝绸之路；兼具智能化理念，采用全覆盖的 5G 网络通信、人脸识别、智能机器人助手及 VR、AR 等在线互动平台等技术，六大智能化系统和 51 个子系统将大幅提升场馆的运营效率。

西安曾是古丝绸之路的起点，是丝绸之路东西方文化和经济交汇的重镇。如今，西安丝路国际会展中心全力打造"西部会展产业新核心""西安会展经济新引擎"，力争完善浐灞生态区的会展产业，促进西北地区会展产业的发展，打造丝绸之路上的"金字招牌"，助力西安成为具有世界影响力的"一带一路"国际会展名城。①

（三）中国会展场馆发展趋势预测

1. 东部地区延续优势，引领中国会展业发展

东部地区包含长三角、珠三角和环渤海地区，是最先在改革开放中富起来的地区。随着近十年中国综合国力的迅速提升，东部地区的会展业也经历

---

① 《西安丝路国际会展中心》，搜狐网，2020 年 1 月 30 日，https：//www.sohu.com/a/369634476_188910。

了最好的黄金发展时期，相关基础设施的建设与布局得到加强和完善。截至2019年，东部地区共建会展场馆152座，占全国总数的61.8%；室内展馆总面积633.49万平方米，占全国总面积的60%。同时，东部地区拥有全国数量最多的超大型场馆，其中不乏国家会展中心（上海）、深圳国际会展中心、中国进出口商品交易会展馆等世界顶尖的专业场馆，展能的巨大优势不仅满足了会展市场的需求，还使其得到进一步拓展。同时，许多大型国际性展会的举办使东部地区的会展业继续朝国际化、高端化、专业化、品牌化的方向迈进。

在产业发展与转型方面，东部地区一直扮演着为全国引路、试验的角色，在会展领域同样如此。目前，东部地区会展业已率先迎来了以超大型场馆为主导的新时期。未来，随着国家会展中心（天津）、杭州会展新城——大会展中心、厦门翔安新会展中心、淮海国际博览中心等超大型场馆的建成，东部地区的超大型场馆展能力量还将继续壮大，引领全国会展业的发展。

2.国内场馆市场继续由东向西下沉拓展

一方面，东部地区的会展业起步发展较早，是全国会展场馆最多的地区，场馆市场的开发较为成熟，而随着内陆开放型经济的发展与西部地区"一带一路"建设的推进，预计未来会展场馆市场将进一步由东向西拓展。目前，中部地区已有19座会展场馆处于在建与待建状态，为各地区数量之最，预计建成后将合计释放130万平方米的场馆展能。中部地区各省份也积极响应国务院对会展业的发展改革意见，湖北省政府与河南省政府先后发布的促进展览业改革发展的实施意见①中都提到了对会展市场的引导培育、政策支持将有利于场馆市场的进一步拓展。同时，随着"一带一路"建设对国际商业、贸易、文化等多方面交流需求的增加，西部地区承担着越来越多

---

① 《省人民政府办公厅关于进一步促进展览业改革发展的实施意见》，湖北省人民政府网站，2015年9月15日，http：//www.hubei.gov.cn/zfwj/ezbf/201509/t20150929_1713309.shtml；《河南省人民政府办公厅关于进一步促进展览业改革发展的实施意见》，河南省人民政府网站，2017年11月7日，https：//www.henan.gov.cn/2017/11-29/249278.html。

大型展会的举办，这也促进了会展场馆市场在当地的开发。西安丝路国际会展中心这块丝绸之路上的"金字招牌"就是响应"一带一路"建设号召的场馆市场开拓成果。

另一方面，目前国内大多数会展场馆集中在一二三线城市，其市场已相对饱和，但会展场馆在三线以下城市、县镇与农村地区构成的下沉市场却开发甚少。下沉市场地域辽阔，可满足建设会展场馆所需的空间条件；下沉市场巨大的人口基数蕴藏着无限的消费潜力，展会活动的举办可一定程度满足当地人民的精神文化需求；下沉市场所在地区可以通过会展业进行产业转型升级，加强城市基础设施建设，为当地招商引资，带来更大的社会经济效益。综上，未来对下沉市场的开发将成为我国会展场馆的发展趋势之一。

3. 超大型场馆市场竞争加剧，"寡头争霸"与"群雄割据"并行

截至 2019 年，全国已有超大型展馆 19 座，在建和待建中的展馆 16 座，合计创造 683.19 万平方米的展能，超大型场馆的市场规模得到进一步扩大。但数量的增多将加剧市场竞争。根据我国各超大型场馆展能容量的差异，预计未来其市场竞争将呈现"寡头争霸"与"群雄割据"并行的态势。

深圳国际会展中心、国家会展中心（上海）与中国进出口商品交易会展馆是一流的国家级场馆，目前以超 30 万平方米的巨大面积居超大型场馆市场的金字塔顶端，具有绝对领先的优势。未来，国家会展中心（天津）（40 万平方米）与杭州会展新城——大会展中心（40 万平方米）这 2 座重量级的超大型场馆的加入，将组成第一集团，形成优势绝对的"寡头争霸"。我国规模在 20 万~30 万平方米的超大型场馆组成第二集团，有昆明滇池国际会展中心、重庆国际博览中心、上海新国际博览中心与中国西部国际博览城国际博览中心。其中，有 3 座场馆位于西南会展城市带，这也加剧了西南会展城市带超大型场馆的市场竞争。未来，分处不同会展城市的厦门翔安新会展中心、淮海国际博览中心、衡阳国际会展中心、贵州空港国际会展中心、丹东国门湾金融国际会展城、西安丝路国际会展中心将加入第二集团，与规模在 10 万~20 万平方米的超大型场馆组成的第三集团形成"群雄割据"的竞争态势。

4. 国内会展场馆运营将向绿色化、专业化、智能化转型

近年来，在国家的大力倡导下，"绿色、低碳、可持续"的理念已逐渐成为会展业的共识。当下，越来越多的场馆开始尝试绿色化运营，如办展时尽量以环保型建材取代一次性材料、场馆整体实施节能降耗措施、合理配置相关资源等。这些举措不仅能保护环境，为场馆提供可持续发展的动力机制，还能控制运营成本，提高经济效益。下一步，会展业重要机构与行业龙头企业应联合制定绿色办展、会展场馆绿色运营方面的参考标准，为会展场馆的绿色化转型提供借鉴。

同时，会展场馆将朝专业化方向发展。目前，我国会展场馆展能已初具规模，但场馆整体利用率仍有待提升，而场馆的专业化程度是决定场馆利用率的关键要素。提升场馆的专业化程度应注重以下三个方面。第一，硬件设施的专业化，如安全、合理的建筑空间布局，达到行业标准的通气、通水、通电、通信功能等；第二，配套设施的专业化，周边需要有完善的符合场馆规模的餐饮、住宿、交通等会展配套设施，以满足举办会展时参展人员的基本需求；第三，服务运作模式的专业化，不同规模、不同行业种类的展览应有针对性地提供专业化服务，如展台搭建、展品运输等，同时会展场馆工作人员的专业化水平决定服务的质量。朝专业化方向转型已成为会展场馆提升利用率、增加收益的重要途径，也是国内场馆未来发展的趋势。

"互联网+"思维与会展业的结合催生了"智慧会展"的概念，会展信息化、会展服务智能化成为业界发展的新动能。智慧会展是以信息技术为基础，在充分利用物联网技术、云计算、大数据分析等新科技的同时，打通线上与线下的数据链条并达成闭环，最终建立一个以人为本的精准数字画像体系的社交服务平台。[①] 会展业各领域都将进行新一轮的改革，会展场馆也是如此。智慧会展场馆的打造包括场馆服务和场馆功能的智慧化，如在场馆内覆盖高密度的无线网络系统与5G站点、使用数字化的中控系统和运营管理

[①] 《什么是智慧会展》，搜狐网，2017年12月8日，https://www.sohu.com/a/209240600_100074869。

系统等。智慧场馆可以达到更高的会展服务效率与管理运行效率，从而提升办展的整体质量与水平。同时，智慧化的信息利用，如开发会展场馆的大数据平台，通过对办展时的人流、信息流、资金流等进行分析，挖掘消费、场景、服务新模式，可以更深度地发掘社群价值，扩大场馆经营范围。数据智慧化还可以使展馆的管理模式由传统的场租收入模式转变为平台经济模式。总而言之，智慧会展是时代发展的必然产物，是会展业转型升级的需要，也是会展业未来发展的必然趋势。

B.6
2018~2019年国际组展商调研报告

中外会展业动态评估研究报告课题组*

摘　要： 组展商是会展活动的联系纽带和经营主体，维系着会展活动的组织、筹办和运营；主要通过搭建沟通平台，连接参展商与观众，实现品类市场买家卖家的沟通交往。本报告致力于从全球、中国两个不同地域范围的视角，解读全球组展商实力分布及其未来发展情况。就全球而言，欧洲整体上仍然是世界会展业最发达的市场，其中德国与英国的展会项目大、组展商实力强；北美地区会展业稳中有进，南美地区在成长中进步；亚太、中东、非洲的会展业虽然表现出明显进步，但发展仍具有不确定因素。就中国而言，北京、上海、广州等城市的组展商表现出较强实力，二、三线城市纷纷发力迎头追赶，且已取得长足进步。中国组展商及其展会项目的数字化程度国际领先，但在国际化程度、市场化服务、组展能力与效益水平方面，仍需进一步提升自己的国际感召力和专业竞争力。

关键词： 全球组展商　中国组展商　会展业数字化

一　2018年国际组展商实力情况

（一）全球组展商实力情况

自2008年国际金融危机对会展业发展产生负面影响以来，会展业在

---

* 执笔人为张敏，博士，上海会展研究院执行院长，上海大学会展专业教授、博士生导师，研究方向为会展沟通与企业间市场；朱浩哲，硕士，上海会展研究院实习研究员，研究方向为会展沟通；荆伟婕，硕士，上海会展研究院实习研究员，研究方向为会展沟通。

2010 年和 2011 年逐渐回暖，在 2013~2015 年增速放缓，但总体保持增长态势。到 2018 年，受制于全球经济下行压力加大和贸易保护主义抬头的宏观经济背景，会展业的发展面临更多不确定性。但是德国经济展览和博览会委员会（AUMA）表示，截至 2018 年，这样的经济环境对会展业的影响暂时还没有呈现明显的后果，会展业整体略有增长，且全球大部分地区对会展业仍持乐观的态度。全球展览业协会（UFI）于 2020 年 2 月发布的《全国展览晴雨表（第 24 版）》调查中也提到，与 2018 年相比，全球范围内至少有70% 的公司在 2019 年依旧保持良好的市场表现。但需要注意的是，根据 UFI预测，预计到 2020 年第二季度末，全球各地的会展业预计有 826 亿欧元的蒸发，许多小微企业将直接面临破产风险。①

但从总体情况来看，2018 年，全球范围内共有 34 家组展商的营业额超过1 亿欧元，与上本书中 2015 年的统计结果相比增加了 3 家，但与 AUMA 2017年的数据相比则减少了 1 家。从营业额来看，2018 年居于全球前列的 10 家组展商分别为励展博览集团（13.52 亿欧元）、英富曼公司（13.19 亿欧元）、法兰克福展览公司（7.18 亿欧元）、智奥会展（4.77 亿欧元）、瑞士 MCH 展览集团（4.64 亿）、慕尼黑展览公司（4.18 亿欧元）、博闻集团（4.16 亿欧元）、高美艾博展览公司（3.66 亿欧元）、柏林展览公司（3.52 亿欧元）和科隆展览公司（3.37 亿欧元）（见表 1）。其中，英国的励展博览集团依旧稳居榜首。英富曼公司的营业额从 2016 年开始连续翻番，2018 年更是通过并购博闻集团使营业额大幅增长，超过法兰克福展览公司。2018 年，中国有 2 家组展商上榜，分别是营业额达到 2.40 亿欧元的香港贸发局和营业额为 1.35 亿欧元的上海新国际博览中心。就新上榜组展公司的状况而言，与 2015 年相比，英国的柯莱睿展览公司、意大利展览集团、德国汉堡国际会展中心 2018 年的营业额分别为 2.42 亿欧元、1.60 亿欧元和 1.04 亿欧元，而与 2017 年相比，德国汉堡国际会展中心为 2018 年唯一新入榜的组展商。同时，2017 年榜上有名的Ascentialplc（i2i Events Group）和 Coex 韩国会展中心在 2018 年跌出榜单。

①　UFI：《全球展览晴雨表（第 24 版）》，2020。

表 1　2016~2018 年全球组展商营业额（超过 1 亿欧元）汇总

单位：百万欧元

国家	城市	公司名称	2018 年	2017 年	2016 年
英国	伦敦	励展博览集团	1351.9	1264.0	1277.4
英国	伦敦	英富曼公司	1318.9	631.1	358.3
德国	法兰克福	法兰克福展览公司	718.1	669.1	647.0
法国	巴黎	智奥会展	477.0	481.9	452.6
瑞士	巴塞尔	瑞士 MCH 展览集团	463.9	421.8	410.0
德国	慕尼黑	慕尼黑展览公司	417.9	332.6	428.1
英国	伦敦	博闻集团	415.8	979.0	830.6
法国	巴黎	高美艾博展览公司	366.0	264.0	277.0
德国	柏林	柏林展览公司	352.1	284.0	309.4
德国	科隆	科隆展览公司	337.4	357.9	274.0
美国	洛杉矶	翡翠展览公司	332.6	285.2	305.9
德国	纽伦堡	纽伦堡展览公司	315.1	205.5	288.0
德国	汉诺威	汉诺威展览公司	309.7	356.4	302.3
德国	杜塞尔多夫	杜塞尔多夫展览公司	294.0	367.0	442.8
意大利	米兰	米兰国际展览中心	247.2	271.3	221.0
英国	伦敦	柯莱睿展览公司	242.3	171.1	182.8
中国	香港	香港贸发局	240.0	254.1	237.6
西班牙	巴塞罗那	巴塞罗那展览中心	210.0	187.6	165.0
英国	伦敦	英国国际贸易与展览集团	197.2	173.2	155.8
英国	伯明翰	英国伯明翰国际会展中心集团	184.6	182.9	170.2
日本	东京	东京有明展览公司	184.5	157.1	178.0
德国	斯图加特	斯图加特展览公司	178.0	131.1	158.5
意大利	博洛尼亚	博洛尼亚展览集团	170.8	126.0	132.4
法国	巴黎	VIPARIS 国际展览公司	167.0	146.1	165.0
意大利	里米尼	意大利展览集团	159.7	130.7	124.8
比利时	布鲁塞尔	Artexis 集团	157.1	160.1	114.9
荷兰	阿姆迪特丹	阿姆斯特丹 RAI 国际展览公司	152.3	123.3	120.2
瑞典	哥森堡	瑞典展览和会议中心	139.2	126.6	131.0
西班牙	马德里	马德里展览中心	138.5	118.1	105.6
中国	上海	上海新国际博览中心	134.8	127.5	121.1
英国	伦敦	德马吉展览公司	130.9	131.8	122.6

国家	城市	公司名称	2018 年	2017 年	2016 年
荷兰	乌德勒支	荷兰乌德勒支展览公司	124.4	115.7	111.1
英国	伦敦	塔苏斯集团	110.6	132.5	79.8
德国	汉堡	德国汉堡国际会展中心	104.3	72.8	110.9

注：博闻集团的数据仅为并购案发生前的营业额。

资料来源：*AUMA German Trade Fair Industry Review*。

通过计算各大组展商 2016~2018 年的复合增长率可得，全球营业额超过 1 亿欧元的组展商总体保持了较为稳定的增长态势（见图 1）。英富曼公司凭借成功的收购案，营业额复合增长率达到了 91.86%。此外，还有 11 家组展商营业额复合增长率保持在 10% 以上，与上本书中国际组展商实力报告的结果相比多了 7 家。其中，英国塔苏斯集团的营业额从 2016 年的 7980万欧元提升到 2018 年的 11060 万欧元，重新回归到全球营业额超过 1 亿欧元的组展商名录中，复合增长率达到了 17.73%。比利时 Artexis 集团营业额复合增长率达到 16.93%。而高美艾博展览公司也一改 15 年营业额复合增长率低至 -11.60% 的疲态，近年来重整旗鼓，营业额不断提升，复合增长率也达到 14.95%，发展势头强劲。复合增长率为负值的组展商只有 4 家，分别为慕尼黑展览公司、德国汉堡国际会展中心、杜塞尔多夫展览公司和博闻集团，但是单从 2017~2018 年组展商营业额复合增长率来看，复合增长率为负值的组展商达到了 9 家。由此可见，2018 年会展业可能受宏观经济环境影响，部分组展商营业额略有下滑，但是复合增长率数据则显示，大多数组展商营业额增长状况依旧比较乐观。

依据主营业务的不同，UFI 曾将商业展览公司分为三大类别，即专门的展览组织者、专门的展馆运营商和展览组织者兼展馆运营商。在全球营业额超过 1 亿欧元的 34 家组展商中，展览组织者兼展馆运营商类型的公司最多，达到 19 家，占 56%；专门的展览组织者有 11 家，占 32%；专门的展馆运营商则较少，仅有 4 家，分别是荷兰乌德勒支展览公司、上海新国际博览中心、英国伯明翰国际会展中心集团和 VIPARIS 国际展览公司

英富曼公司	91.86
塔苏斯集团	17.73
Artexis 集团	16.93
柯莱睿展览公司	15.13
高美艾博展览公司	14.95
马德里展览中心	14.52
博洛尼亚展览集团	13.58
意大利展览集团	13.12
巴塞罗那展览中心	12.82
阿姆斯特丹 RAI 国际展览公司	12.56
英国国际贸易与展览集团	12.50
科隆展览公司	10.97
柏林展览公司	6.68
瑞士 MCH 展览集团	6.37
斯图加特展览公司	5.97
荷兰乌德勒支展览公司	5.82
米兰国际展览中心	5.76
上海新国际博览中心	5.50
法兰克福展览公司	5.35
纽伦堡展览公司	4.60
翡翠展览公司	4.27
英国伯明翰国际会展中心集团	4.14
德马吉展览公司	3.33
瑞典展览和会议中心	3.08
励展博览集团	2.87
智奥会展	2.66
东京有明展览公司	1.81
汉诺威展览公司	1.22
VIPARIS 国际展览公司	0.60
香港贸发局	0.50
慕尼黑展览公司	-1.20
德国汉堡国际会展中心	-3.02
杜塞尔多夫展览公司	-18.52
博闻集团	-29.25

-40 -20 0 20 40 60 80 100(%)

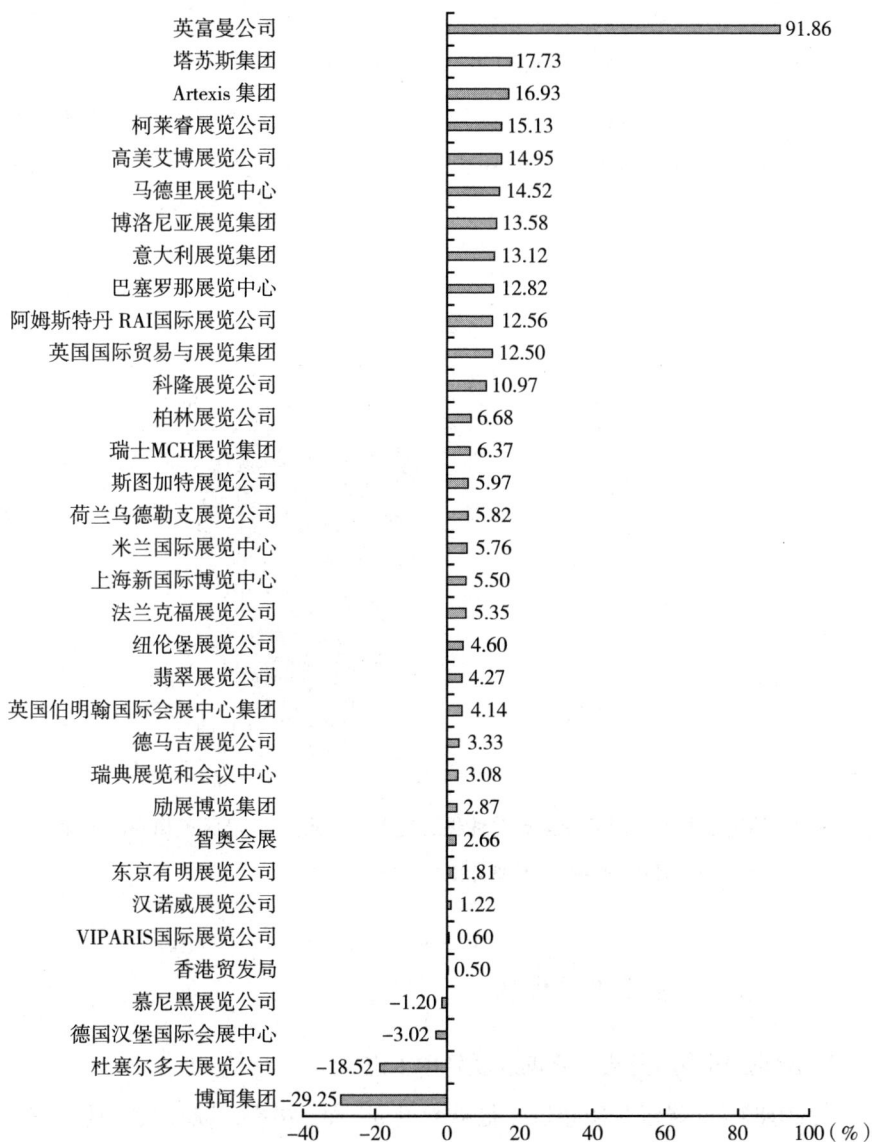

图1 2016~2018 年全球组展商营业额（超过 1 亿欧元）复合增长率情况

资料来源：根据 AUMA 全球组展商营业额（超过 1 亿欧元）榜单计算所得。

（见图2）。从盈利能力来看，营业额复合增长率较高的前6家公司均为专门的展览组织者，这类公司通过自办展、收购会展项目、收购股权兼并会展公司等多种方法，以较为灵活的方式实现盈利，在一定程度上能够摆脱展馆运营对于出租率的过分依赖。但是在营业额较高的10家公司中，展览组织者兼展馆运营商类型的公司占了6家，且这种模式被德国、意大利的公司广泛采用。专门的展馆运营商多集中于中后段，复合增长率也较为平稳。

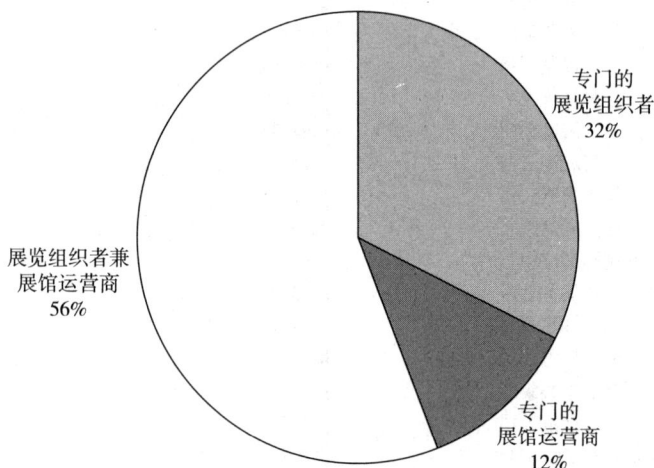

图2 不同性质的组展商在全球营业额超过1亿欧元的34家组展商中的占比

资料来源：根据UFI网站公司信息计算。

（二）全球组展商发展现状

1. 欧洲公司稳居龙头，北美发展稳中求进

在2018年全球营业额超过1亿欧元的34家公司中，欧洲公司凭借悠久的发展历史和完善的体系，数量以绝对优势领先，共计30家，占88.24%；亚洲有3家公司上榜，有2家分别来自中国内地和香港，另外1家来自日本，共占8.82%；北美则只有1家美国公司上榜，占2.94%；非洲、中东及拉美则无公司上榜。而在欧洲公司中，德国有9家公司上榜，英国有8家

公司上榜，这两个国家的组展商依旧处于绝对领先地位，法国、意大利公司紧随随后（见图3）。

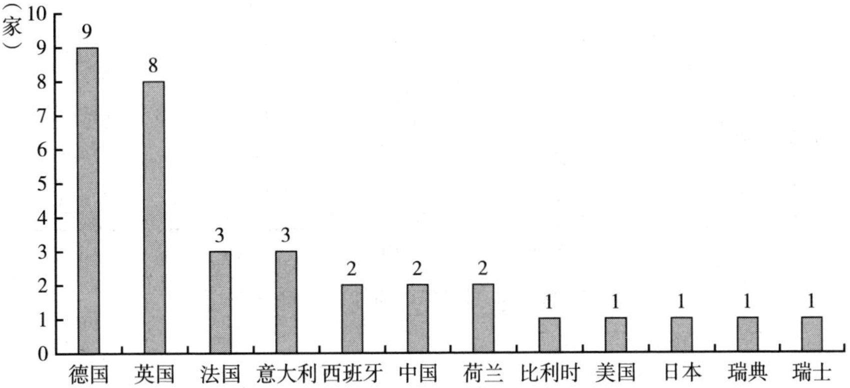

图3　全球营业额超过 1 亿欧元的 34 家公司的地域分布

资料来源：根据 AUMA 全球组展商营业额（超过 1 亿欧元）榜单计算所得。

从营业额及其变化来看，复合增长率较高的均为欧洲公司。德国公司由于发展处于较为稳定的状态，且受限于成熟的展览组织者兼展馆运营商的模式，并没有在营业额超过 1 亿欧元且复合增长率较高的公司中。而英国有超过 2 家公司的营业额超过 1 亿欧元且复合增长率较高。

北美地区虽然只有 1 家美国公司上榜，但整个北美地区的会展业产值为全球最高，仅在 2018 年北美地区的会展业就创造了 1188 亿欧元的总产值，占全球会展业总产值的 43.2%，创造了 781.7 亿欧元的 GDP，占全球的 46.8%，且创造了超过 130 万个就业机会①，其会展业对经济影响力的各项数据均居全球前列。另外，AUMA 调查德国会展公司的海外竞争对手时，将 73 家美国公司纳入竞争对手考量（见图4），由此可见美国组展商的实力依旧不容小觑。

具体到国家层面，德国依旧是全球范围内组展商实力最强的国家之一，不仅头部公司数量众多，2018 年全球组展商营业额超过 1 亿欧元的公司前

---

① UFI and Oxford Economics, *Global Economic Impact of Exhibition*, 2019.

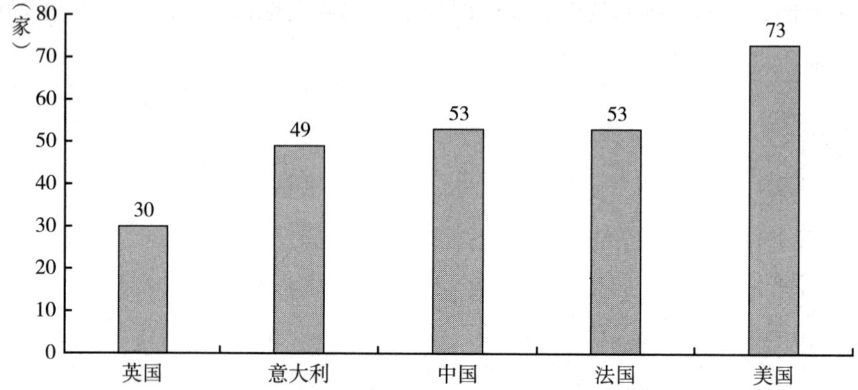

图4 德国会展公司的海外竞争者数量

资料来源：AUMA。

列中有 4 家德国公司，而且中小公司对于发展状况的预测较为稳定，在公司发展过程中形成了独特的"组展+场馆经营"德国模式。2018 年，德国会展业的生产效益达到 280 亿欧元，而会展公司的收入达到了 40 亿欧元（见图 5）。UFI 的数据显示，有 42% 的德国公司认为其 2019 年的营业利润会上涨，有 17% 的德国公司表示其利润会在正负 10% 的稳定区间内。此外，近年来，国际化已经成为德国公司发展的重要策略，有 73% 的德国公司表示

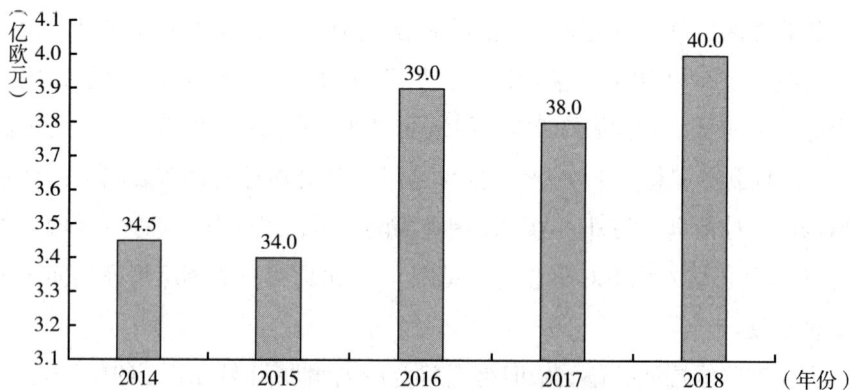

图5 2014~2018 年德国会展公司的收入变化

资料来源：AUMA。

它们下一步的战略是继续开拓海外新市场。① 此外，据 AUMA 统计，中国是德国公司开拓海外业务的主要市场，占德国公司海外组织展览总数的 28%。AUMA 每年都会针对德国的海外办展情况以及其海外竞争对手的办展情况做统计，外加政府支持以及德国经济的出口实力，都为德国会展公司的国际化扩张提供了便利。

而英国组展商有着与德国不同的模式，头部公司多是专营组展业务，其不仅在 2018 年全球营业额超过 1 亿欧元的 34 家公司中占 8 个席位，还在营业额超过 1 亿欧元的公司前列中占了 3 个席位。虽然在数量上少于德国，但是全球营业额较高的 2 个组展商励展博览集团和英富曼公司均为英国公司。UFI 与牛津大学经济学院的联合研究报告显示，2018 年英国会展业直接经济产值达 56 亿欧元，总产值达到了 125 亿欧元，吸引了 910 万名观众，创造了 61 亿欧元的 GDP。②

值得一提的是，不同于在英德意法等欧洲国家已经较为成熟的会展市场下发展的会展公司，俄罗斯会展公司在其本国经济面临压力的情况下仍旧表现突出。在 UFI 中，俄罗斯有 31 家会员单位，其本土的 RUEF 行业组织的成员数达到 95 家。虽俄罗斯公司的发展模式属内向型，且受俄罗斯经济影响，其组织的展会项目近年来有所下降，但 2019 年俄罗斯预计营业额增加的公司占 55%。③ 另外，莫斯科红宝石展览中心是其本土最大的组展商之一，属于展览组织者兼展馆运营商。

相较而言，美国国内市场能在较大程度上满足美国公司的需求，有 26% 的公司认为美国国内市场的经济状况是影响其收益的最主要因素。调查显示，2019 年下半年有 73% 的美国公司宣告其营业额会上涨，且营业利润涨幅多于 10% 的公司达到了 62%，发展势头强劲。国际化方面，美国企业国际化扩张意愿不如欧洲的德国和英国明显，表示会继续在本国市场经

---

① UFI：《全球展览晴雨表（第 24 版）》，2020。
② UFI：《展览业对英国经济的影响》（Economic Impact of Exhibitions in the United Kingdom 2019），2019。
③ UFI：《全球展览晴雨表（第 24 版）》，2020。

营的公司和表示会拓展国际市场的公司各占 50%。美国营业额最高的翡翠展览公司近年来通过持续收购优质会展项目和打造品牌会展逐步提升业绩，也是唯一一家上榜的美国公司。美国 UFI 会员的数量只有 31 家，但是其于 1990 年建立的行业组织 SISO 却有着较大的影响力，组织中超过 195 名的成员举办了 3500 多场活动，对全球经济产生了总计 1220 亿美元的影响。①

2. 亚非拉美发展不确定性增强，国际化拓展步伐较缓

UFI 发布的《全球晴雨表（第 24 版）》调查，从全球更大范围内监测了会展公司营业额及其变化。调查显示了参与者对 2019 年下半年和 2020 年的总营业额的预期，以及 2019 年各地区公司实际营业额的状况。其中，美洲公司、中东与非洲公司对其营业额保持最为乐观的态度，即使调查期内新冠疫情已经发生，但这两个地区预测 2020 年下半年营业额增长率还是达到了 75% 左右（见图 6）。

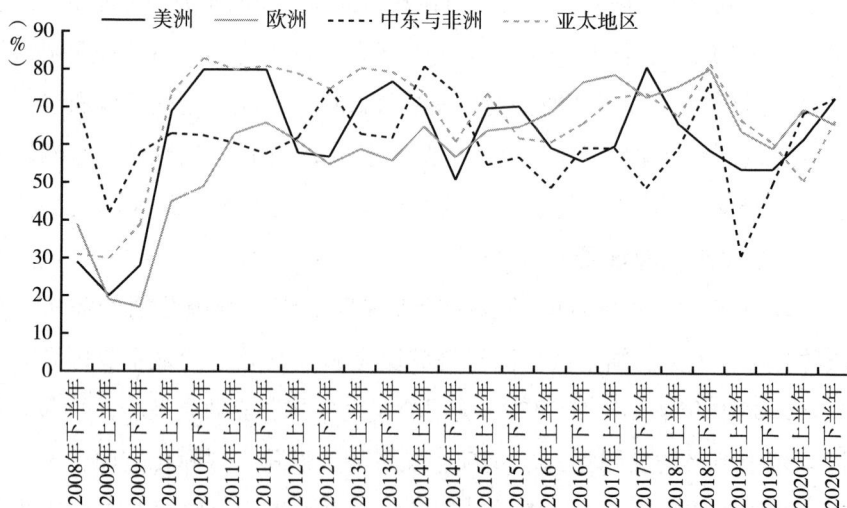

图 6　全球四大地区组展商营业额增长率变化及预期

资料来源：UFI《全球展览晴雨表（第 24 版）》，2020。

———————————

① SISO 网站，https://www.siso.org/about-siso。

与2018年蓝皮书发布的2016年UFI会员区域分布状况相比，截至2020年3月31日，亚太、欧洲、美洲UFI会员数量均有所增加，中东与非洲的会员数量却出现了减少的现象。亚太地区UFI会员数量为343家，增长率达到了26.57%，欧洲UFI会员数量紧随其后达到302家，增长率达到了27.43%；美洲UFI会员数量达到87家，增长率达到了42.62%；中东与非洲则减少了33家，仅剩63家（见图7）。由此可见，欧洲公司不仅在营业额和整体组展实力上保持领先，而且目前仍保持一定的增长率，发展处于平稳且有所上升的阶段。而亚太、美洲以及中东与非洲的公司仍处于尚未充分发展的状态。就亚太地区来看，截至2020年3月31日，中国共有201家公司（大陆167家、香港20家、澳门6家、台湾8家）成为UFI会员，但是只有香港贸发局和上海新国际博览中心2家公司营业额超过了1亿欧元，与德国仅有48家UFI会员但有9家公司营业额超过1亿欧元相比，还有很大差距，世界级会展集团还未能成功打造。

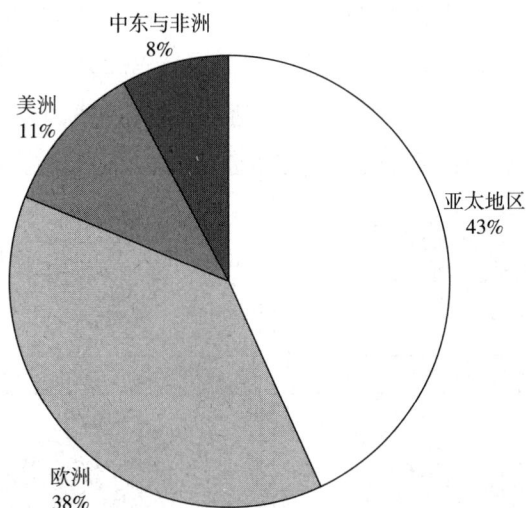

图7　截至2020年3月31日UFI会员在各大市场区域中的分布情况

资料来源：UFI网站会员信息。

除此之外，近年来亚太地区公司对其营业收入状况的不确定性增强，亚太地区公司对于2019年下半年和2020年上半年的营业额预期下跌较为严重，其中不免受新冠疫情的影响，但是UFI的调查表示，许多国家的公司在新冠疫情发生之前就已经表示出不确定性。而在美洲，巴西公司认为其2019年营业额增长的占63%，同时有50%的巴西公司认为其利润增长率超过10%，营业额增长情况较为乐观，除此之外，其余地区的公司对于营业状况的估计多数选择不确定或是减少。从国际化扩张策略来看，亚太及美洲地区的公司策略与欧洲相比普遍具有明显的保守性，亚太地区有78%的公司更愿意停留在已有业务的国家发展，是四大区域中占比最高的，而希望在新的国家开辟业务的公司仅占22%（见图8），如日本公司选择停留在已有业务的国家发展占比高达90%，印度尼西亚为100%，中国为79%，澳大利亚为86%。而美洲除了美国和巴西停留在已有业务的国家和在新的国家开辟业务占比对半之外，其他中南美洲国家的公司选择停留在已有业务的国家占比达到100%。这不仅受到这两个地区会展公司发展成熟度的影响，还在很大程度上受到国内市场是否能够满足其公司业务发展

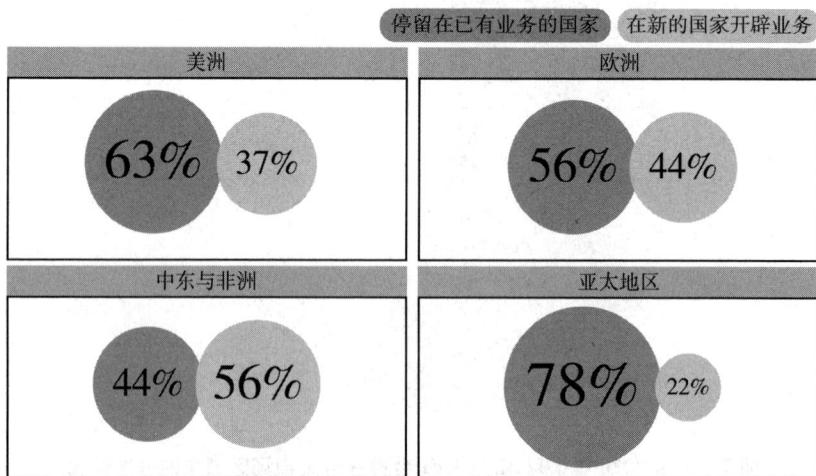

图8　四大区域的组展商现行地理扩张策略选择

资料来源：UFI《全球展览晴雨表（第24版）》，2020。

需求的影响，如中国和美国的国内市场相对较能满足本国公司的发展。而中东与非洲国家的公司虽然扩张意愿更强，但在市场规模和占有率方面远不如欧洲、美洲和亚洲的公司。

3.科技推动产业数字化，但进展有限且仍有不足

近年来，各国会展公司都注意到了数字化对会展业的影响，纷纷加速布局，借助数字化为会展活动赋能，全球范围内的数字化指数为27。UFI的统计也指出，在数字化转型过程中，中国、德国、印度、印度尼西亚、意大利、墨西哥、英国和美国是较快的。在对企业利用数字技术进行不同活动的状况进行调查后发现，全球范围内有58%的公司围绕现有展览增加数字服务或产品（如应用程序、数字广告、数字标牌），有48%的公司内部工作流程数字化，有28%的公司为个别展览或产品制定了数字化或转型战略，有22%的公司为整个公司制定了数字化或转型战略，在高层管理人员中设置了数字化相关职位的公司有18%，发布了与现有展会不直接相关的数字产品的公司有13%，其他为3%（见图9）。

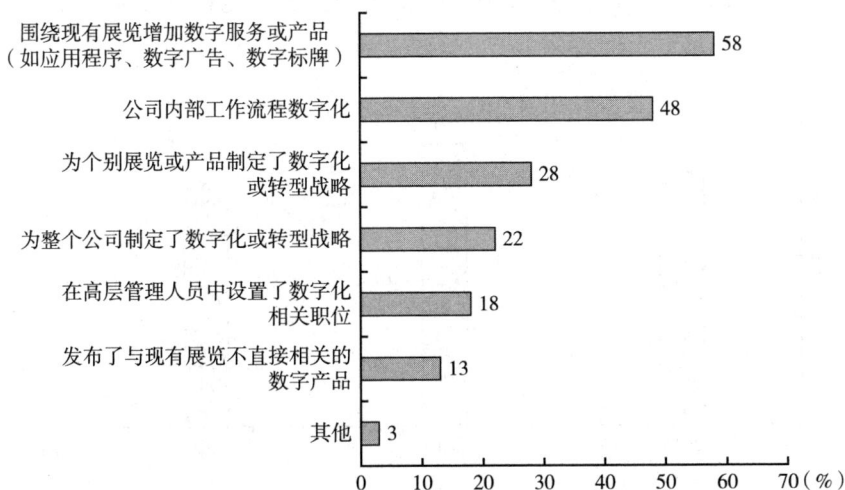

图9 UFI会员数字化活动开展状况

资料来源：UFI《全球展览晴雨表（第23版）》，2019。

从总体来看，2020 年全球公司虽然依旧致力于推动会展业的数字化，但是数字化进展比较慢。选择数字化对会展业产生重要影响，并作为全球核心议题的公司占比从 2019 年的 10% 下降到 8%（见图 10），全球数字化指数也从 2017 年的 31 降到了 2019 年的 27。同时，在现有进程中，虽然欠发达地区有了一定的发展，区域差距缩小，但欧洲依旧是会展业数字化程度最高的地区，英国也仍然是会展业数字化程度最高的国家，指数达到了 40。美国（33）、意大利（30）、中国（29）、德国（29）均高于世界平均值（见图 11）。值得注意的是，中南美洲国家纷纷发力，加快数字化进程。墨西哥数字化指数为 37，阿根廷数字化指数由 2017 年的 13 提升到 2019 年的 26，与巴西并列，接近世界平均值，拉动了中南美洲的数字化指数的增长。此外，亚太地区的印度尼西亚表现亮眼，数字化指数为 33，与美国并列；印度超过世界平均值，与德国、中国并列。中东与非洲依旧是全球范围内会展业数字化进展最慢的地区，但是其与其他地区间的差距已经缩小，2017 年中东与非洲低于世界平均值 10 个指数，2019 年仅低于世界平均值 3 个指数。

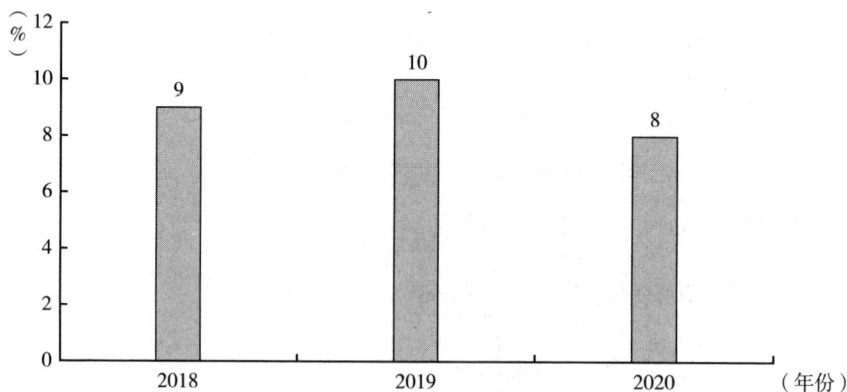

图 10　2018～2020 年认为数字化为全球核心议题的公司占比

资料来源：UFI《全球展览晴雨表（第 23 版）》，2019；UFI《全球展览晴雨表（第 24 版）》，2020。

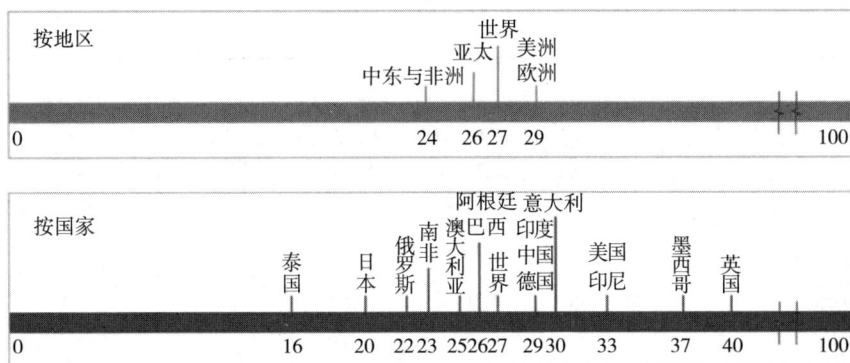

图11 2019年各区域及国家组展商数字化指数

资料来源：UFI《全球展览晴雨表（第23版）》，2019。

从横向来看，参与调查的国家中围绕数字化进行的活动情况大致如下：在围绕现有展览增加数字服务或产品（如应用程序、数字广告、数字标牌）这一项上中东公司取得了最高值，为77%，俄罗斯公司在这一项上占比较低，仅为8%；从公司内部工作流程数字化来看，英国公司有91%都采取了这类行动来提升企业效率；意大利有55%的公司为个别展览或产品制定了数字化或转型战略，泰国关于该项的数据则是0%；在为整个公司制定了数字化或转型战略这一项上，印度尼西亚有50%的公司都在着手，是被调查国家中占比最大的，澳大利亚公司开展这一项活动的占比则相对较小，仅为5%；在高层管理人员中设置了数字化相关职位的最高值来自俄罗斯，其在这一项的数据从2017年的9%快速提升到2019年的54%，巴西和日本的数据则都是0%；英国有36%的公司在发布了与现有展览不直接相关的数字产品这一活动上进行了尝试，南非、中东、日本、泰国在这一项上的数据均为0%；阿尔及利亚则有13%的公司进行了其他类型的数字化探索（见表2）。总体来看，大多数公司对数字化的探索还停留在具体技术的应用层面，而对依托数字化来对公司进行顶层设计的相关探索还较少。

表2　全球及参与调查的国家和地区数字化进展

单位：%

	围绕现有展览增加数字服务或产品（如应用程序、数字广告、数字标牌）	公司内部工作流程数字化	为个别展览或产品制定了数字化或转型战略	为整个公司制定了数字化或转型战略	在高层管理人员中设置了数字化相关职位	发布了与现有展览不直接相关的数字产品	其他
全球	58	48	28	22	18	13	3
墨西哥	75	50	50	25	33	25	0
美国	62	38	46	31	23	31	0
阿尔及利亚	60	40	33	13	7	13	13
巴西	71	43	29	14	0	21	0
德国	50	50	25	6	50	19	0
意大利	64	45	55	18	18	9	0
俄罗斯	8	50	8	21	54	4	8
英国	73	91	45	18	18	36	0
南非	41	53	18	24	18	0	6
中东	77	31	23	38	8	0	8
澳大利亚	60	55	25	5	15	10	5
中国内地	72	56	36	24	8	4	0
印度	60	55	25	20	10	30	0
印度尼西亚	60	30	30	50	30	30	0
日本	58	42	17	17	0	0	8
中国澳门	60	40	20	40	10	20	0
泰国	30	50	0	20	10	0	0

注：有背景的数据为最高值。

资料来源：UFI《全球展览晴雨表（第23版）》，2019。

4. 践行绿色会展理念，可持续办展意识增强

会展业的巨大规模、对产业链的整合、对受众的吸引，都是会展业能够为可持续发展目标做出贡献的有利条件，也因此，近年来会展公司开始践行

绿色会展理念，推动产业的可持续发展。自 2015 年联合国发布 17 个可持续发展目标后，UFI 开发了 UFISDG 数据库（UFI 全球可持续发展目标数据库），设定了三类条目，即展览主题如何体现可持续发展目标、经营者如何为该目标做贡献，以及公司自身的运营如何更好地达成可持续发展目标，共享企业的可持续发展行动状况。在联合国发布的 17 个可持续发展目标中，会展公司着重在 6 个领域开展实践（见图 12）。其中，不仅包含了绿色会展理念的践行，从保护生态环境方面承担会展业的责任，还包括了通过削减贫困、促进经济增长等方式来发挥会展业的重要作用。

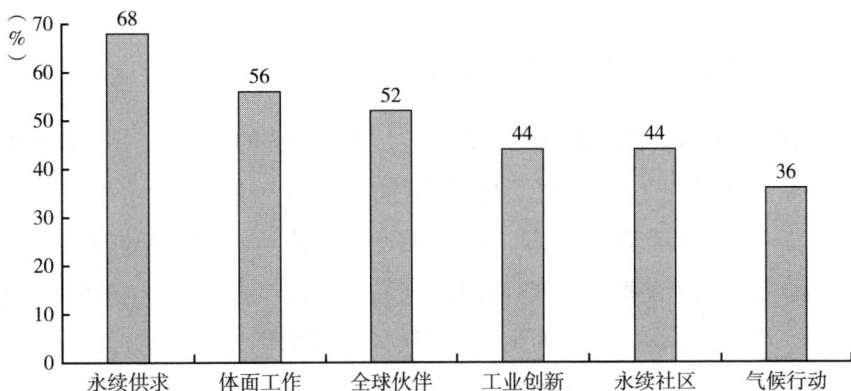

图 12　会展公司对可持续发展目标的践行状况

资料来源：UFI《会展产业和联合国可持续发展目标》。

被调研的公司中有 68% 的公司致力于解决"永续供求"的问题，从搭建展位到提供食物，再到最终拆除和清除废物等展会举办过程中的各个阶段入手，着重探索减少物资浪费的方式，许多有场馆运营资质的公司在寻找替代一次性塑料制品的解决方案以及展会举办后资源的回收再利用的方式。在体面工作方面，有 56% 的公司进行了相关尝试，这一点则更多基于会展业的产业特性，通过集聚资源、吸引游客和创造就业来实现。同时，有 52% 的公司通过建立全球伙伴关系来最大限度地提升资源利用效率，如与能源公司合作探索如何降低会展活动的能源成本。有 44% 的公司注重工业创新，聚集业界参与者，创造行业内外沟通的平台和协作的机会。在永续社区方面，有44%的公司开展相关活动，其中减少交通运输排放是一种重要方式，如法兰克福展览公司发扬自行车文化，在其展馆内提供自行车代步来减少碳排放。气候行动是过去一年中十分重要的议题，有36%的公司关注到了这一议题，展览组织者可以通过组织相关议题的展会，增强意识、鼓励行动，也可以通过支持可再生能源的发展和管理产销过程中的碳足迹来承担应对气候变化的责任。会展业对可持续发展目标的践行，恰恰说明了会展公司在发展过程中积极承担更多的社会责任，日益充分发挥会展业的纽带作用。

（三）全球组展商特色案例分析

1. 英富曼公司、博闻集团并购案——创造全球领先的信息服务平台新模式

英富曼公司是全球领先的会展活动主办方、商业情报供应商和学术出版集团，于伦敦证券交易所上市，在30多个国家或地区拥有11000名员工，主办展会涉及的主要垂直领域有农业、美妆、建筑和房地产、全球健康、国际游艇、生命科学等。而博闻集团也是英国的传媒集团及会展业巨头，旗下拥有多个品牌展会，涉及先进制造、时尚、食品、珠宝、医疗等领域。2018年，英富曼公司宣布与博闻集团合并，两个行业巨头强强联合，对于过去的一段时间的会展业来说具有重要意义。

2018年6月，英富曼公司正式以39亿英镑的价格收购博闻集团，将博闻集团旗下近3500名员工和近350个展览项目收入麾下[①]，扩展了集团在亚洲和美洲的足迹，致力于成为全球最大的会展主办和运营集团，计划打造全球领先的B2B信息服务集团。合并后，博闻集团的股东每股将获得1.083股英富曼公司股票和163便士现金——根据2018年1月15日的收盘价计算，溢价约为30%。根据交易条款，合并后英富曼公司将持有65.5%的股份，博闻集团持剩余34.5%的股份。根据补充条款，博闻集团股东可以选

---

① Informa Annual Report and Financial Statements 2018.

择改变现金和股票的混合比例。① 英富曼公司表示，此次收购使英富曼公司市值翻了一倍多，截至2018年12月31日，该公司的收入增长了35%，达到24亿英镑。单就对博闻集团的投资组合来看，2018年这一项目为英富曼公司贡献了6.135亿英镑，对英富曼公司收入的贡献率达到26%。②

近年来，会展公司并购案的频频发生反映出当下会展公司战略调整和资源整合的步伐加快。就英富曼公司与博闻集团的并购案来看，英富曼公司的CEO斯蒂芬（Stephen A. Carter）解释英富曼公司并购博闻集团的原因时曾说："B2B市场正在朝规模化运营和产业专业化方向发展，为了适应上述趋势，此举将有利于创建一个具有国际影响力和市场能力的B2B信息服务集团。"

在战略调整方面，英富曼公司本就是聚焦知识和信息经济领域的公司，其在线上能提供数据分析、调研同行评价、搭建促销平台等高质量的B2B信息服务。而博闻集团则是一个聚焦于B2B会展项目的专业组织者。此次英富曼公司收购博闻集团，能够充分利用博闻集团旗下的展会，拓展自身会展业务所涉及的行业领域，与博闻集团相互补充，其背后是聚焦深耕几个行业内部的信息链接和资讯传播，推动线上与线下B2B服务相融合的战略计划。这也反映出组展商向综合性行业信息服务提供商转变的趋势。

而在资源整合方面，基于两大公司相似的运作方式与管理理念，二者强强联合能够充分发挥管理协同效应，在整合双方人力、资产、运营和管理模式的过程中，相对能够以较低的成本和较小的风险对资源进行重组。此外，从具体的展览市场和双方的垂直客户来讲，英富曼公司通过收购博闻集团，直接将博闻集团在亚洲的展会项目和资源收入囊中，增强了英富曼公司亚洲业务的整体实力，为其全球化布局进一步夯实了基础。

---

① 《最新消息：英富曼（Informa）将出价380亿元（RMB）收购竞争对手博闻（UBM）》，"展桥资本"微信公众号，2018年1月18日，https：//mp. weixin. qq. com/s/3Eg5i_Hh-9LNlfd1O_EM7Q。
② 2018 Informa Strategic Report.

2. 米兰国际展览中心——展馆多元经营的典范

从米兰国际展览中心的组展商现状、核心竞争力、运营模式、全球化进程以及中国市场布局五个维度进行分析，以探索全球组展商可供借鉴的优秀商业模式。

（1）组展商现状：全球营业额最高的场馆型组展商

米兰展览公司是意大利唯一一家上市的展览公司，也是意大利最大的展览公司，还是欧洲国际展览会净展览面积最大的公司之一，同时是世界上最大的展览公司之一。该公司运营着欧洲第一、世界第二［仅次于国家会展中心（上海）］的单体展览中心——米兰国际展览中心。米兰国际展览中心仅馆内面积已达到39.9万平方米，平均每年总展览面积190万平方米，该公司在众多领域，如时尚、出版、家具和陈设、机械工具工业、旅游业、专业酒店、食品、工厂工程和能源、建筑、艺术和航海占据主导地位。2018年，米兰国际展览中心共举办展览793个，其中27个在国外，累计356153家参展公司参展，其中外国公司有7750家，吸引了450多万人参加展会。其2018年总营业额为2.472亿欧元，是全球营业额最高的场馆型组展商。

（2）核心竞争力：承担政企互动平台，注重客户需求

米兰国际展览中心一直是意大利举办交易会、活动和大会的最佳合作伙伴。根据毕马威于2019年3月起草的"社会经济影响研究"的结果，参照2017年的数据，米兰国际展览中心的展览和会议业务的总价值约81亿欧元。

米兰国际展览中心并不只是单纯的会展场地提供商，还是连接政府、企业，以及众多会展中间商的第三方组展商，是政企互动的重要平台，其在实现盈利目的外，还承担了更多的社会责任。米兰国际展览中心的成功源于能及时感知和了解客户的需求和愿望，提升创造展览产品的能力，适应和理解客户随时间而发生的任何行为和需求变化，最大限度满足客户。因此，在2018年5月重组后，米兰国际展览中心将客户放在更重要的业务中心，并设有一个战略营销部门，旨在更加关注客户。

（3）运营模式：以人力资本为基础，重点加强自营和第三方展会组合

米兰国际展览中心是意大利国内市场的领导者，也是全球会展业的主要

综合运营商之一。展览中心所涉及的业务领域主要划分为三个方面：展会及相关配套服务体系（VRS）、企业增值服务体系（VAS）以及大型会议的组织体系（ECO）。具体而言，集团的业务重点是管理、组织和主办展览会与其他活动，确保提供设备齐全的展览场地、项目支持和相关服务。其服务包括工程服务、预制和定制支架的安装服务与技术、物流服务，以及协助提供包括专业出版物、网络内容和大会活动在内的多渠道平台服务。

米兰国际展览中心的公司治理基于一种传统的管理和控制模式，其特点是存在董事会和法定审计委员会。米兰国际展览中心对其直接和间接子公司实施指导和控制。董事会在公司组织中起着核心作用，对其活动、战略和运营指南负责，并负责核实是否实施必要的控制措施，以监控公司和集团的业绩。随着市场化不断深入，主导力量不断加强，米兰国际展览中心作为股份公司，由拥有固定资产的非营利机构和负责企业日常管理的独立核算运营机构构成，已经实现了上市募集资金。其不仅要建立大型展会交流平台，还要打造"整合展览系统"。

米兰国际展览中心将继续开展 2018~2022 年战略计划中规定的活动，并加快其国际发展，加强开展与外国伙伴合作的新项目和直接组织的活动。其目前的战略是展会项目组合开发、第三方展会和国内商业深化开发、促进服务、直接组织展会拓展国际业务。其在计划五年间业绩得到强劲增长，现金产生强劲动力源。同时，米兰国际展览中心的目光瞄准了数字化转型和三星 SDS 签署合作协议，以加快数字化转型进程，其目的是为参观者、参展商和组织者提供更高质量的服务，以确保获得更好的客户体验。

（4）全球化进程：加强组织活动，持续推进国际化活动

米兰国际展览中心的国际化进程通过加强组织活动的方式持续推进。一是由米兰国际展览中心全资拥有的子公司 IpackIma S. p. A. ，于 2018 年 12 月 14 日并入母公司，自 2018 年 1 月 1 日起生效。这次交易是其所属公司链重组的一部分，旨在使其结构合理化，并提升运营、行政和公司协同效应。二是作为其国际扩张战略路线的一部分，该集团与汉诺威米兰最佳展览（广州）有限公司合作，拓展在中国的业务。三是公司在印度积极开展了参

展商和买家调查活动。四是在巴西，总部位于米兰的 Fair Company 通过其子公司 Cipa Fiera Milano 收购了 Tubotech 剩余 50% 的股份。Tubotech 是一项关于管道、阀门、泵、附件和部件制造以及加工技术的两年一度的国际活动，第十届于 2019 年 10 月在圣保罗举行。五是 FMEA 子公司（非洲米兰国际展览馆）在米兰国际艺术博览会组织了非洲最重要的当代艺术展：ICTAF（天达开普敦艺术博览会）。

（5）中国市场布局：建立合资企业，收购重要行业展会

纵观米兰国际展览中心在中国的发展历程，2008 年以来，德国汉诺威展览公司和意大利米兰展览公司正式签署合作协议，成立合资公司汉诺威米兰国际展览有限公司。其成员公司汉诺威米兰展览会（中国）有限公司成为海外市场拓展战略实施的重要平台。通过汉诺威米兰展览会（中国）有限公司和汉诺威米兰展览会（上海）有限公司，米兰国际展览中心组织了 20 多场贸易展览，涉及仪器机械、自动化、汽车、建筑、工业处理、包装、旅游等各个生产部门。

米兰国际展览中心在收购 LASERFAIR 和 LETChina（物流和运输系统的一项重要活动）后，将物流设备与技术展览行业作为其在中国举办的 20 多场展会的一部分。其中，汉诺威米兰展览组织 LETChina 后，受到意大利企业的高度赞赏。米兰国际展览中心通过在中国最工业化的地区之一广东广州和中国高科技之都深圳举行智能运输和激光空气展，让中国成为物流和运输系统的参考点。同时，激光空气展是我国激光及加工工业技术和工业自动化应用中最重要的事件，对意大利企业极具吸引力。也正是这两个展，使米兰国际展览中心巩固了其在中国的地位。

米兰国际展览中心以客户的满意度为评判标准，通过对展馆利用最大化，兼顾人力与资本，搭建政企合作的沟通连接平台，重点加强自营与第三方展会组合，推动高质量服务发展，积极拓展国际化合作和海外业务，注重中国市场进程，凭着对展馆的多元经营，成为 2018 年全球营业额最高的场馆型组展商。

二　2019年中国组展商实力情况

（一）中国组展商实力情况

中国作为当之无愧的会展大国，各地都出台了加大力度发展会展业的政策，推动更多优质组展商的涌现。截至2020年3月31日，中国成为UFI全球最大会员国，UFI会员总量达167家①，从侧面体现了中国近年来组展商的实力。

综合化展会转向专业化展会是当前会展业发展的趋势，是否可以举办专业展会更是衡量组展商实力的必备条件。本报告以专业展会为考量重点，参照国内组展机构2019年主办的规模以上专业展会的数量、总面积、涉及行业三项指标，得出2019年中国专业展会组展商百强。

在数量上，北京、上海和广州组展商实力仍旧强劲。在100强中，北京组展商数量达到28家，占28.28%；上海次之，共19家，占19.19%；广州共17家，占17.17%；深圳共5家，占5.05%；郑州、天津、青岛和沈阳均3家，占12.12%；长春、无锡、东莞等城市均有1~2家（见表3）。

表3　2019年中国专业展会组展商百强（以主办展会总面积为标准）

单位：场，平方米

主办方	主办展会数量	主办展会总面积	所在城市
励展博览集团国药励展展览有限责任公司	19	1648300	北京市
中国国际展览中心集团公司	21	1534000	北京市
中国汽车工业国际合作总公司	14	1425000	北京市
上海博华国际展览有限公司	19	1158800	上海市
广州市鸿威展览服务有限公司	28	1106000	广州市
中国机械工业集团有限公司	11	863600	北京市
中国对外贸易中心	6	835000	广州市

---

①　UFI网站，https：//www.ufi.org/。

续表

主办方	主办展会数量	主办展会总面积	所在城市
振威展览集团	23	831000	广州市
广州光亚法兰克福展览有限公司	9	749000	广州市
青岛海名国际会展有限公司	26	706000	青岛市
深圳市华巨臣实业有限公司	23	626000	深圳市
亿百媒会展(上海)有限公司	4	613014	上海市
中国糖业酒类集团公司	3	610000	北京市
尚格会展股份有限公司	17	610000	武汉市
北京博万国际会展有限责任公司	16	599400	北京市
红星美凯龙家居集团	2	570000	上海市
广东现代国际展览中心	4	560000	东莞市
北京雅森国际展览有限公司	5	535000	北京市
中国对外贸易广州展览总公司	6	533000	广州市
VNU 亚洲展览集团上海万耀企龙展览有限公司	8	528500	上海市
上海世博集团上海现代国际展览有限公司	5	512000	上海市
上海荷瑞会展有限公司 CHC	7	483500	上海市
中国机械国际合作有限公司	13	466000	北京市
中国国际贸易中心股份有限公司	7	433200	北京市
德国科隆国际展览有限公司	4	410000	北京市
重庆鸿威瑞博会展有限公司	8	405000	重庆市
欧洲博闻展览咨询有限公司	2	400000	广州市
亚洲博闻有限公司	8	379000	成都市
上海东浩兰生国际服务贸易(集团)有限公司	10	379000	上海市
英国英富曼传媒集团	5	370000	广州市
WES 上海环球展览有限公司	2	365500	上海市
中贸慕尼黑展览(上海)有限公司	8	365000	上海市
广州名欧展览服务有限公司	1	350000	广州市
广州佳美展览有限公司	2	340000	广州市
上海腾美展览有限公司	2	340000	上海市
亚洲经贸发展促进中心	17	336100	北京市
山东美博国际文化传播有限公司	8	300000	青岛市
华商报社	2	300000	西安市
东莞市纵横经济策划有限公司	2	290000	东莞市
雅式展览服务有限公司	7	289050	深圳市
长春百瑞国际会展集团有限公司	4	288000	长春市

主办方	主办展会数量	主办展会总面积	所在城市
华汉国际会议展览(上海)有限公司	3	283000	上海市
山东新丞华展览有限公司	9	282200	济南市
北京碧海钓具有限公司	2	276000	北京市
中国汽车工业进出口有限公司	2	260000	北京市
上海百文会展有限公司	1	260000	上海市
广州市轩华展览有限公司	6	255600	广州市
法兰克福展览(上海)有限公司	8	252000	上海市
中国汽车工业配件销售公司	5	250200	北京市
励展博览集团	10	247500	北京市
北京博亚国际展览有限公司	6	240000	北京市
杜塞尔多夫展览(上海)有限公司	7	228500	上海市
浙江德纳展览有限公司	5	227000	温州市
振威展览集团北京振威展览有限公司	5	213000	广州市
广州闻信展览服务有限公司	4	212000	广州市
长城国际展览有限责任公司	7	210000	北京市
深圳市鹏城展览策划有限公司	2	200000	深圳市
诺展集团	3	200000	沈阳市
沈阳中展国际会展文化有限公司	6	199000	沈阳市
中原国际博览中心	4	199000	郑州市
哈尔滨长城国际展览有限公司	3	195000	哈尔滨市
广州市保利锦汉展览有限公司	3	192000	广州市
无锡博闻展览有限公司	2	190762	无锡市
德纳展览集团	4	190000	上海市
青岛家师傅展览服务有限公司	9	187000	青岛市
成都市天一展览服务有限公司	9	186000	成都市
广东国际科技贸易展览公司	2	185000	广州市
慧聪网	6	180000	北京市
辽宁深港展览服务有限公司	5	180000	沈阳市
湖南日报报业集团公司	3	177000	长沙市
通用国际展览有限公司	2	175000	北京市
北京汉威信恒展览有限公司	1	170000	北京市
励展华百展览(北京)有限公司	1	170000	北京市
励展博览集团励展华博展览(深圳)有限公司	5	169500	深圳市
郑州天天会展服务有限公司	6	163000	郑州市

续表

主办方	主办展会数量	主办展会总面积	所在城市
中国宏泰产业市镇发展有限公司	1	160000	北京市
中航文化有限责任公司	1	160000	北京市
厦门东方华艺文化传播有限公司	1	160000	厦门市
上海励莱展览服务有限公司	3	160000	上海市
深圳市联合车展管理有限公司	3	160000	深圳市
卡盟汽车网	2	158000	北京市
郑州天天广告有限公司	5	153000	郑州市
廊坊国际展览集团有限公司	7	151000	廊坊市
中工工程机械成套有限公司	1	150000	北京市
广州九州塔苏斯展览有限公司	2	145000	广州市
广东博昌展览服务有限公司	6	143400	广州市
中国电子器材总公司	3	142000	北京市
21世纪房车	2	140000	北京市
上海国际汽车城(集团)有限公司	3	140000	上海市
天津星际展览服务有限公司	5	140000	天津市
天津市轮创科技发展有限公司	3	140000	天津市
扬声创展(天津)文化传播有限公司	1	140000	天津市
长春国际会展中心	3	140000	长春市
磐基国际展览(北京)有限公司	5	138000	北京市
荷兰阿姆斯特丹RAI国际会展中心	3	135200	上海市
FCE展览公司	2	134000	广州市
甘肃三力会展服务有限公司	5	131000	兰州市
上海博万会展有限公司	3	130400	上海市
江苏三角洲国际会展有限公司	3	130000	无锡市

注：本报告仅统计组展商，政府主导型展会、综合性展会不在本报告统计之列，因而其组织者也未被纳入百强；本报告部分数据来源于中国国际贸易促进委员会主编的《中国展览经济发展报告（2019）》，经过数据筛选，剔除1家非大陆组展商，因此实际为99家。

其中，主办展会总面积超过100万平方米的组展商共有5家，与2018年相比增加2家。这5家组展商分别是：励展博览集团国药励展展览有限责任公司，主办展会总面积为164.83万平方米，其2018年主办展会总面积为73.9万平方米，同比增幅123％；中国国际展览中心集团公司，主办展会总面积为 153.4 万平方米，其 2018 年主办展会总面积为 135.87 万平方米，同比增幅 12.9%；中国汽车工业国际合作总公司，主办展会总面积为 142.5 万平方米；上海博华国际展览有限公司，主办展会总面积为 115.88 万平方米；广州市鸿威展览服务有限公司，主办展会总面积为 110.6 万平方米。主办展会总面积在 50 万~100 万平方米的组展商有 16 家，较 2018 年的 14 家增加 2 家。主办展会总面积在 20 万~50 万平方米的组展商有 35 家，占 35.35%。其余 43 家组展商主办展会总面积均在 10 万~20 万平方米，占 43.43%。与 2018 年相比，2019 年百强组展商的主办展会总面积整体强势上涨，头部组展商的组展实力迸发，主要体现在前五家组展商主办展会总面积同比上涨，50 万平方米以上的主办展会总面积大幅提升，由 2018 年的 1299.4 万平方米上涨到 2019 年的 1715.4 万平方米，涨幅达 32%，100 万平方米以上的主办展会总面积增长更快，2019 年达 687.2 万平方米，较 2018 年增幅达 89.5%，但主办展会总面积为 20 万~50 万平方米的组展商数量占比从 2018 年的 41.9%下滑到 2019 年的 35.35%，主办展会总面积为 10 万~20 万平方米的组展商数量占比从 2018 年的 39.78 上升到 2019 年的 43.43%。这些大型专业化展会规模不断增长的同时，新生力量不断地进行扩张。组展商是我国会展市场的亲历者和推动者，这一明显变动反映了中国经济大形势下超大规模专业化展会呈现强劲增长态势，中小型专业化展会也在不断扩张，以求突破新形势。

（二）中国组展商发展现状

1. 发展策略平稳，多样化、纵深化运营待加强

在全球消费升级、科技变革和产业转型加速的背景下，我国国际贸易、科技等多领域面临来自外部的巨大压力，进而给会展业发展带来一定程度的负面影响。在外部压力巨大的大环境下，国际会展业巨头正继续以品牌与资本的优势在中国市场持续扩张，其在中国会展市场的份额加速扩大，内部压力也持续增大。

与此同时，中国会展业正面临一系列由高速增长转向高质量发展的挑战。《全球展览晴雨表（第 24 版）》中，有关中国组展商当前战略优先级

分布主要表现为：20%的企业主要战略是在当前产品组合之外开发新活动，如数字化展会和服务；33%的企业想要维持现状，这些企业的战略目标仍然是平稳发展，按照过去的运营方式发展，如仍作为场馆、组织者或服务提供商；20%的企业想要两个方面同时发展，既维持现状又探索一些新的发展机会；27%的企业则希望根据自身目前的投资组合来开展未来运营活动，确定战略方向。[①]

除此之外，中国组展商当前战略方向结合地域风险表现为：79%的组展商发展战略维持现状，发展重心仍处于现有业务所在国家范围，而21%的组展商将在新国家开展业务。

2019年，中国境外办展主办机构共91家，出国办展132场，较2018年的135场稍有下滑，出国办展面积25.44万平方米，同比下降3.4%，出国办展企业1.3万家，同比下降19.4%。[②] 虽然中国境外办展主办机构有所增加，但出国办展面积、办展数量和企业数量均有所下滑，企业出国发展意愿较弱。由此可见，2019年大部分中国组展商发展策略仍保持平稳，战略模式维持现状，只有少部分组展商未来战略是创新发展方式、结合新兴技术手段，开拓新兴市场。

在全球经济走低的大背景下，随着全球经济发展不确定性加大，中美之间贸易、金融、科技等摩擦持续不断，中国会展业大部分选择平稳的整体发展策略，为更好完成我国会展业高质量转型和发展，整体上，会展业多样化和纵深化运营模式仍需加强。同时，需要构建并进一步完善以政策引领、产业先行、金融适配的体系，以增强市场化配置资源的能力，服务中国会展产业高质量发展。

2. 中国组展商整体概况

数据表明，我国会展业发展仍处于不平衡状态，主要表现为超一线城市，如北京、上海和广州优势显著，其他中西部地区与之仍有明显差距，值得欣

① UFI：《全球展览晴雨表（第24版）》，2020。
② 《中国展览经济发展报告（2019）》。

慰的是，二、三线城市齐发力，表现优异。截至2020年3月31日，中国UFI
会员共有201家，其中超过10家的城市共有5个，北京和上海UFI会员数分
别为29家和28家，共占28.36%；香港20家，占9.95%；广州16家，占
7.96%；深圳13家，占6.47%。拥有UFI会员数在3~10家的城市有12个，
成都9家、台湾8家、济南7家、澳门6家、南京6家、杭州5家、青岛4
家、武汉4家、长沙3家、贵阳3家、宁波3家、郑州3家，共占30.35%。
拥有UFI会员数在1~3家（不包含3家）的城市共有27个，共占13.43%
（见图13）。

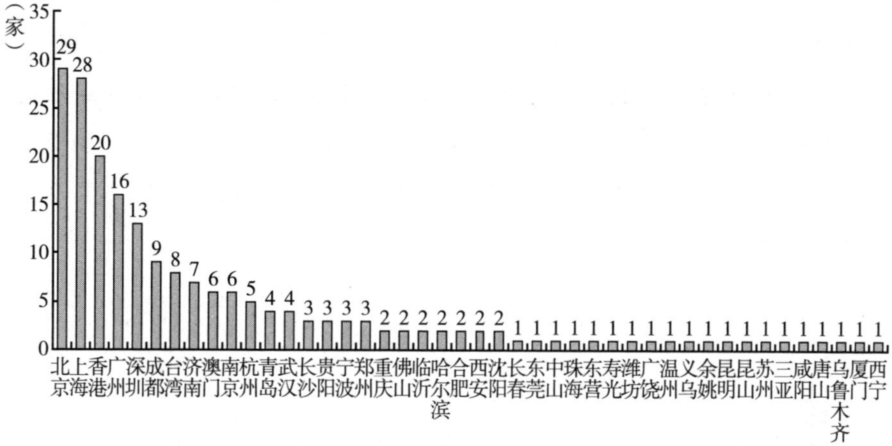

图13 截至2020年3月31日UFI中国组展商区域分布

资料来源：UFI网站。

由此可见，近年来二、三线城市发展迅猛，获得审核加入UFI会员的企
业数量增多，势头乐观，同时2019年组展商百强有二、三线城市加入。

从会展区域分布来看，我国会展格局总体持续16年呈现北京市、上海
市、广州市强劲发展的态势，同时迎来二、三线城市会展新业态。其中，北
京市、上海市、广州市UFI会员在2018年共主办展会401场，主办展会总
面积高达2617.57万平方米（见表4）。北京市、上海市、广州市三地的UFI
组展商年平均举办5.5场展会，远高于全国平均水平（1.35场），可见北京
市、上海市、广州市组展商实力强劲。

表 4 2018 年北京市、上海市、广州市 UFI 会员举办展览情况

	北京市	上海市	广州市
主办展会数量(场)	187	102	112
主办展会总面积(万平方米)	1208.73	709.44	699.4
UFI 会员组展商数量(个)	29	28	16
平均组展商办展数量(场)	6.45	3.64	7

资料来源:《中国展览经济发展报告(2019)》;UFI 网站。

除主办展会数量较多和主办展会总面积较大外,2019 年北京、上海、广州三地共 64 家组展商入围 2019 年专业展会组展商百强,占比高达 64.64%,较 2018 年下滑 5 个百分点,但劲头依旧强势。其中,北京再次超越上海,有 28 家组展商,上海下滑至 19 家组展商;广州有 17 家组展商,较上年增长 30.77%(见图 14)。此外,包括天津、沈阳等在内的具有竞争力的二、三线城市也齐发力,迅速发展,均有组展商上榜,表明二、三线城市的组展商实力在持续稳步提升。

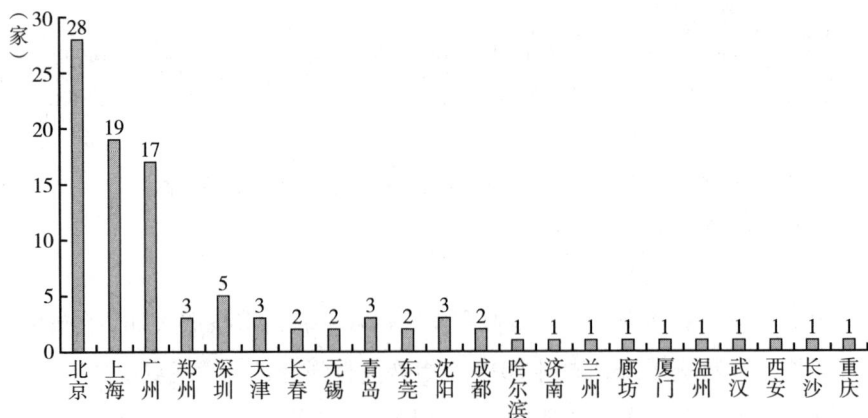

图 14 2019 年中国组展商百强所在地分布

资料来源:《中国展览经济发展报告(2019)》。

3. 企业数字化转型,推动服务能力升级

随着科技化的不断发展与延伸,企业的商业模式、招商招展渠道以及用

户的消费习惯已发生巨大变化，数字化转型成为会展企业发展的必经之路，全球会展业将真正迎来科技风潮。数字经济时代，大多数会展企业在2018年初将数字化转型列为一项年度计划中的重要工作，运用数字科技满足会展企业整体业务需求，进行组展商的商业模式重塑和组织架构重组。在全球经济增长乏力的形势下，数字经济被视为推动经济变革、效率变革和动力变革的加速器，撬动经济发展的新杠杆。会展企业通过数字化转型，实现数字展会与传统展会的融合创新和升级转型的双线会展模式，与传统展会互补，创新运营模式，共赢发展。

近年来，会展企业数字化过程的重心大部分放在业务系统网络化、线下业务网络化、客户信息采集网络化和构建数据库上。当前，智能签到、大数据采集、移动互联网应用，以及人脸识别等技术产品，被广泛地应用到国际展会上。通过AR/VR技术、人工智能技术，结合数据建模和拍摄技术打造"永不落幕"的展览会，从而推动会展服务的升级。数据显示，2020年4月2日，位于乌鲁木齐的四大家居建材卖场的30多个品牌1000多种商品参与新疆首届线上"家博会"，产品为市场上的主流畅销品牌，"家博会"首日涌入6.23万人次，直播间最高峰23691人次同时在线观看，1106人次下单，总订单1879单，成交额约为1500万元。① 由此可见，"云端"技术为会展经济提供了便利条件，推动了会展经济高质量发展。因此，充分地利用好技术手段，实现产业数字化升级、提升行业质量，已经成为全球会展业发展的共识。在此基础上，会展企业应该构建数字化战略，充分利用数字技术推出新展会产品和提供新展会服务，从而实现全渠道、运营、流程与业务模式的数字化变革，同时构建生动活泼、内容丰富的社区生态，实现新型数据增值服务，反哺线下会展活动，打造线上线下融合发展的数字化会展企业。

（三）上海组展商与上海国际会展之都建设

根据《上海市建设国际会展之都专项行动计划（2018—2020年）》，

---

① 《新疆首届线上"家博会"首日"涌入"逾6.2万人次》，中国新闻网，2020年4月3日，http：//www.chinanews.com/cj/2020/04-03/9146555.shtml。

到 2020 年，上海会展业配置全球资源的能力有望进一步提升，"上海会展"成为国际知名的城市名片。两届进博会成功在上海举办，对保障上海国际会展之都的地位起到了积极的推进作用。目前，上海国际会展之都建设态势已基本实现，根据《2019 年度中国城市会展业竞争力指数报告》，在 2019 年中国城市展览业发展综合指数评价中，上海为 122.265 分，超过北京的 96.431 分，为上海国际会展之都的建设注入强心剂。[①] 上海主办展会总面积距迈上 2000 万平方米台阶仅一步之遥，稳居全球展览城市之首，成为中国改革开放 40 年来巨大进步的最佳证明。在这个过程中，上海组展商功不可没，对上海国际会展之都的建设起到了不可或缺的推动作用。

1. 合资公司推进组展国际化

上海会展业近年来飞速发展，离不开上海组展商发展的推动，国际会展之都的确立并形成国际影响力，与本土会展业龙头企业的崛起不无关系，尤其是近年来国际组展商瞄准上海会展企业和展会项目，强强联合，组建了一批实力强劲的合资公司。根据《中国展览经济发展报告（2019）》，2019 年在华的 17 家跨国公司（含中外合资公司）业务发展平稳，共主办 116 场展会，总面积达 782.83 万平方米，展现了跨国公司规模化经营的水平。上海市会展业促进中心数据显示，到 2019 年底，上海共举办各类展会 1043 场，同比增长 1.07%，居全球主要会展城市之首。[②] 在此期间，大量外资展览企业来到上海，成为上海会展业最为活跃的组展商，全球综合排名前十的主要跨国会展集团都已在上海设立独资或合资企业。例如，上海博华国际展览有限公司，它是国内领先的商贸展会、会议活动和 B2B 在线贸易采购平台的主办机构，是于伦敦证券交易所上市的博闻集团（现已被英富曼公司收购）在中国的中外合资企业，由上海华展国际展览有限公司和博闻亚洲有限公司在 1998 年联合组建而成。2018 年，上海博华国际展览有限公司已拥有合资、合作和分公司 4 家，展览项目超过 60 个（其中上海项目 55 个），

---

① 《2019 年度中国城市会展业竞争力指数报告》。

② 上海市会展业促进中心网站，http://www.shanghai.gov.cn/nw2/nw2314/nw2315/nw31406/u2 1aw1423320.html? Phlnohdjmglngdbi。

主办展会总面积 135 万平方米，员工人数超过 450 人，通过扩张和收购关联展会，2019 年所有展会租馆面积达到 150 万平方米，并拥有 9 个 B2B 平台网站；2018 年 8 月，汉诺威米兰展览会（上海）有限公司宣布收购由广州市巴斯特会展公司主办的中国（广州）国际物流装备与技术展览会，并与巴斯特会展公司合资成立汉诺威米兰佰特展览（广州）公司。诸如此类的会展老牌国际强企与上海本土会展企业所组建的合资公司正在推进组展国际化进程。

2. 集团化企业布局全产业链，推动建设世界强企

会展集团作为组展商中实力强大的存在，拥有会展全产业链资源，业务涵盖了展馆运营、展览组织、会议活动赛事、会展服务等会展产业链核心业务。其按照集团化经营方式，主承办展会规模居国内前列，具备会展完整的产业链、大型展会的强组展能力、先进的展馆管理经验等多个方面的核心竞争优势。

上海的会展集团积极布局会展全产业链，提升自身盈利能力，加快上海建设国际会展之都的进程。代表案例是兰生重组。2020 年 3 月 6 日，兰生股份发布了重组草案，拟以兰生轻工 51% 股权与东浩兰生集团持有的会展集团 100% 股权的等值部分进行置换。同时，兰生股份拟向东浩兰生集团以发行股份及支付现金的方式购买置入资产与置出资产交易价格的交易差额部分。交易完成后，会展集团成为上市公司的全资子公司，上市公司将转型成为会展全产业链资源型公司，具有很好的盈利能力和发展前景。东浩兰生集团党委书记、董事长王强表示，2020 年，东浩兰生集团要加大改革力度，让其上市公司成为一家专业会展企业，从而使东浩兰生集团的会展产业进入世界同行业的第一梯队，成为代表上海这个国际会展之都参与全球竞争的主力军。3 月底此项重大资产重组方案将进入股东大会表决，一旦表决通过，意味着上海首个大型国有会展业上市公司将正式起航。

上海会展业发展的机遇正是会展集团发展的机遇，必然会在充分受益于上海市的会展支持政策的同时，积极努力助力上海市实现构建国际会展之都这一目标。

3.产融结合助力企业创新、产业整合

全球会展业领先的国家，充分利用基金的推动作用，尤其是在支持企业创新，推动行业并购整合，打造出世界领先的会展企业过程中，发挥了重要作用。当前，中国会展业虽已建立起较为完善的需求供给体系，但整体还以过去的市场方式为主，缺乏市场化的金融工具来为会展业注入新动力，推动行业新旧动能的转换。面对会展业变革所呈现的机遇和挑战，上海充分发挥了作为国际会展之都的表率作用，学习发达国家成熟会展经验，利用资本推动产业整合和行业优化升级。2019年6月，中国会展业的第一支产业基金下海试航，在上海召开的国际展览业 CEO 上海峰会上中国首支聚焦会展产业的股权投资基金"上海会展产业股权投资基金"启动，该基金目标总规模30亿元，首期规模10亿元，基金由东浩兰生（集团）有限公司、瑞力投资和华麟资本共同组建管理的公司运营。由此可见，会展业基金将成为推动会展业资本化的一股新浪潮。

上海会展产业股权投资基金的设立，标志着我国会展业发展与金融服务相融合，在助力会展企业创新、产业整合上迈出了重要一步。未来，上海会展产业股权投资基金将深耕行业，以开放融合、价值创造为宗旨，积极参与会展企业创新和行业整合，助力打造国际领先的中国会展强企，对上海国际会展之都建设、为中国会展业高质量发展做出贡献。

2018~2019年全球商展动态评估报告

中外会展业动态评估研究报告课题组*

摘　要： 商展是商贸类展会的统称，是以经济建设为中心、服务国内外市场的贸易沟通渠道和商务交往平台。本报告对2018年世界商展百强及2019年中国商展发展进行研究发现，百强商展展出总面积2195万平方米，其中西欧实力雄厚，德国以50个商展证明了其稳固的"霸主"地位，中国上榜的商展总面积占全球的23%。就中国商展而言，全年不同规模的展览总数达11033场，其中，上海发展实力强劲，展览数量占全国的10%左右。随着产业格局的逐渐形成，未来我国商展需要在增加"量"的同时逐步提升"质"，进一步朝规模化、专业化、品牌化、国际化方向发展，发挥展会对经济的带动作用。

关键词： 商展百强　智慧会展　虚拟展会

一　2018年世界商展百强情况

（一）基本背景：世界经济形势动荡，世界商展稳步发展

2018年世界经济发展遇阻，单边主义、保护主义等势力对世界经济秩序与地缘政治产生影响。例如，美国的税改政策推动了美国跨国公司利润回

---

* 执笔人为张敏，博士，上海会展研究院执行院长、上海大学会展专业教授、博士生导师，研究方向为会展沟通与企业间市场；刘鑫鑫，硕士，上海会展研究院实习研究员，研究方向为会展沟通；郑钰杰，硕士，上海会展研究院实习研究员，研究方向为会展沟通。

流和产生了相关副作用，导致 2018 年上半年全球外国直接投资（FDI）同比下降 41%。① 2018 年世界 GDP 并没有延续 2017 年的上升势头，该年度增长率按购买力平价（PPP）计算约为 3.7%、按市场汇率计算约为 3.2%，增速与上一年持平。②

在此情况下，世界商展总体发展较为平稳。2018 年，世界商展百强展出总面积 2195 万平方米，较上年的 2124.31 万平方米增加 70.69 万平方米，单展平均面积 21.95 万平方米，与上年的 21.24 万平方米相比增加 0.71 万平方米。在世界商展百强中，西欧实力雄厚，展出面积占总面积的 69.53%，与总体经济形势一致，百强中德、法、意的展出面积皆略有收缩。2018 年欧元区总体增速放缓，该年前三季度，欧元区经济同比分别增长 2.4%、2.2% 和 1.7%，均未超过 2017 年欧元区 2.4% 的全年经济增长。虽经济增长受阻，但德国依旧独占鳌头，2018 年世界商展百强中该国总展出面积约为 1075.2 万平方米，约占百强商展总面积 49%，总展出面积较上年的 1101.87 万平方米减少了 26.67 万平方米。

中国方面，2018 年虽中国出现贸易摩擦，但中国经济依旧保持了总体稳中有进的发展态势。GDP 达 90.0309 万亿元，比上年（82.7122 万亿元③）增加了近 8 万亿元，全年同比增长 6.6%。④ 2018 年中国商展市场实力进一步提升，共 23 个商展进入百强，总展出面积 502.3 万平方米，占百强总面积的 22.88%，较上年的 461.9 万平方米增加 40.4 万平方米，其中有 4 个商展进入百强前列。

本报告参考中外权威资料进行分析，针对商展规模、地理分布、发展动

---

① 《2018 年世界经济进入"平顶期"》，中国经济网，2018 年 12 月 21 日，http://views.ce.cn/view/ent/201812/21/t20181221_31082274.shtml？from=groupmessage&isappinstalled=0。

② 《2018~2019 年世界经济形势分析与展望》，中国社会科学院世界经济与政治研究所网站，2018 年 12 月 29 日，http://www.iwep.org.cn/xscg/xscg_sp/201812/t20181229_4803914.shtml。

③ 《中华人民共和国 2017 年国民经济和社会发展统计公报》，中国政府网，2018 年 2 月 28 日，https://www.gov.cn/guowuyuan/2018-02/28/content_5269506.htm。

④ 《中华人民共和国 2018 年国民经济和社会发展统计公报》，中国政府网，2019 年 2 月 28 日，https://www.gov.cn/xinwen/2019-02/28/content_5369270.htm。

态、产业布局等进行重点剖析，并进一步归纳世界商展 5 年内的发展趋势，以掌握世界会展业基本情况，并总结特征与规律。此外，本报告通过综合整理现有资料，分析国际商展发展特点，预测世界会展业未来发展方向，并探讨中国商展扮演的国际角色。

（二）2018年商展百强动态

1. 入选门槛

世界商展百强是《进出口经理人》杂志对世界特定范围内的贸易展览进行评定所发布的榜单，各商展的国际参展商数量需占总数的 20% 以上，以每个商展的展览面积为主要依据。2019 年 7 月，《进出口经理人》杂志发布"世界商展 100 大排行榜"，使用 2018 年 12 月 31 日之前的最新展览数据进行排序，也就是说实际使用的数据为 2018 年。

"世界商展 100 大排行榜"于 2008 年第一次发行，至 2019 年已发行 12 次。2007 年平均单展面积最低门槛为 9.9 万平方米，2015 年提升至 12.28 万平方米，2018 年确定为 12.4 万平方米。在此 12 年中，百强的平均单展面积虽略有浮动，但总体呈上升趋势。在 2018 年的数据中，德国展览平均面积较上一年减少 0.1 万平方米，并首次低于"世界商展 100 大排行榜"平均单展面积，这是 12 年中德国展览平均面积的第三次收缩，前两次分别出现于 2010 年与 2015 年（见图 1、表 1）。中国展览平均面积稳健上涨，2018 年较上一年增加 0.8 万平方米，且首次超越德国。由此可见，2018 年世界经济增长放缓对中国会展业的负面影响有限，并没有直接阻碍该年中国会展实力的提升。中国会展业依然需要砥砺前行，为缓和世界贸易摩擦与维护世界经济健康发展做出力所能及的贡献。

2. 百强动态分析

在 2018 年世界商展百强国家分布中，德国以 50 个商展证明了其稳固的"霸主"地位，紧随其后的依次是中国（23 个商展）、意大利（12 个商展）、法国（7 个商展）、美国（5 个商展）。此外，瑞士、俄罗斯、阿联酋均为 1 个商展（见表 2）。纵观 2007~2018 年世界商展百强国家分布情况，

2018 年阿联酋第一次出现在世界商展百强的舞台上。然而近几年，西班牙与英国分别在 2015～2018 年与 2017～2018 年暂时离开。

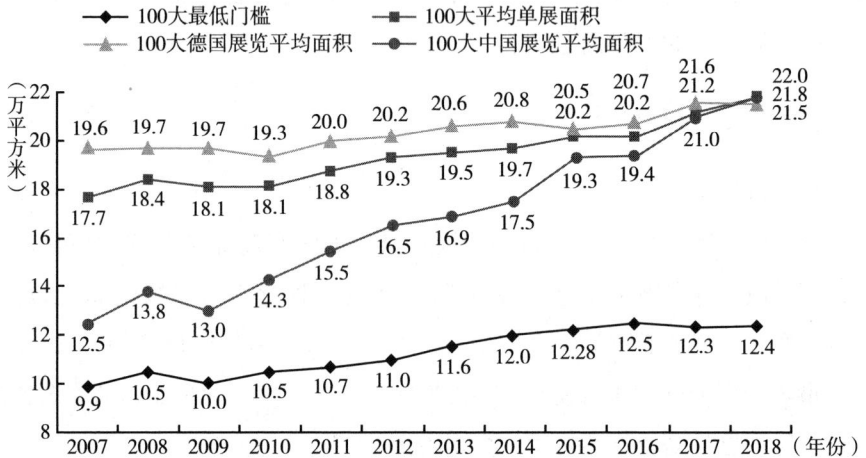

图 1　2007～2018 年世界商展百强平均面积变化趋势

资料来源：《进出口经理人》"世界商展 100 大排行榜"。

表 1　2007～2018 年世界商展百强平均面积变化情况

单位：万平方米

	2007年	2008年	2009年	2010年	2011年	2012年	2013年	2014年	2015年	2016年	2017年	2018年
100 大最低门槛	9.9	10.5	10.0	10.5	10.7	11.0	11.6	12.0	12.28	12.5	12.3	12.4
100 大平均单展面积	17.7	18.4	18.1	18.1	18.8	19.3	19.5	19.7	20.2	20.2	21.2	22.0
100 大德国展览平均面积	19.6	19.7	19.7	19.3	20.0	20.2	20.6	20.8	20.5	20.7	21.6	21.5
100 大中国展览平均面积	12.5	13.8	13.0	14.3	15.5	16.5	16.9	17.5	19.3	19.4	21.0	21.8

资料来源：根据《进出口经理人》"世界商展 100 大排行榜"数据整理。

西欧与北欧方面，2018 年德国、法国、瑞士较上一年均减少 1 个，而意大利增加 1 个。德国一如既往地引领世界商展市场，但在 2018 年世界商展十强中，德国只保留了 2 个老牌商展，同时柏林国际水果蔬菜博览会作为新秀第一次进入百强。十强中，意大利占 2 个、法国占 1 个，而瑞士仅有 1 个商展在 2018 年的百强行列中。

中国方面，与上年相比，2018年世界商展百强中的中国商展总数量增加1个，且十强里中国占4个，较上年增加1个。其中，2018年首届中国国际进口博览会空降百强，同时中国国际工业博览会首次进入百强。

美国与俄罗斯表现稳定，两国进入2018年世界商展百强的成员与上一年完全相同，分别为5个与1个。其中，美国拉斯维加斯工程机械展在2014～2018年始终保持在百强前十，而俄罗斯莫斯科国际航空航天展在2016～2018年均以18万平方米的展出面积保持在百强中段。

阿联酋凭借创立于1980年的中东迪拜五大行业展览会（BIG 5）以12.96万平方米的展览面积首次进入百强。该展览会涉及建筑、建材、能源及服务领域，并长期由迪拜世界贸易中心（Dubai World Trade Centre）承办，这也是迪拜最先进的展馆。该展览会在百强中出现并不是偶然，迪拜作为中东的金融经济中心，其得天独厚的地理区位连接了东西方两个市场，并发挥了填补双方交易市场上"金融真空"的关键作用[①]，可辐射到广阔的国际市场。

表2　2007～2018年世界商展百强国家分布情况

单位：个

年份	德国	法国	瑞士	意大利	中国	美国	俄罗斯	阿联酋	英国	西班牙
2007	62	7	1	11	4	8	1	0	2	4
2008	59	8	1	10	6	9	1	0	2	4
2009	58	7	1	8	14	7	1	0	1	3
2010	56	7	1	11	14	7	1	0	1	2
2011	56	6	1	12	17	3	2	0	1	2
2012	54	7	2	12	18	4	2	0	0	1
2013	53	7	2	11	19	5	2	0	1	1
2014	50	9	2	10	20	5	1	0	1	1
2015	52	8	2	12	20	4	1	0	1	0
2016	51	9	2	11	22	4	0	0	1	0
2017	51	8	2	11	22	5	1	0	0	0
2018	50	7	1	12	23	5	1	1	0	0

资料来源：根据《进出口经理人》"世界商展100大排行榜"数据整理。

---

① 《迪拜国际金融中心：正在迅速崛起的中东金融中心》，中国驻迪拜总领事馆经济商务处网站，2007年9月21日，http://dubai.mofcom.gov.cn/aarticle/ztdy/200709/20070905122287.html。

（三）2014~2018年世界商展百强变化

1.百强总展出面积整体上升，中国商展面积稳步扩大

2014~2018年世界商展百强的总展出面积呈上升态势，平均增长率约为3%。除了2016年的总展出面积呈-0.11%的增长以外，其他年份的总展出面积增长率均高于3%，其中2017年的增长率高达5.18%，2018年的增长率放缓为3.33%（见图2）。

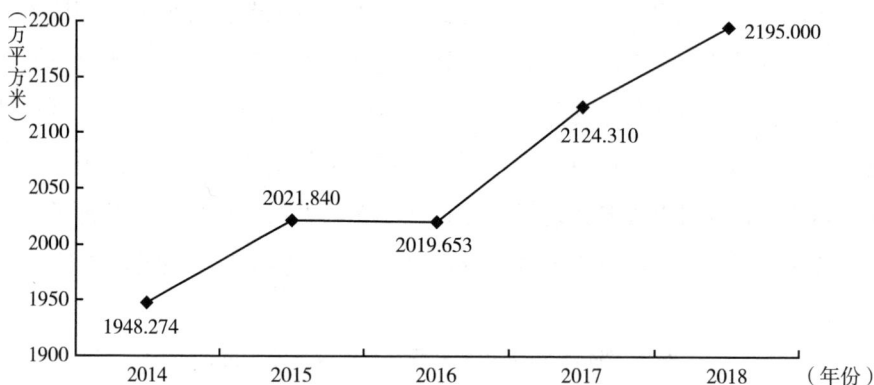

图2　2014~2018年世界商展百强的总展出面积变化趋势

资料来源：根据《进出口经理人》"世界商展100大排行榜"数据整理。

在百强中，2014~2018年各国的展出总面积变化情况各有不同。其中，德国略有波动，且上升趋势不明显，总展出面积极差为66.44万平方米；中国总体呈现稳定的连续上升趋势，2018年较2014年增加170.308万平方米（见图3），且中国2014~2018年的平均增长率高达10.91%，远远超过3%的世界百强平均水平。

2.美国、法国单展实力雄厚，中国商展引领国际趋势

2014~2018年，世界商展百强的平均单展面积从19.7万平方米增加至22.0万平方米，五年的平均单展面积为20.66万平方米。五年中仅有六国始终保持在百强行列，这六国的平均单展面积分别为美国23.42万平方米、法国22.16万平方米、德国21.13万平方米、意大利20.16万平方米、中国19.80

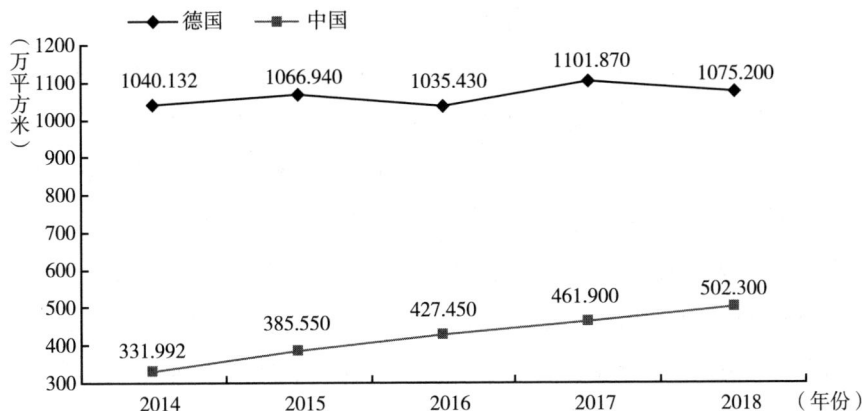

图3 2014～2018年德国与中国入围世界商展百强的总展出面积变化趋势

资料来源：根据《进出口经理人》"世界商展100大排行榜"数据整理。

万平方米、瑞士13.93万平方米。表3按照面积由大到小，总结了2014～2018年世界商展百强平均单展面积靠前的国家变化情况。其中，2015～2018年，美国与法国始终居于前列，可见两国的单展实力雄厚，展会规模庞大且市场稳定。

表3 2014～2018年世界商展百强平均单展面积靠前的国家变化情况（由大到小）

2014 年	2015 年	2016 年	2017 年	2018 年
西班牙	美国	美国	美国	美国
美国	法国	法国	法国	法国
德国	德国	德国	德国	意大利
法国	意大利	中国	中国	中国
意大利	中国	意大利	意大利	德国
中国	俄罗斯	瑞士	俄罗斯	俄罗斯
俄罗斯	瑞士	英国	瑞士	瑞士
瑞士	英国			阿联酋
英国				

资料来源：根据《进出口经理人》"世界商展100大排行榜"数据整理。

德国方面，2014～2017年该国平均单展面积始终保持在世界前列，但2018年该国被意大利与中国超越，且第一次低于百强平均单展面积。这一变化与德国该年的百强席位和总展出面积的发展趋势一致，可见2018年德国会展业表现欠佳。通过德国商展的名单比对发现，长期处于世界前列的汉诺威消费电子、信息及通信博览会缺席，这可能直接影响了德国入围世界商展百强的统计数据。该展览会曾是全球规模最大的信息、通信和软件领域的权威展览会，成立于1986年，连续办展33年。但科技更迭与市场转型导致该展览会的展位预订量与观展人次锐减，最终展会方于2018年11月28日宣布取消2019年大展，而其工业部分被整合到汉诺威工业博览会中。①

2014~2018年，中国平均单展面积整体呈上升趋势，其与世界百强平均单展面积间的差距迅速缩小，这说明中国展会的单展规模愈加接近国际水平，中国会展实力持续增强。同时，中国在世界商展百强中席位的增加与单展实力的大幅提升使世界商展百强单展面积与中国单展面积的总体变化趋势日渐趋同，体现了中国会展业发展对世界会展市场的关键作用，这也预示了中国会展业要主动承担国际市场责任，以助力维系国际会展业的稳定与繁荣。

3. 老牌展会规模升级，欧洲商展实力削弱

2018年世界商展百强较2017年新出现了8个商展，其中德国3个、中国3个、意大利1个、阿联酋1个（见表4）。在这8个商展中，2014~2018年第一次进入世界商展百强的共5个，除了成立于2018年的中国国际进口博览会以外，其余4个商展均为成立于2000年以前的老牌商展，分别为意大利米兰国际手工艺品展销会、中国国际工业博览会、德国柏林国际水果蔬菜博览会、阿联酋中东迪拜五大行业展览会，其中中东迪拜五大行业展览会历史最为悠久，成立于1980年。可见，随着世界市场的动态发展，一部分老牌商展也在积极应对市场变化，进行有效的策略调整与规模扩大，从而重新进入世界商展百强。

除新进入百强的8个商展以外，2018年共有22个商展的位置较2017年有所提升，其中中国9个、德国7个、意大利4个、美国2个，另有8个商展的位置保持不变。

---

① Koen Stegeman, CEBIT 2019 Cancelled after Dropping Visitor Numbers and Reduced Space Bookings, 28 November 2018, https：//hostingjournalist.com/news/cebit－2019－cancelled－after-dropping-visitor-numbers-and-reduced-space-bookings/.

表4 新出现于2018年世界商展百强中的商展情况

单位：万平方米

名称	面积	国家	城市	成立时间
米兰国际手工艺品展销会	32.00	意大利	米兰	1995年
中国国际工业博览会	28.80	中国	上海	1999年
中国国际进口博览会	27.00	中国	上海	2018年
柏林国际水果蔬菜博览会	13.75	德国	柏林	1993年
香港珠宝首饰展览会	13.50	中国	香港	1990年
德国杜塞尔多夫国际葡萄酒烈酒贸易博览会	13.22	德国	杜塞尔多夫	1994年
中东迪拜五大行业展览会	12.96	阿联酋	迪拜	1980年
科隆国际办公家具及管理设施展览会	12.69	德国	科隆	1953年

资料来源：《进出口经理人》"世界商展100大排行榜"；Orgatec，http：//www.orgatec.cn/UploadFiles/2019-08/0/2019082621442765437.pdf。

2018年共有70个商展的位置较2017年有所下滑，其中有8个商展退出世界商展百强，各国位置下滑的商展数量与占比如表5所示。数据显示，世界商展百强间竞争激烈，且欧洲商展的整体位置明显下滑。欧洲整体商展实力略有削弱，体现了世界商展重心发生偏移的趋势。

表5 2018年各国较2017年位置下滑的商展数量及其占比

单位：个，%

地理分布	国家	2017年各国世界商展百强数量	2018年各国较2017年位置下滑的商展数量	各国位置下滑的商展数量占比
欧洲	瑞士	2	2	100.0
	俄罗斯	1	1	100.0
	法国	8	7	87.5
	德国	51	41	80.4
	意大利	11	6	54.5
亚洲	中国	22	11	50.0
美洲	美国	5	2	40.0

资料来源：《进出口经理人》"世界商展100大排行榜"。

（四）世界商展百强题材与产业布局

1. 数量占比

从展品属性看，在2018年世界商展百强中主营轻工业品的商展数量占绝对优势，占 58%，而重工业品的商展只占 26%。具体来说，重工业品为国民经济各部门提供物质基础，包括采掘工业、原材料工业、加工工业；轻工业品主要包括生活消费品和制作工具。此外，4% 的商展提供服务产品，包括世界医疗论坛国际展览会及会议、米兰国际酒店餐饮展、科隆国际游戏展、柏林国际旅游展。同时，有 12% 主营行业综合的商展，其展品涉及生产资料、生产消费资料与技术服务等全线产品，即主营展品种类丰富，囊括了重工业品、轻工业品与服务产品（见图 4）。

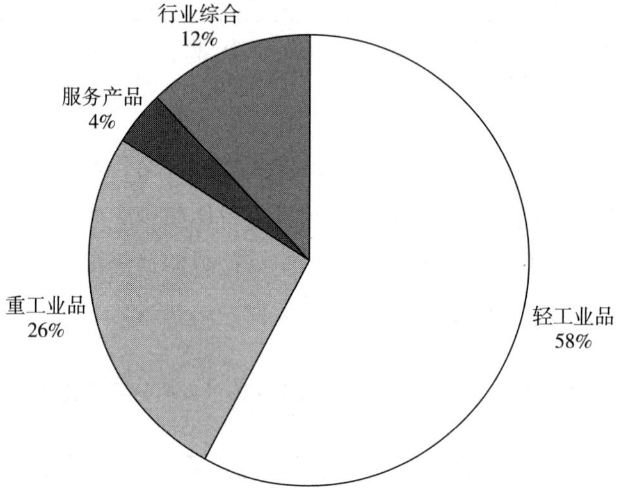

图 4　2018 年世界商展百强主营展品属性占比

资料来源：根据《进出口经理人》"世界商展 100 大排行榜"数据整理。

对 2018 年世界商展百强进行所属行业的题材统计，经筛选与合并共有 18 个主题类型（见图 5）。第一，交通类、工业/机械/加工类、建筑类商展以绝对的数量优势领先，体现了当前社会阶段对于基础生产资料、基础设施与物流运输的迫切需求。第二，与消费者直接相关的文教休闲类、食品类、生活与办公类、时尚类商展数量各占 5% 及以上，此类快消品商展的大量举办证明了商展对于快消品消费的巨大推动作用，与此同时产业发展需求反哺展会助力提升展会规模和展品质量。第三，2018 年世界商展百强中有 2 个综合类商展，分别为中国国际进口博览会与中国—东盟博览会，这 2 个综合类商展展品丰富，包含了各类重工业品、轻工业品、服务产品等。值得注意的是，这2个综合类商展均来自中国，直观展现了主办国全方位、多领域对外开放的发展理念和积极寻求国际合作与共赢的贸易态度。

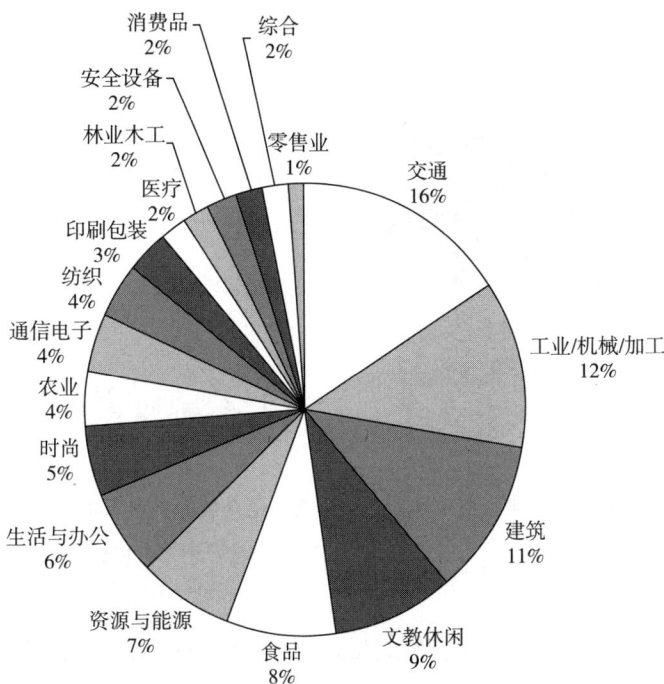

图5　2018年世界商展百强主题分布情况

资料来源：根据《进出口经理人》"世界商展100大排行榜"数据整理。

2. 面积占比

2018年世界商展前十强的主营展品均为工业品，其中8个为重工业品，2个为轻工业品，主要分布于5个主题，包括工业/机械/加工、农业、建筑、交通、资源与能源，各主题的商展展出面积占比如图6所示。由此可以看出，与生产资料直接相关的重工业品，如工业/机械/加工、农业主题展以展出面积的绝对优势引领世界商展前十强，其中工业/机械/加工类商展有4个，农业类商展有2个。2个主题在世界商展前十强中的合计展出面积为277.46万平方米，展览体量庞大，共占世界商展前十强总面积的72%。由此可见，国际市场中的生产类机械产品种类丰富，优秀展会数量多且实力雄厚，同时市场需求稳定而巨大。

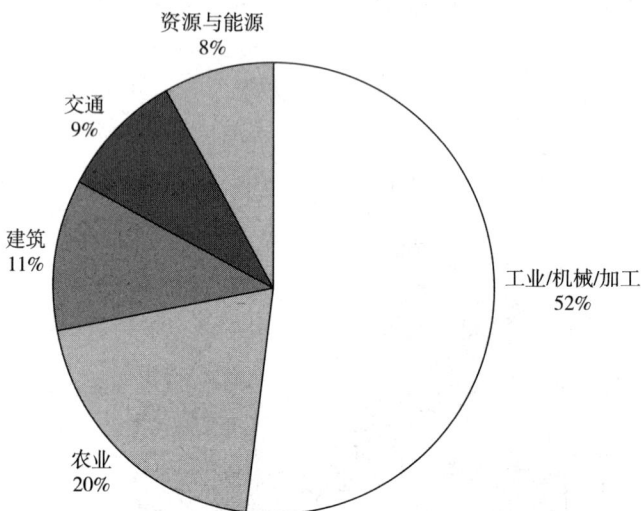

图6　2018年世界商展前十强中各主题商展的展出面积占比

资料来源：根据《进出口经理人》"世界商展100大排行榜"数据整理。

针对2018年世界商展百强各主题商展展出面积的统计，呈现了与前十强不同的展览情况。在百强中，交通类商展展出面积较大，为363.8万平方米（见表6），占总展出面积的16.6%（见图7）。具体来看，百强中交通类商展数量最多且消费市场广阔，一部分B2B交通类商展直接面向需求庞大的各类生产部门，另一部分B2C交通类商展则面向具有日常空间移动需求的终端消费者，同时，交通类商展展品以重工业品为主，依据产品的体积特征，重工业品的展出面积需求通常大于轻工业品，这也间接决定了商展的面积需求。而与生产部门直接相关的工业/机械/加工类商展的实力依然强大，市场需求稳定，且具有强大的购买力。文教休闲类商展虽没有出现在前十强商展中，但总展出面积171.18万平方米，其展品以服务产品与轻工业品为主，展出内容包括旅游、酒店、体育、游戏、玩具与图书，此类主题消费市场活跃，与大众消费联系紧密。值得注意的是，虽然在前十强统计中农业类商展凭借2个商展（汉诺威国际农业机械展览会、博洛尼亚国际农机及园艺机械展览会）展出面积占比为20%，但在百强统计中其仅有4个商展入围，展出面积占比为5.6%，说明这2个农业类商展规模较大，但总体农业类商展实力一般。

表6 2018年世界商展百强各主题商展展出面积

单位：万平方米

商展主题	交通	工业/机械/加工	建筑	文教休闲	资源与能源	食品	农业	生活与办公	时尚
展出面积	363.8	344.02	222.42	171.18	169.18	138.25	123.32	117.89	109.54
商展主题	纺织	通信电子	印刷包装	消费品	医疗	综合	林业木工	安全设备	零售业
展出面积	74.7	73.78	65.61	50.85	41.3	39.4	37.06	32.02	20.68

资料来源：根据《进出口经理人》"世界商展100大排行榜"数据整理。

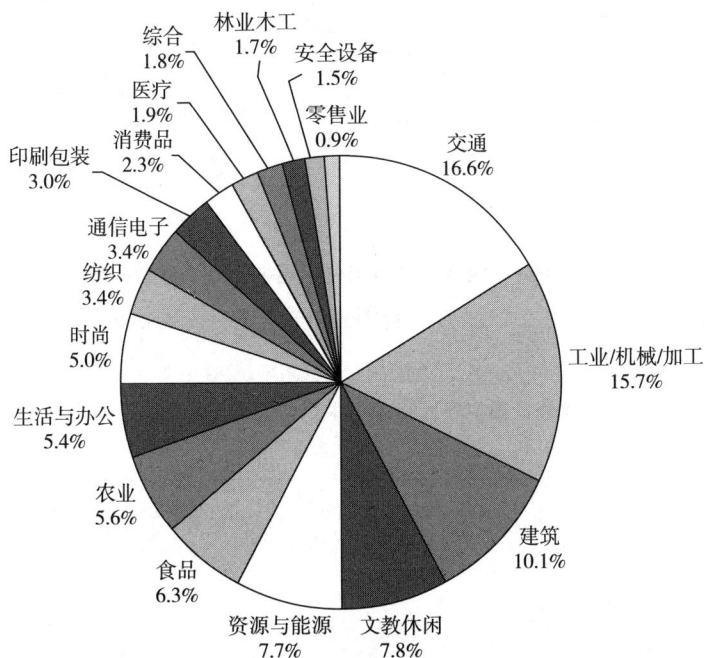

图7 2018年世界商展百强各主题商展展出面积占比

资料来源：根据《进出口经理人》"世界商展100大排行榜"数据整理。

3. 中国题材数量与面积

2018 年世界商展百强中中国商展共 23 个，涉及 11 个主题类型，相较于世界百强的 18 个主题类型缺少了 7 个主题类型的展会（见图 8）。在这 11 个主题类型中，中国商展数量占 50% 及以上的类型有纺织类、综合类与林业木工类；占比低于 20% 的有交通类、建筑类、文教休闲类与食品类（见表 7），因此在这些主题中，中国商展还有充足的发展空间。

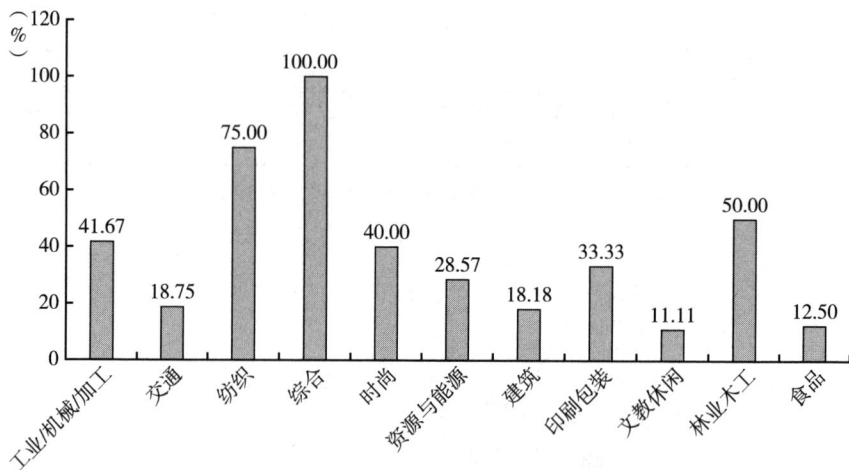

图 8 2018 年世界商展百强各主题中国商展数量占比

资料来源：根据《进出口经理人》"世界商展 100 大排行榜"数据整理。

表 7 2018 年世界商展百强中各主题中国商展的数量及其占比

单位：个，%

	工业/机械/加工	交通	纺织	综合	时尚	资源与能源	建筑	印刷包装	文教休闲	林业木工	食品
世界商展百强数量	12	16	4	2	5	7	11	3	9	2	8
中国商展数量	5	3	3	2	2	2	2	1	1	1	1
中国商展数量占比	41.67	18.75	75.00	100.00	40.00	28.57	18.18	33.33	11.11	50.00	12.50

资料来源：根据《进出口经理人》"世界商展 100 大排行榜"数据整理。

为体现 2018 年世界商展百强中各主题中国商展规模，本报告将中国与世界商展百强的各主题平均单展面积进行比较。差值的计算方法为 X−Y（中国平均单展面积−世界百强平均单展面积），差值为正数则表明 X 大于 Y，即中国平均单展面积更大。如表 8 所示，中国的交通类、建筑类、文教休闲类平均单展面积均大于世界百强平均单展面积，而中国的资源与能源类、印刷包装类平均单展面积均小于世界百强平均单展面积 5 万多平方米。此外，中国未能入围的 7 个主题分别为农业、通信电子、医疗、安全设备、零售业、消费品和生活与办公，这些主题值得中国商展继续开拓。

表 8　2018 年世界商展百强中中国与世界的各主题平均单展面积

单位：万平方米

	工业/机械/加工	交通	纺织	综合	时尚	资源与能源	建筑	印刷包装	文教休闲	林业木工	食品
中国平均单展面积	24.78	27.33	17.57	19.70	19.75	19.00	28.8	16.00	22.000	15.00	16.20
世界百强平均单展面积	28.67	22.74	18.70	19.70	21.91	24.17	20.22	21.87	19.02	18.53	17.28
差值	−3.89	4.59	−1.13	0	−2.16	−5.17	8.58	−5.87	2.98	−3.53	−1.08

资料来源：根据《进出口经理人》"世界商展 100 大排行榜"数据整理。

结合前文数据，虽然中国交通、建筑、文教休闲这三类商展的数量在百强中占比较小，但中国这几类商展平均单展面积都在世界百强平均单展面积之上。所以，中国未来在继续拓宽这些主题商展市场的同时，需要始终保持强势商展的绝对优势，而对于小于世界商展百强平均单展面积和缺席世界商展百强主题的商展，中国需要积极关注与调整策略。

（五）世界商展未来发展趋势

1. 跨界融合趋势继续加深

会展经济对当地经济发展与社会功能优化有着十分显著的推动作用。目前，互联网与人们的日常生活紧密相连，互联网正逐步迈向与万物相连的物联网阶段，而后物联网所带来的跨界融合创新将带领社会进入新的发展模式。融合可以理解为"各种主题与对象的有机结合"①，在会展中将演化成为会展服务与展会参与者、展览现场间的关联与互动，也可理解为上下游产业间的互通合作。跨界融合要求项目运营管理者将不同资源进行科学整合，形成一个整体从而实现资源利用最大化，而会展业作为贯通上下游产业的中间媒介在跨界融合的渗透下能更好地发挥其作用。目前，展览信息系统作为跨界融合的一种表现形式在全球范围逐渐普及，而在世界级商展中更是得到普遍运用。信息技术服务已成为展会质量的一大重要参考标准，具有提升会展品牌价值的关键作用。会展现场信息的实时留存管理大大提高了产业间的数据交换率与使用率，可给相关联的产业与企业带来双赢，这是由于产业间各部门存在相同或重叠的目标市场，而产业经济一体化的资源共享有助于实现高效的营销与管理。

在会展服务方面，融合概念亦减亦加。减法融合是指通过融合淘汰多余的展会服务，例如，历史悠久、影响力巨大的汉诺威消费电子、信息及通信博览会在产业融合的趋势下离开世界舞台。正是因为跨界融合的高效率资源利用，使内容上与其有重叠且展示方式优于其的汉诺威工业博览会等相关行业展会替代了其服务功能。汉诺威消费电子、信息及通信博览会的展览经验数据及资源将会分流至相关的展会中加以利用，以避免资源浪费与市场泡沫，有助于衍生新的且必要的服务项目。

加法融合是指在原服务的基础上进行横向或纵向的延伸服务，如中国—东盟博览会采用"一主多专，巡展并行"的服务模式，通过"融合"在同一时间、地点为同一客户群体提供与主展相关的系列活动，最大限度地为参展商提供商机并为消费者提供选择。② 此外，在产业结构方面，与展会关联

---

① 栗婧雯、逯晓蕾：《新商业时代下会展经济跨界融合发展模式的探究》，《现代营销》（经营版）2020年第2期。

② 《展与会融合渐成会展业新趋势》，中国贸易新闻网，2018年1月11日，https://www.chinatradenews.com.cn/huizhan/201801/11/c9424.html。

的物流、酒店、餐饮、通信、金融等部门都同时服务于同一对象。① 数据的共享与利用可以极大程度地对客户进行个性化服务与精准营销，亦可以促成甲乙双方共赢的局面。

2. 欧美会展业保持稳定，世界展览重心东移

会展业具有资源配置的作用。目前，世界展览重心继续向东偏移，体现了亚洲地区市场供给能力与市场服务能力的升级，但欧洲会展业历史悠久且极高的产业化发展程度依然引领着世界会展业。欧洲市场环境孕育了完善的会展业，包括基础设施、法律法规、展览机构、会展品牌与会展协会等，产业体系健全且发展稳定，是世界会展业学习的对象。德国作为欧洲会展"霸主"，更是呈现了多个会展城市共同繁荣的产业生态图景，在 2018 年世界商展百强中，来自德国各地的 50 个商展，分布于 7 个城市，包括科隆 11 个、汉诺威 9 个、杜塞尔多夫 8 个、法兰克福 7 个、慕尼黑 7 个、柏林 5 个、纽伦堡 3 个，一同展现了德国会展城市产业群的强大力量。以美国为中心的美洲会展业虽办展历史不及欧洲，但依靠其宽阔的世界级平台与稳定的市场需求，迅速在世界会展中占有一席之地，这主要体现为巨大的平均单展面积。以 2018 年为例，进入世界商展百强的美国商展平均单展面积约为24.5 万平方米，高出当年世界商展百强平均单展面积 11.6%。

近些年，中国会展业多元化、全方位、高增长的发展状态，② 是加速世界会展中心东移的一大原因。对标德国会展城市群的发展状态，中国逐渐进入了多个会展经济圈共同发展的阶段，主要包括环渤海、长三角、珠三角会展城市群和中西部地区等。在 2018 年世界商展百强中，23 个中国商展来自6 个城市，包括上海、北京、广州、南宁、厦门、香港，其中上海有 13 个，其已跻身国际会展城市前列，这也体现了上海会展业在中国会展业发展中扮演的重要角色。

中国与世界的关系不断加深，国际化已成为中国会展业长期的发展

---

① 姜仁良：《会展产业集群的产业链属性及创新驱动力》，《商业经济研究》2016 年第 1 期。

② 杨丽娟：《国内外会展经济发展的典型模式及启示》，《现代营销》（下旬刊）2019 年第8 期。

方向。在"一带一路"倡议的指导下,中国积极推进新时代高水平对外开放,携手相关国家加速实现区域一体化,日渐成为亚太地区最重要的会展市场。

3.5G 技术为商展注入新活力

会展业作为第三产业具有资源整合的关键作用,为了更高效地服务功能,未来会展业必将走向智能化与数字化。[①] 第五代移动通信系统 5G 的出现将进一步加速物联网、人工智能、大数据、云计算等技术的发展,会展业由此获得发展新活力。相较于 4G,5G 技术可为用户提供更高的体验速率和接近零延时的传输,支持海量设备连接,支持高流量密度与高速移动下的传输;其更低的单位比特成本还能为运营商节省支出以驱动 5G 的部署和普及。[②] 5G 的价值在会展业中主要体现在以下几个方面。第一,5G 可以支持大量的视频演示与实时互动,如 VR 与 MR 的展示技术对流量激增与延时的处理,而目前的 Wi-Fi 和 4G 等都无法保证这些技术的现场应用。第二,在 5G 支持的物联网环境下,展会组织方将有能力监控展会现场及附近的交通流量问题,也将有能力安全运营无人服务。第三,在 5G 环境下,任何客体的变化与客体间的互动都将会生成数据并进行选择性留存,有利于为相关问题的解决提供数据参考与策略。所以,会展业的营销、社交、安全、服务等将在 5G 的覆盖下实现更加高效、生动、精准与个性化的保障。而目前的关键性问题是全球范围内的 5G 基础设施建设,Rabbit Technologies 公司的克里斯蒂安·阿里表示,这需要政府与组织机构的共同协作,以落实相关政策法规与实现成本投资。[③] 然而,不论技术如何,会展内容与真诚的会展服务始终是会展的根本,这在商展间同质化严重的现在显得尤为重要。

---

① 《5G 时代,人工智能将为会展业带来哪些变革》,新社汇网站,2019 年 3 月 18 日,http://www.xinshehui2018.com/news/mice/2010.html。
② 周一青等:《第五代移动通信系统 5G 标准化展望与关键技术研究》,《数据采集与处理》2015 年第 4 期。
③ 刘慧慧:《5G 如何影响会展业》,《中国会展》2019 年第 7 期。

2019 年前后，已有多个中国展会使用了 5G 技术。2019 年 11 月 20 日，世界 5G 大会在北京举办，其中亦创国际会展中心大会使用 5G 全覆盖以便进行案例演示。展会主题涉及智慧城市、生活、交通、制造、医疗等，在 5G 的技术搭载下实现了现场强互动、高体验。同时，在政府方面，北京经济技术开发区发布了《北京经济技术开发区 5G 产业规划》，将大幅鼓励资本投入、人才引进、设施建设等 5G 发展要素。[①] 在上海，第二届中国国际进口博览会已实现了会展场馆 5G 网络全覆盖，并打造了四大 5G 主题场景、17 个 5G 应用项目。为了保障整个会场的信号强度、速度和稳定性，国家会展中心内及周边共部署了 2795 个 5G 室内小站、130 个 5G 宏基站和网络故障智能监控系统。而在相距不远的虹桥火车站也实现了 5G 网络互联，站内旅客也可通过 VR 实时体验展会。[②]

4. 实体展会面临危机，虚拟展会成为选择

近年来，世界自然灾害频发，对实体展会造成一定影响，提高了展会成本，同时加快了展会市场对虚拟会展技术的应用步伐。截至 2020 年 4 月 14 日，新冠疫情已导致世界 2173 个展会推迟或取消，具体包括 1279 个欧洲展会（373 个为德国展会）、551 个亚洲展会、245 个北美展会、36 个南美洲展会、39 个非洲展会和 23 个澳大利亚展会。[③] 面对疫情的影响，部分展会选择用数字技术应对危机，并对虚拟展会减小或消除自然灾害对展会的破坏性影响加以尝试。线上展会的出现，极大程度地帮助了依赖于实体的会展业走出困境，用低成本、更精准的方式服务观众与参展商。

实际上，国际市场早已开始尝试线上办展。2019 年 10 月，谷歌应用

---

① 《世界 5G 大会明起开放展览！行业大咖聚首，市民可体验最新应用》，"北京日报"百家号，2019 年 11 月 12 日，https：//baijiahao. baidu. com/s？id = 1650686949354893896&wfr = spider&for = pc。

② 《第二届进博会 5G 网络实现全覆盖》，"中国日报网"百家号，2019 年 11 月 5 日，https：//baijiahao. baidu. com/s？id = 1649328018246825839&wfr = spider&for = pc。

③ MeetExpo, Coronavirus Leads to Exhibition Cancellations List of Postponed or Cancelled Trade Fairs and Exhibitions Worldwide, 3 March 2020, https：//www. expodatabase. de/en/articles/125890-coronavirus-leads-to-exhibition-cancellations.

VR 技术将凡尔赛宫在线上进行呈现；2020 年 2 月 23 日，米兰时装周的 Giorgio Armani 秀进行了网络直播。商展方面，常年于 3 月举办的日内瓦国际车展宣布取消 2020 年车展，而不少参展商自行决定通过社交媒体进行线上发布以减少负面影响，日内瓦也将因此失去 2.5 亿美元的收入。① 3 月的巴塞尔艺术展采用了为期一周的线上展会形式，收藏买家可以通过页面浏览艺术作品并直接与画廊进行交流购买。此外，为回应 2020 年建筑界和设计界各大关键性展会活动的取消，世界设计协会决定于 4 月 15 至 6 月 30 日在线上举办 VDF 虚拟设计节，其必要性受到了业界的广泛认可。② 然而，与世界范围内众实体商展面临的威胁相反，依托于 V-Ex 虚拟展会平台的 The IndustryExpo. online virtual exhibition 全虚拟商展依旧保持正常运转，且参观人次和展位预订量都急剧上升。③ 与传统展会相比，虚拟展会只需要耗费传统实体展会 1% 的资源成本，而观众只需要通过移动电子通信设备就可以进行访问，避免了出行，极大地保障了人身安全。④

在中国方面，面对疫情的蔓延，中国参展商、商展和相关政府部门进行了积极的策略调整。由于众多参展商的缺席，连续举办 33 年的世界移动通信大会（MWC）最终宣布取消举办，为此 2020 年 2 月华为决定用自主线上直播的方式取代 MWC2020 计划进行的全场景发布会。⑤ 而作为中国历史上最为悠久的贸易盛会，中国进出口商品交易会宣布原本计划于 2020 年 6 月

---

① David McHugh & Alexandera Olson, ABC News, 4 March 2020, https：//abcnews. go. com/Health/wireStory/trade-show-blues-exhibitions-virtual-virus-spreads-69354523.

② Alice Fisher, World's First Virtual Design Festival Launches in Response to COVID-19, The Guardian, 10 April 2020, https：//www. theguardian. com/artanddesign/2020/apr/10/virtual-design-festival-coronavirus-lockdown.

③ Tom Austin-Morgan, Coronavirus：Trade Show Cancellations have Led to a Sharp Rise in Visitors to Virtual Exhibition, Eureka, 13 March 2020, https：//www. eurekamagazine. co. uk/design-engineering-news/coronavirus-trade-show-cancellations-increase-numbers-at-virtual-exhibition/225020.

④ PRNewswire, Over 50000 Visitors Turn to Virtual Exhibition Platform, Martech Series, 16 March 2020, https：//martechseries. com/sales-marketing/customer-experience-management/over-50000-visitors-turn-to-virtual-exhibition-platform/.

⑤ 《华为 5G 全场景发布会将亮相 折叠屏、PC 应有尽有》，"中关村在线"百家号，2020 年 2 月 20 日，https：//baijiahao. baidu. com/s? id=1659057648740776056&wfr=spider&for=pc。

举办的第127届展会将如期转为线上举办，并将提供全天候网上推荐、供采对接、在线洽谈等服务。实际上，网络中国进出口商品交易会一直作为实体展会的补充存在多年，而疫情对实体的绝对性冲击导致实体展会直接被虚拟展会取代。中国进出口商品交易会网络平台的正常运转，保证了展会的连续性，积极承担了展会的市场与社会责任，且避免了客商的流失。① 此外，2020年3月23日，北京市商务局通过线上发布会宣布成立北京线上展会发展联盟，免费为疫情间的展会项目提供多方位的帮助。联盟成员来自场馆、协会、技术服务商、分销平台、办展主体和媒体等6个部分，将形成资源共享的办展服务平台。②

虚拟展会并不能完全取代实体展会的体验功能，但在灾害等不可抗力面前，虚拟展会为市场的正常运转提供了强有力的保障，也为观众和参展商提供了一种新的可能与新的希望。

二 2018年中国商展百强现状评估

（一）基本背景：构建开放型经济新体制，中国商展迎来发展机遇

2018年，中国进入改革开放的第40年，经济由高速增长阶段转向高质量发展阶段，随着供给侧结构性改革的进一步推进，尽管面临经济下行压力，国民经济仍然稳中有进，三大产业进一步优化。根据国家统计局公布的2018年经济年报，2018年GDP比上年增长6.6%，实现了6.5%左右的预期增长目标，增速在世界前五大经济体中居首位，中国经济增长对世界经济增长的贡献率接近30%，持续成为世界经济增长最大的贡献者。③ 中国一直在

---

① 《南方网评："网上广交会"符合行业趋势，发出积极信号》，"国际在线"百家号，2020年4月9日，https://baijiahao.baidu.com/s?id=1663479046530920482&wfr=spider&for=pc。

② 《北京线上展会发展联盟成立一周，3个展会项目将线上办展》，新浪，2020年3月3日，https://news.sina.cn/gn/2020-03-30/detail-iimxxsth2621829.d.html?ua=iPhone10%2C2__weibo__10.3.2__iphone__os13.3.1&from=10A3293010&wm=3049_0032。

③ 《聚焦2018年中国经济年报》，中国经济网，2019年1月22日，http://www.ce.cn/ztpd/xwzt/guonei/gnzt2019/0124/。

推进构建开放型经济新体制，对内营造更加良好的营商环境，充分发挥市场的资源配置作用，对外进一步优化开放格局，坚持"引进来"和"走出去"相结合，推动"一带一路"倡议的实施，加快建设自由贸易区，在行动上支持并推进经济全球化的进程。

展览业是构建现代市场体系和开放型经济体系的重要平台。[①] 会展业具有强大的经济功能，不仅可以进行钱货交易，还可以促进商品流通和文化、技术交流，其聚集效应和辐射效应能够推动前向关联产业和后向关联产业的发展，进而进一步优化经济结构，促进区域一体化。随着数字经济时代的到来，会展业在大数据中构建新的产业生态圈，推动供需对接更加精准高效，对外贸易范围更加广泛，区域经济影响力更加显著。会展业已经成为经济发展的重要抓手，也将在开放型经济新体制中发挥更重要的作用。

（二）世界商展百强中的中国商展

1. 中国商展在世界商展百强中的位置

在《进出口经理人》发布的"2018 年世界商展 100 大排行榜"中，中国共有 23 个商展，集中分布在上海、广州、北京、厦门、香港、南宁 6 个城市，其中上海以 13 个商展遥遥领先（见表 9），继续蝉联世界大型商展最多的城市首位。

表 9 2018 年世界商展百强中的中国商展

单位：平方米

名称	英文简称	面积	城市
中国(广州)国际建筑装饰博览会	CBD Fair	416000	广州
上海国际汽车工业展览会	Auto Shanghai	360000	上海
中国国际塑料橡胶工业展览会	CHINAPLAS	340000	上海
中国国际工程机械、建材机械、矿山机械、工程车辆及设备博览会	Bauma China	330000	上海

---

① 《国务院关于进一步促进展览业改革发展的若干意见》，中国政府网，2015 年 4 月 19 日，http://www.gov.cn/zhengce/content/2015-04/19/content_9621.htm。

名称	英文简称	面积	城市
中国国际工业博览会	CIIF	288000	上海
中国国际进口博览会	CIIE	270000	上海
中国美容博览会	CHINA BEAUTY EXPO	260000	上海
广州国际汽车展览会	Auto Guangzhou	240000	广州
上海国际酒店用品博览会	Hotelex Shanghai	220000	上海
北京国际汽车展览会	Auto China	220000	北京
SNEC 国际太阳能产业及光伏工程(上海)展览会暨论坛	SNEC PV Power Expo	200000	上海
中国国际纺织面料及辅料博览会	Intertextile Shanghai Apparel Fabrics	187000	上海
厦门国际石材展览会	Stone	180000	厦门
中国国际家用纺织品及辅料博览会	Intertextile Shanghai Home Textiles	170000	上海
中国国际纺织机械展览会暨 ITMA 亚洲展览会	ITMA Asia+CITME	170000	上海
中国国际食品和饮料展览会	SIAL CHINA	162000	上海
北京国际印刷技术展览会	CHINA PRINT	160000	北京
中国国际地面材料及铺装技术展览会	DOMOTEX asia/CHINA-FLOOR	160000	上海
广州国际木工机械、家具配料展览会	interzum guangzhou	150000	广州
中国(北京)国际工程机械、建材机械及矿山机械展览与技术交流会	BICES	150000	北京
香港珠宝首饰展览会	JGF	135000	香港
中国国际机床展览会	CIMT	131000	北京
中国—东盟博览会	CAEXPO	124000	南宁

注：2018 年中国国际塑料橡胶工业展览会移至上海举办。

资料来源：《进出口经理人》"2018 年世界商展 100 大排行榜"。

世界商展百强发布以来，中国商展的数量已经实现了大幅增长，从 2007 年的 4 个到 2018 年的 23 个，与上一次相比，12 个商展位置有所上升，占总数量的 52%；在连续登榜的 20 个商展中，9 个商展面积增加，9 个商展面积不变，其中 3 个商展 2018 年未在展期，沿用 2017 年商展的数据，1 个商展未在展期，沿用 2017 年商展的数据，面积均维持不变，1 个商展面积缩小。

对比 2014～2018 年中国在世界商展百强中的情况可以看到，中国商展在上榜总数稳步增加的同时，排名进入前 10 的数量有所增加（见表 10）。2012 年世界商展百强排名前 10 中第一次有了中国举办的商展，此后中国逐渐凭借实力抢占更多席位。从平均排名来看，中国的商展逐渐开始占据更多高排名的席位，整体实力进一步提高。

表 10　2014～2018 年中国商展在世界商展百强中的情况

单位：个

	2014 年	2015 年	2016 年	2017 年	2018 年
总数量	20	20	22	22	23
排名前 10 的数量	1	2	3	3	4

资料来源：根据《进出口经理人》"世界商展 100 大排行榜"数据整理。

从展会面积来看，2018 年中国 23 个商展总面积达 502.30 万平方米，占世界商展百强总面积的 23%，同比增长 8.7%（见表 11）。从发展情况来看，2014～2018 年中国商展面积持续增加，增长率高于世界商展百强，从一定程度上说，随着中国会展业的发展，中国商展面积的增加也在拉动世界商展百强面积的增加。从平均单展面积来看，中国 2018 年成功赶超德国，并进一步接近世界平均水平。

表 11　2014～2018 年中国上榜商展面积对比情况

单位：万平方米，%

		2014 年	2015 年	2016 年	2017 年	2018 年
总面积	中国	346.99	385.55	427.45	461.90	502.30
	世界	1963.27	2021.84	2019.653	2124.31	2195.00
	中国占比	18	19	21	22	23
	中国增速	7.1	11.1	10.9	8.1	8.7
	世界增速	0.6	3.0	-0.1	5.2	3.3

		2014 年	2015 年	2016 年	2017 年	2018 年
平均单展面积	中国	17.3	19.3	19.43	21.00	21.80
	德国	20.8	20.5	20.72	21.60	21.50
	世界	19.6	20.2	20.2	21.24	21.95

资料来源：根据《进出口经理人》"世界商展100大排行榜"数据整理。

从主题来看，在 23 个商展中，除 2 个综合类商展展出面积 39.4 万平方米，占 8%外，其他 21 个商展共涉及 10 个主题，相对于世界商展百强而言，中国在农林牧渔、医疗/医药/保健、通信/电子/科技、消防/安全 4 个主题未有上榜展会。

从数量和面积来看，工业/机械/加工类商展共 5 个，展出面积 106.9 万平方米，占 21%；汽车/船艇/航空/交通类商展共 3 个，展出面积 82 万平方米，占 16%；建筑/五金/装潢类商展共 3 个，展出面积 75.6 万平方米，占 15%；化工/能源/环保类商展共 2 个，展出面积 54 万平方米，占 11%；钟表/珠宝/美容类商展共 2 个，展出面积 39.5 万平方米，占 8%；服饰/面料/纺织类商展共 2 个，展出面积 35.7 万平方米，占 7%；其他 4 个题材均有 1 个展会（见图 9）。

2. 中国的世界商展百强现状及分布

《进出口经理人》2008 年第一次发布世界商展百强以来，中国共有 34 个商展前后上榜，对 2018 年世界商展百强中的中国商展进行统计可以发现，在 23 个商展中，20 个（占 87%）商展连续两年上榜，15 个（占 65%）商展连续五年上榜，8 个（占 35%）商展会连续十年上榜，上海国际汽车工业展览会和中国国际工程机械、建材机械、矿山机械、工程车辆及设备博览会连续十二年均有上榜，中国国际工业博览会以及中国国际进口博览会首次上榜。中国（广州）国际建筑装饰博览会和中国—东盟博览会都是自 2017 年开始上榜，中国—东盟博览会展出面积成为世界商展百强的入围门槛。

《进出口经理人》以展出面积为依据对世界商展进行排序，入选标准是

印刷/包装/纸业
3%
家具/家居/日用品
3%
食品/饮料/酒
3%
旅游/休闲/体育
4%
工业/机械/加工
21%
服饰/面料/纺织
7%
综合
8%
汽车/舰艇/
航空/交通
16%
钟表/珠宝/美容
8%
化工/能源/环保
11%
建筑/五金/装潢
15%

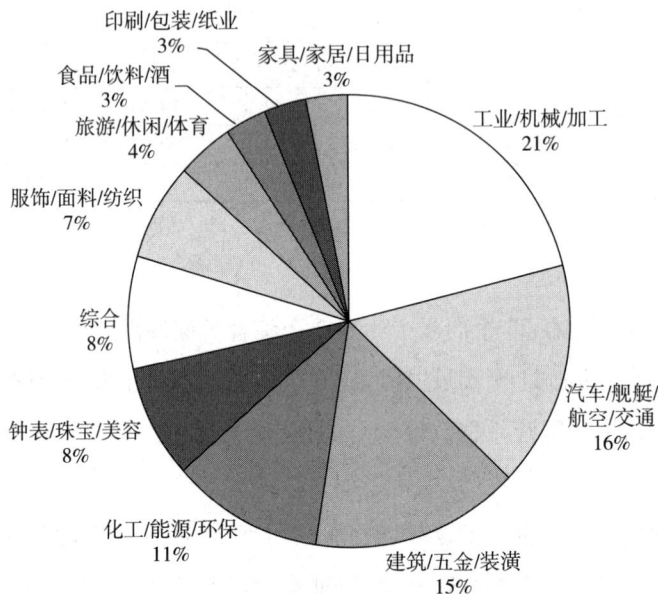

图 9　中国上榜商展主题分布情况

资料来源：根据《进出口经理人》"世界商展 100 大排行榜"数据整理。

国际展商数量占展商总数量的 20%以上。得益于中国经济开放度的提高，中国会展业的国际化水平进一步提升，更多之前未能上榜的大型展会走进国际化展览的行列，而 2016 年、2017 年居世界商展百强前十名的上海国际汽车零配件、维修检测诊断设备及服务用品展览会则未出现在 2018 年世界商展百强中。

从城市分布来看，2018 年中国商展中上海有 13 个，北京有 4 个，广州有 3 个，厦门、香港、南宁各有 1 个。从展览面积来看，上海共计 311.7 万平方米，占 62.05%；广州共计 80.6 万平方米，占 16.05%；北京共计 66.1 万平方米，占 13.16%；厦门共计 18 万平方米，占 3.58%；香港共计 13.5 万平方米，占 2.69%；南宁共计 12.4 万平方米，占 2.47%。

会展业的发展需要依托一定的区域社会经济条件，中国上榜的商展呈现了明显的区域指向性。举办地上海、北京、广州、厦门、香港 5 个城市全部位于东部沿海地区，经济发展水平较高，会展业也走在中国前列，其中上海、北京、广州为一线会展城市，而南宁作为中国—东盟自由贸易区的前沿城市，凭借中国—东盟博览会已经成为会展"明星城市"。

（1）长三角会展城市群的百强展会

长三角会展城市群上榜的 13 个展会全部集中在上海，比上年在数量上增加 1 个。2018 年中国国际塑料橡胶工业展览会从广州移到上海，中国国际工业博览会办展 20 届以来首次上榜，中国国际进口博览会首次举办，上年上榜的上海国际汽车零配件、维修检测诊断设备及服务用品展览会和中国国际五金博览会遗憾出局。

①上海国际汽车工业展览会

上海国际汽车工业展览会（以下简称"上海车展"）创办于 1985 年，两年举办一届，是中国首个通过 UFI 认证的车展。在国际会展业高速发展、竞争愈加激烈的环境下，上海车展仍能以 2017 年的数据维持在世界商展百强前列，可见其水准之高。2019 年，以"共创·美好生活"为主题的第十八届上海车展共吸引来自 20 个国家和地区的 1000 余家知名汽车展商参与，带领行业进入电动化、智能化、网联化、共享化的新阶段。上海车展共展出整车 1500 辆，其中全球首发 129 辆、新能源车 218 辆、概念车 76 辆，共接待海内外观众 99.3 万人次。[①]

上海车展的主题自 2017 年开始聚焦生活，在展示汽车行业创新升级所带来的智能化的同时注入人性化理念，2019 年客流智能监测系统、电子票及人脸识别技术的启用提高了观众的参展体验，也提升了展会的智慧化水平。如今，上海车展已经成为国际车企进行市场布局的战略舞台，在科技浪潮中引领行业进入造车新时代。

②中国国际塑料橡胶工业展览会

"CHINAPLAS"创办 30 多年，现已成为亚洲橡塑业最具规模的展会，

---

① 《上海车展圆满闭幕》，第十八届上海国际汽车工业展览会网站，2019 年 4 月 26 日，http://m.autoshanghai.org/news/5cc2a49f679bc91b604f3efb。

推动了中国橡胶和塑料工业的发展。2018年，以"创新塑未来"为主题的展览会首度亮相国家会展中心（上海），规模创历届之最，共吸引来自40个国家和地区的3964家展商，观众人数超过18万名。[①] 展会共设立18个主题展区，聚焦行业热点，不仅发布最新科技成果，还精准满足买家需求，是一场高水准、高规格的专业盛会。

③中国国际工程机械、建材机械、矿山机械、工程车辆及设备博览会

中国国际工程机械、建材机械、矿山机械、工程车辆及设备博览会（以下简称"上海宝马展"）创办于2002年，两年举办一届，是德国慕尼黑国际工程机械、建筑机械、矿山机械、工程车辆及设备博览会（bauma）在中国的子展。2018年第九届上海宝马展展览面积扩容10%，吸引来自38个国家和地区的3350家展商参与，较上届上涨13%，专业观众人数达212500名，较上届增长25%。[②] 本届展会以智慧和环保为主旋律，从产品、制造、服务及管理智能化的视角呈现工程机械行业智能化、数字化的趋势。

④中国国际工业博览会

中国国际工业博览会创办于1999年，是中国装备制造业最具影响力的品牌展会，2018年第20届中国国际工业博览会共吸引来自28个国家和地区2665家参展商，共接待境内外观众18.1万人次，其中专业观众和买家17.4万人次，占96%，较上届增长1.88%，[③] 这是中国国际工业博览会首次进入"世界商展100大排行榜"，说明了其品牌化、国际化水平进一步提升。2019年第21届博览会以创新为导向，充分展现技术赋能，共吸引境内外观众19.4万人次，较上届增长7.2%，其中专业观众18.3万人次，较上

① 中国国际塑料橡胶工业展览会网站，https：//www.chinaplasonline.com/CPS20/pasteditions/simp/历届展会报告。

② 《大观纵横，愿景智造——bauma CHINA 2018荣耀收官》，中国国际工程机械、建材机械、矿山机械、工程车辆及设备博览会网站，2018年11月30日，https：//www.b-china.cn/trade-fair/press/press-releases/news-163.html。

③ 《2018年展后报告（中文）01-02》，中国国际工业博览会网站，http：//www.ciif-expo.com/uploads/file/201811/2018aftershowreport.pdf。

届增长 5.2%。① 历经 20 多年，中国国际工业博览会已经成为上海向世界展示中国工业的名片。

⑤中国国际进口博览会

中国国际进口博览会（以下简称"进博会"）是习近平亲自谋划、亲自提出、亲自部署、亲自设计、亲自推动的大型经贸展，是我国坚持对外开放立场的一次主场外交活动，让世界见证了中国市场的庞大和魅力。首届进博会吸引了 172 个国家、地区和国际组织参会，共有来自 151 个国家和地区的 3600 多家企业参展，超过 40 万名境内外采购商到会洽谈采购，累计意向成交额 578.3 亿元；2019 年第二届进博会共吸引来自 181 个国家、地区和国际组织参会，3800 多家企业参展，超过 50 万名境内外采购商到会洽谈采购，累计意向成交额 711.3 亿元，较首届增长 23%。②

⑥中国美容博览会

中国美容博览会是亚洲首屈一指的美容化妆行业盛会，参展企业覆盖行业上下游全产业链。2018 年第 23 届展会吸引全球 40 多个国家和地区的 3500 多家化妆品企业参展，接待全球 80 多个国家和地区的 48 万多人次专业观众，③ 2019 年再创新高，线下共汇聚专业观众 52.13 万人次，线上影响超 2 亿名消费者。④ 中国美容博览会见证了中国美容化妆品行业的高速发展，而其本身也在搭建平台中洞察行业趋势和商机，引领行业发展。

⑦上海国际酒店用品博览会

上海国际酒店用品博览会是 HOTELEX 系列的母展，2018 年展会规模及买家数量创历届之最，共 14.6 万名专业观众参会，2019 年展会汇聚了2567 家中外展商，其中海外品牌及直接展商超过半数，共计 15.9 万名专业观众参观，同比增长 8.89%，专业观众分别来自全球 123 个国家和地

① 《2019 年展后报告（中文）01-02》，中国国际工业博览会网站，http://www.ciif-expo.com/uploadfile/201912/2019 年工博会展后报告中文版.pdf。

② "往届回顾"，中国国际进口博览会网站，https://www.ciie.org/zbh/cn/19SA/review/。

③ 《【聚焦 CBE】最全展会报告，带你详解美妆盛宴》，"CBE 中国美容博览会"微信公众号，2018 年 7 月 6 日，https://mp.weixin.qq.com/s/oBDi3Idxl-cth69b0D7qcg。

④ 第 24 届中国美容博览会网站，https://www.cbebaiwen.com/about_lastfinalreport.html。

区，其中海外观众共 7502 名，同比增长46.1%。[①] 展会现场注重互动式的消费体验，不仅提高了观众的满意度，还为餐饮界大师提供了别样的展示平台。

⑧SNEC 国际太阳能产业及光伏工程（上海）展览会暨论坛

SNEC 国际太阳能产业及光伏工程（上海）展览会暨论坛作为光伏产业的风向标，展出内容覆盖产业链各个环节。在能源变革的新契机下，中国光伏产业进入规模化发展的新阶段。光伏展为业内专家和企业搭建了沟通交流的平台。2018 年第十二届展会共有参展企业 2000 多家，吸引来自全球 95 个国家和地区的专业观众，参观人次超过 26.7 万人次，[②] 成为光伏行业中最具影响力的国际化、专业化、规模化的展会。

⑨中国国际纺织面料及辅料博览会

中国国际纺织面料及辅料博览会创办于 1995 年，是目前全球规模最大的服装面料和辅料展览会，一年有春夏和秋冬两场。展会展出的内容融汇全球，是专业观众采购最新面料及辅料的优质平台，现场的配套活动深入剖析行业趋势，并为未来的流行趋势提供设计灵感。展会规模的不断扩大、展商数量的持续增加也见证了中国纺织服装行业的高速发展。2019 年，展会共吸引近 3300 家参展商，近 9.4 万名专业买家采购，同比增长 15%。[③]

⑩中国国际家用纺织品及辅料博览会

中国国际家用纺织品及辅料博览会创办于 1995 年，是中国唯一一个国家级的家纺行业专业性国际贸易展览会。2019 年展会设有 7 个主题馆，共有来自 27 个国家和地区的 1147 家参展商。[④] 展会精心改造同期活动，组织

---

① 《第二十八届上海国际酒店及餐饮业博览会展后报告》，http：//files. hotelex. cn/hotelex/2019 上海展展后报告 . pdf。

② 《SNEC 第十二届（2018）国际太阳能光伏与智慧能源（上海）展览会暨论坛圆满落幕》，SNEC 官网 SNEC PV POWER EXPO 2018，https：//pv. snec. org. cn/article/774。

③ 《数据发布｜观众增长 15%！ intertextile 开启全年丰收季!》，"intertextile 面辅料展"微信公众号，2019 年 3 月 22 日，https：//mp. weixin. qq. com/s/xFTWajrpwfCWhiazYxVbmA。

④ 《家纺展现场报道｜Intertextile 秋冬家纺展喜迎 25 周年》，"法兰克福全球纺织品展览会"微信公众号，2019 年 8 月 28 日，https：//mp. weixin. qq. com/s/Tk28aWrhK3W93KiiF7Dwsw。

商务配对，让观众在掌握最新的设计、产品、行业趋势及见解的同时，可以接触到行业领先的供应商。展会为国内外家纺企业提供了商业合作的重要平台，也见证了中国家用纺织业的蓬勃发展。

⑪中国国际纺织机械展览会暨 ITMA 亚洲展览会

中国国际纺织机械展览会暨 ITMA 亚洲展览会由"中国国际纺织机械展览会"和"ITMA ASIA"联合成立，创办于2008年，逢双年举办。2018年的展会共有来自28个国家和地区的1733家企业参展，其中海外参展商500多家，在展出面积和展商数量上再创新高，吸引专业观众超过10万人次。① 在行业转型升级的趋势下，展会突出了智能化、自动化的特点，作为采购平台沟通产业链的供需双方，不断引领行业发展方向。

⑫中国国际食品和饮料展览会

作为法国 SIAL 国际食品展在中国的子展，中国国际食品和饮料展览会已经成为中国食品行业最有影响力的商贸平台。2019年第20届中国国际食品和饮料展览会首次实现"大满馆"，共有4300家参展商，同比增长26%，其中国际展商占49%；展览面积增至19.95万平方米，同比增长23%；吸引专业观众11.8万人次，同比增长7%。② 中国国际食品和饮料展览会在发展中不断改进 Match-Making 在线商务配对系统，线上线下共同发力，提升展会服务质量，更好地服务参展商及观众。

⑬中国国际地面材料及铺装技术展览会

中国国际地面材料及铺装技术展览会是亚太地区在地面材料领域的专业展会，2019年第二十一届中国国际地面材料及铺装技术展览会共有参展商1579家，吸引6.7万名观众，同比增长11.4%，其中国内观众增长13.1%，国际观众增长6%。③

---

① 《2018 中国国际纺织机械展览会暨 ITMA 亚洲展览会顺利闭幕》，展会网站，2018年11月7日，http://www.citme.com.cn/contents/24/32.html。
② 《2019 展后报告》，西雅展网站，http://www.sialchina.cn/uploadfile/download/2020/2019 PostShowReport.pdf。
③ 《DACF 2019 展后报告》，中国国际地面材料及铺装技术展览会网站，https://www.dacf.cn/yulan.shtml? ID=42。

（2）珠三角会展城市群的百强展会

珠三角会展城市群上榜的展会分布在广州、香港两个城市，中国（广州）国际建筑装饰博览会居前列，香港珠宝首饰展览会时隔一年后再次上榜。

①中国（广州）国际建筑装饰博览会

中国（广州）国际建筑装饰博览会（以下简称"建博会"）创办于1999年，志在打造家居建装行业全球第一展，在其发展的第20年成为世界商展百强中的一匹黑马。第20届建博会共有2000多家参展商，吸引专业观众17.9万名，同比增长17.76%。[①] 智能、定制、系统及设计四大主题展区，将科技元素与生活家居完美结合，并呈现年轻化、环保化的趋势。

②广州国际汽车展览会

广州国际汽车展览会创办于2003年，是中国三大顶级汽车展览会之一，始终以提升展会的国际化品质和专业化层次为核心理念，同时大力支持民族汽车品牌。2018年，展会以"新科技，新生活"为主题，聚焦电力驱动、智联网等前沿科技，将绿色车辆技术与可持续发展理念相融合，10天共吸引观众69万人次。[②]

③广州国际木工机械、家具配料展览会

广州国际木工机械、家具配料展览会自2004年从德国引入，现已发展成为亚洲地区木工机械、家具制造与室内装饰行业首屈一指的顶级贸易展览会，与亚洲规模最大的家具展——广州国际家具博览会同期同馆举办。2018年展会规模达15万平方米，共吸引了来自38个国家与地区的1459家企业参展，来自全球132个国家与地区的近9万名（统计包括广州国际家具博览会）专业观众到访参观。[③]

---

① 中国（广州）国际建筑装饰博览会网站，http：//gzfair-cbd. intexh. com/portal/article/index/id/2291/cid/193. html。

② 《第十六届广州国际汽车展览会圆满闭幕》，广州国际汽车展览会网站，2018年11月28日，http：//autoguangzhou. com. cn/zhxx/info_27. aspx？itemid＝3056。

③ 广州国际木工机械、家具配料展览会网站，http：//www. interzum-guangzhou. cn/。

④香港珠宝首饰展览会

香港是国际知名的珠宝贸易中心，得益于自由贸易政策，珠宝产品进出口不需要缴纳关税为展商提供了更加便利的条件。展会只接受业内人士参观，专业性较高。2018年展会共有来自60多个国家和地区的3700多家参展商，[①]在亚洲国际博览馆和香港会议展览中心给世界带来了一场珠宝盛宴。

（3）环渤海会展城市群的百强展会

环渤海会展城市群上榜展会集中在北京一个城市，与2018年上榜展会一致，除北京国际汽车展览会展览面积有增加外，其他展会2018年未在展期，因此仍沿用2017年展会数据。

①北京国际汽车展览会

北京国际汽车展览会于1990年创办，逢双年举办，2018年第15届车展以"定义汽车新生活"为主题，聚焦智能化、网联化、电动化的融合发展，给观众带来汽车行业的前沿理念以及创新产品。展会现已成为全球造车技术交流、企业战略发布以及展示品牌形象的优质平台。

②北京国际印刷技术展览会

北京国际印刷技术展览会创办于1984年，四年举办一届，是中国最早、规模最大的综合性国际印刷展览会，也是UFI的第一个中国会员。2017年展会以"绿色、高效、数字化、智能化"为主题，共有来自29个国家和地区的1328家参展商，其中海外参展商占25%，现场观众达20.5万人次，其中海外观众占18.6%，线上观众35.9万人次，[②] 展会规模之大，使其成为亚洲第一、世界第二的国际印刷展。

③中国（北京）国际工程机械、建材机械及矿山机械展览与技术交流会

中国（北京）国际工程机械、建材机械及矿山机械展览与技术交流会创办于1989年，逢单年举办，是中国境内最早获得UFI认证的工程机械专业展会。2019年，第15届展会参展商来自全球31个国家和地区的1263家企业，

---

① 《九月香港珠宝首饰展揭幕》，"亚洲珠宝"微信公众号，2018年9月13日，https：//mp. weixin. qq. com/s/fZWVmu1zKkYEXNW0s2Hp-w。

② CHINA PRINT 2021网站，http：//www. chinaprint. com. cn/printing/contents/4644/5. html。

同比增长 20.17%，观众达 15.2 万人次，同比增长 22.19%。① 经过 20 多年的发展，其已经成为全球工程和建设机械领域最具影响力的展览盛会。

④中国国际机床展览会

中国国际机床展览会创办于 1989 年，逢单年举办，是世界四大国际机床展之一，在中国机床展中最负盛名。2019 年第 16 届展会展出面积 14.2 万平方米，同比增长 8.4%，共有来自 28 个国家和地区的 1712 家展商，其中境外展商占 51%，参展观众达 31.9 万人次。②

（4）海西经济区的百强展会

厦门国际石材展览会 2001 年创办以来，充分利用闽南石材产业和厦门港口优势，展会国际化和规模化程度逐渐提高，迅速发展壮大成为全球石材行业的风向标。展会的成功举办也使厦门一举成为"国际石材中心"，推动了闽南地区的经济发展和会展业进步。

（5）西南会展城市带的百强展会

相对于其他 5 个城市而言，南宁属于中国会展业的后起之秀，目前会展业规模和总量仍旧偏小，但发展潜力巨大。以南宁为永久举办地的中国—东盟博览会创办于 2004 年，近年来展会规模逐渐扩大，影响力不断提升。2018 年第 15 届中国—东盟博览会参展企业 2780 家，同比增长 2.6%，观众超过 11000 人，比上届增长 10%，③ 现已成为中国和东盟国家推进区域合作共赢、服务"一带一路"建设的重要平台。

三 2019年中国商展发展现状

（一）总体发展情况：中国商展经济效应凸显，整体保持平稳增长

会展业作为现代商贸服务业的重要组成部分，以其强大的产业拉动效应

---

① 《BICES 2019 展览报告》，展会网站，http：//www. e－bices. org/NewsDetail. aspx? Type＝95EA8BC39C615D4399B8A829D9B03E2E&ParentId＝91D04119AEB4D81F。

② CIMT 2019 展会网站，http：//www. cimtshow. com/Chinese/wjzh. jsp。

③ 中国—东盟博览会网站，http：//special. caexpo. org/html/ljhg/hg15th/。

成为经济发展的助推器。2011 年我国会展直接产值仅为 3016 亿元，2016 年增至 5612 亿元。① 据郭牧主编的《2018 中国会展产业年度报告》估算，2017 年中国会展直接产值为 5951 亿元，综合贡献为 GDP 的 5.1 万元，占 GDP 的 6.2%，占全国第三产业总值的 12%。② 2018～2019 年在经济下行的压力下，中国会展业虽然增速放缓，但仍然保持增长状态。有研究报告预计，中国会展业未来 5 年年均复合增长率 10% 以上，2022 年国内会展直接产值将突破 1 万亿元。③

中国会展业发展至今，已经奠定了会展大国的地位，随着我国会展业运作模式的不断完善，产业和区域结构进一步优化，中国正在向会展强国迈进。中国会展经济研究会统计发布的《2019 年度中国展览数据统计报告》显示，2019 年我国会展业增速明显放缓，全年经济贸易展览总数达 11033 场，展览总面积达 14877.38 万平方米，较 2018 年分别增长 0.6% 和 2%，我国会展业在增加"量"的同时逐步提升"质"，进一步向规模化、专业化、品牌化、国际化方向发展。2019 年我国已通过 UFI 认证展览项目 140 个（包括境内 121 个、境外 19 个），增加 22 个，增幅 18.6%。④

（二）地区分析

1. 区域分布

（1）区域间差异化明显，西南会展市场逐步壮大

按照中国七大地理区域划分，我国会展业区域发展仍旧不平衡，全国会展业在展览数量以及展览面积上保持增长，但是各区域有所波动：覆盖长三

---

① 《2018 年中国会展行业发展现状分析　两大发展瓶颈亟待解决》，前瞻研究院网站，2019 年 1 月 24 日，https://bg.qianzhan.com/report/detail/459/190124-08a41420.html。

② 《新中国七十年展览业的发展壮大（下）》，中国经济网，2020 年 1 月 14 日，http://expo.ce.cn/gd/202001/14/t20200114_34118305.shtml。

③ 《2019 年中国会展业十大新闻》，中国经济网，2019 年 12 月 30 日，http://expo.ce.cn/zt/2019/19news/。

④ 《2019 年度中国展览数据统计报告》，中国会展经济研究会网站，2020 年 7 月 30 日，http://www.cces2006.org/Uploads/Editor/2020-07-30/statisticsreport2019.pdf。

角的华东地区仍然占据首位；西南地区得益于成渝双城的快速发展，展览数量及展览面积均有所增长；华南地区展览面积有所下降；华北地区展览面积同比增长11%，其中山西会展业的"引擎"效应逐步显现（见表12）。由此可见，中国会展业在东部优势作用下开始呈现向中西部发展的趋势。

表12 中国七大地理区域展览数量及面积

区域	2018年展览数量（个）	2019年展览数量（个）	2019年占比（%）	涨幅（%）	2018年展览面积（万平方米）	2019年展览面积（万平方米）	2019年占比（%）	涨幅（%）
华东	4549	4669	43	3	5916.03	6159.11	41	4
西南	1692	1756	16	4	2311.41	2554.15	17	11
华南	1119	1214	11	8	2040.28	1972.10	13	−3
华北	1114	1076	10	−3	1330.78	1474.43	10	11
东北	977	954	9	−2	1262.65	1214.23	8	−4
华中	989	960	9	−3	1093.03	1057.53	7	−3
西北	454	404	4	−11	501.99	445.83	3	−11

资料来源：根据中国会展经济研究会发布的《2018年度中国展览数据统计报告》《2019年度中国展览数据统计报告》数据整理计算。

（2）城市群辐射带动强，四大城市带继续发力

按照会展城市区域划分，2019年在展览数量上，长三角、环渤海、珠三角三大城市群占54.73%，中部、东北、西北、西南四大城市带占41.90%；在展览面积上，三大城市群占57.67%，四大城市带占39.14%（见表13）。以上海、南京等城市为代表的长三角会展城市群依旧是全国会展业最发达的区域，展览数量比上年增长0.47%，展览面积增长2.05%；以北京、青岛为代表的环渤海会展城市群展览数量同比增长3.35%，展览面积同比增长5.59%；以广州、深圳等城市为代表的珠三角会展城市群虽然展览面积有所下降，但展览数量增加；包括河南郑州、湖北武汉、湖南长沙在内的中部会展城市带不断发展，展览面积同比上涨5.39%；以重庆、成都等城市为代表的西南会展城市带迅速发力，展览数量及展览面积均呈现正增长；以沈阳、长春等城市为代表的东北会展城市带已经落后于西南及中

部会展城市带，急需整合资源要素，在区域优势基础之上将会展业做大做强；以西安为代表的西北会展城市带会展业规模有所下降；以厦门、海口等城市为代表的海西经济区和国际旅游岛会展城市特区在展览面积上增速明显，但是展览数量有所减少。

表13　中国三大会展城市群、四大会展城市、两大会展城特区展览数量及面积

会展城市区域	2018年展览数量（个）	2019年展览数量（个）	2019年占比（%）	增幅（%）	2018年展览面积（万平方米）	2019年展览面积（万平方米）	2019年占比（%）	增幅（%）
长三角	3206	3221	29.19	0.47	4036.88	4119.46	27.69	2.05
环渤海	1730	1788	16.21	3.35	2593.58	2738.62	18.41	5.59
珠三角	975	1029	9.33	5.54	1855.82	1721.83	11.57	-7.22
中部	1289	1225	11.10	-4.97	1225.18	1291.22	8.68	5.39
东北	977	954	8.65	-2.35	1262.65	1214.23	8.16	-3.83
西北	579	532	4.82	-8.12	625.19	567.16	3.81	-9.28
西南	1765	1912	17.33	8.33	2404.90	2751.38	18.49	14.41
海西经济区和海南国际旅游岛	373	372	3.37	-0.27	451.97	473.48	3.18	4.76

资料来源：根据中国会展经济研究会发布的《2018年度中国展览数据统计报告》《2019年度中国展览数据统计报告》数据整理计算。

2. 省域分布

（1）上海、广东领跑全国，趋于稳定

从全国展览数量来看，2019年居前十名的省市展览数量占全国展览总数量的71.69%，除福建省外，其余省市与2018年保持一致。2014~2019年，江苏、上海、广东、山东、辽宁、浙江、重庆、河南8个省市一直居前十名，四川省于2015年进入前十名，近两年比较稳定。与此同时，河北与北京相继于2015年、2019年退出前十名。

从全国展览面积来看，2019年居前十名的省市与2018年完全一致，其展览总面积占全国展览总面积的72.69%。居于前列的省市趋于稳定，除河南省外其余9个省市在2014~2019年均居前十名，上海、广东、山东一直居于前列，上海于2018年超越广东，北京虽然在展览数量上未能进入前十名，但在展览面积上一直稳居于靠前的位置，河南自2018年进入前十名（见表14）。

表14 2019年中国展览数量及展览面积居于前列的省市

省市	展览数量（个）	展览数量全国占比（%）	展览面积（万平方米）	展览面积全国占比（%）	展览平均面积（万平方米）
上海	1043	9.45	1941.67	13.05	1.86
广东	1029	9.33	1721.83	11.57	1.67
山东	1004	9.10	1505.28	10.12	1.50
江苏	1186	10.75	1080.75	7.26	0.91
四川	953	8.64	1020.84	6.86	1.07
重庆	513	4.65	992.00	6.67	1.93
浙江	697	6.32	831.96	5.59	1.19
辽宁	729	6.61	689.70	4.64	0.95
北京	324	2.94	589.80	3.96	1.82
河南	412	3.73	442.23	2.97	1.07
福建	343	3.11	420.44	2.83	1.23

资料来源：中国会展经济研究会发布的《2019年度中国展览数据统计报告》。

从UFI认证展览项目来看，主要集中在广东、上海、山东、北京和浙江，占总数的71%（见图10），这也体现出以上5个省市在会展业体量扩大的同时，展会的规模化、专业化、品牌化、国际化水平居全国前列。

（2）一线会展城市优势明显，发展差距进一步扩大

上海、广州、重庆、北京作为一线会展城市，2019年共举办2570场展览，同比增长3.96%，展览面积达4547.49万平方米，同比增长1.50%（见表15）。从展览数量来看，广州、上海的增长率高于四城总增长率，广州增速最为明显；从展览面积来看，除重庆、上海外，北京、广州二城增长率均低于四城总增长率；上海的龙头地位更加凸显，展览数量和展览面积增长幅度较大，其展览数量与展览面积均超过北京、广州的总和；北京会展业风光不再，无论是展览数量还是展览面积同比均有所下降，四个一线会展城市之间的差距进一步扩大。

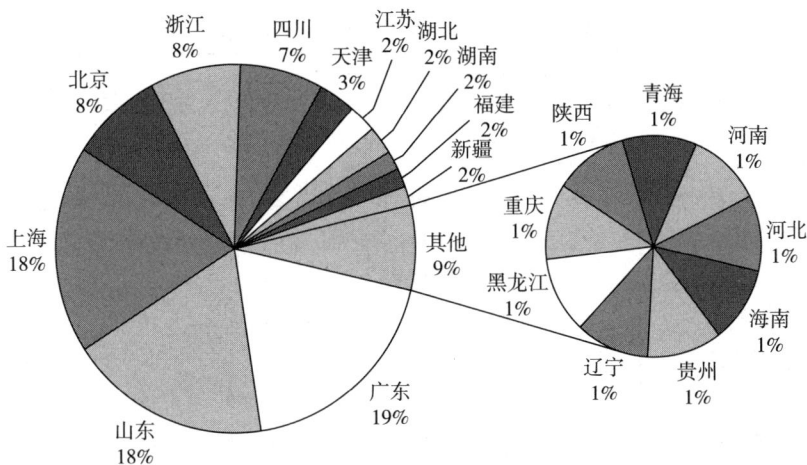

图10　2019年中国UFI认证展览项目分布情况

资料来源：中国会展经济研究会发布的《2019年度中国展览数据统计报告》。

表15　2018~2019年中国一线会展城市展览数量及展览面积

城市	2018年展览数量（个）	2019年展览数量（个）	增幅（%）	2018年展览面积（万平方米）	2019年展览面积（万平方米）	增幅（%）
上海	994	1043	4.93	1906.31	1941.67	1.85
广州	628	690	9.87	1020.00	1024.02	0.39
重庆	503	513	1.99	913.00	992.00	8.65
北京	347	324	-6.63	641.19	589.80	-8.01
总计	2472	2570	3.96	4480.5	4547.49	1.50

资料来源：中国会展经济研究会发布的《2018年度中国展览数据统计报告》《2019年度中国展览数据统计报告》。

（三）主题领域分析

1. 项目清单展览项目

根据中国会展经济研究会对2019调研的5781个展览的主题行业分类可以看出，汽车类展会无论是数量还是面积均为最多、最大，建筑建材类展会的展览面积次之，其次以休闲娱乐、文教、食品饮料及家居等为主题的轻工业类展会居多（见表16）。

表 16　2019 年国内项目清单展览行业分布

一类行业	展览数量（个）	占比（%）	展览面积（万平方米）	占比（%）	单展面积（万平方米）
汽车	818	14.15	1671.01	14.55	2.04
建筑建材	456	7.89	1201.43	10.46	2.63
休闲娱乐	601	10.40	1060.66	9.23	1.76
文教	588	10.17	1024.66	8.92	1.74
综合	507	8.77	940.20	8.19	1.85
食品饮料	417	7.21	803.36	6.99	1.93
家居	362	6.26	744.51	6.48	2.06
装备制造	295	5.10	726.78	6.33	2.46
农林牧渔	325	5.62	629.99	5.48	1.94
医药	253	4.38	439.38	3.83	1.74
纺织服装与穿戴用品	231	4.00	387.73	3.38	1.68
人生消费	190	3.29	343.48	2.99	1.81
信息电子	101	1.75	240.57	2.09	2.38
环保	90	1.56	182.10	1.59	2.02
投资贸易	79	1.37	135.98	1.18	1.72
零售	79	1.37	123.05	1.07	1.56
交通物流	54	0.93	116.13	1.01	2.15
化工	38	0.66	110.45	0.96	2.91
IT	43	0.74	94.49	0.82	2.20
公共安全	59	1.02	88.46	0.77	1.50
设计	39	0.67	77.43	0.67	1.99
便捷出行	24	0.42	76.34	0.66	3.18
能源	28	0.48	73.53	0.64	2.63
矿物采掘	21	0.36	66.90	0.58	3.19
高新科技	41	0.71	61.15	0.53	1.49
造纸包装	27	0.47	51.43	0.45	1.90
航空	8	0.14	8.11	0.07	1.01
其他	7	0.12	7.25	0.06	1.04
总计	5781	100	11486.56	100	1.99

资料来源：根据中国会展经济研究会发布的《2019 年度中国展览数据统计报告》数据整理计算。

2.境外自主办展项目

2015 年发布的《国务院关于进一步促进展览业改革发展的若干意见》将我国展览业定位为构建现代市场体系和开放型经济体系的重要平台，并提出要进一步深化国际合作，推动展览机构走出去，培育境外展览项目，改善境外办展结构，构建多元化、宽领域、高层次的境外参展办展新格局。近年来，各地不断推出各项支持企业办展的政策，出国办展的限制逐渐放宽，国内展览公司的经营能力和办展水平不断提高，境外自主办展的数量逐渐增多。2019 年境外自主办展 79 个，服务贸易展 3 个，在其余的 76 个货物贸易展中，除综合展 31 个以外共涉及 7 个行业，其中房产家居、纺织服装、工业机械类商展数量占 45 场专业类展览的 80%，展览面积占 45 场专业类展览的 90.15%（见表 17）。

表 17　2019 年中国境外自主办展专业展会主题

	展览数量（个）	占比（%）	展览面积（万平方米）	占比（%）
房产家居	17	37.78	21.09	61.31
纺织服装	11	24.44	6.77	19.68
工业机械	8	17.78	3.15	9.16
医药用品	2	4.44	1.48	4.30
建筑建材	3	6.67	1.36	3.95
化工橡胶	2	4.44	0.34	0.99
农林牧渔	2	4.44	0.21	0.61
总计	45	100	34.4	100

资料来源：中国会展经济研究会发布的《2019 年度中国展览数据统计报告》。

（四）中国商展发展趋势

1.区域协同发展下中国商展格局形成、量升质提

我国正在加快推进区域经济一体化进程，会展业能够凭借对资源要素的集聚力和配置力以及辐射带动效应推动区域经济一体化，促进区域产业结构

的优化升级，反过来区域经济一体化能够推动区域完善分工合作，为会展活动提供更便利的环境，有效增强会展业的规模化和专业化。作为推动我国经济发展的重要引擎，东部沿海地区的环渤海、长三角以及珠三角三大会展城市群凭借区位优势和经济基础，大力扶持会展业。近几年，京津冀协同发展、长三角一体化以及粤港澳大湾区建设上升为国家区域战略，会展业能够以其经济拉动效应为区域一体化提供新路径。随着中国城市化水平不断提高，中西部城市不断发展，会展基础设施不断完善，会展业也开始在全国范围内扩展。

随着产业格局的逐渐形成，中国会展业的规模化、品牌化以及国际化程度也在不断提升。在体量上，随着会展基础设施的不断完善，场馆数量及面积不断增加、扩大，展览项目的数量及展览面积也在增加、扩大。在质量上，中国展览企业经营模式日趋成熟，办展水平不断提高，展览项目的定位及功能更加明确，企业在逐渐树立展会品牌的同时更加注重创新性和系统化，用精细化的管理和人性化的服务驱动展览业高质量发展。

2. 经济全球化加速下中国商展体现大国担当

在世界经济环境日益复杂、全球经济增速缓慢的背景下，中国作为世界第二大经济体依然坚持对外开放，进博会的举办是我国抵御贸易保护主义和单边主义的有力举措，也让世界看到了中国推进经济全球化、与世界各国互利共赢的大国责任和担当。作为世界上第一个以进口为主题的国家级展会，进博会开拓世界"朋友圈"，国家展为更多国家提供了形象展示的窗口，贸易展为国外企业搭建了开拓中国市场的交易平台，"6+365"一站式交易平台将线下与线上相融合，打造双线会展平台，溢出效应不断放大。

"一带一路"加强了共建各国开放合作的宏大经济愿景，构建了以中国为核心的区域经济增长体系，为会展业提供了新局势、新机遇和新思路。"一带一路"倡议提出以来，共建国家成为我国出国参办展的热门选择，2018年境外自主办展中，72.58%的展览于共建"一带一路"国家举办。"一带一路"倡议为中国与共建"一带一路"国家的双边贸易提供了新的契机，使会展业真正成为国际政治、经济和文化各领域沟通、交往与合作的平台。

3.中国商展主题趋向生活化、科技化

展览通过展示商品或服务在一定时间聚集卖家、买家，开展交易活动。为了满足消费者的购买需求，展览的主题越来越趋向和生活挂钩，在展品陈列中体现人性化的温度，让人们在参观和体验中感受到最新的产品和服务带来的变化。从2010年以"城市，让生活更美好"为主题的上海世界博览会到2019年以"共创·美好生活"为主题的上海车展，越来越多的展会开始注意到产业为人服务的根本，在主题、空间设计以及现场配套服务上关注消费者的情感需求。

科技发展驱动社会进步，也推动行业加快转型升级，朝智能化方向发展，更多以科技、智能、大数据等为主题的展会开始遍地开花。除专门的科技行业外，其他行业也开始将展会定位为智能制造、工业互联网等方向，为行业引入最新的生产和服务理念，这也成为参展企业发展的重要路径。展会现场也出现了更多以AR、VR等为代表的人机交互设备，观众能够获得更真实的体验，更真切地感受到科技给生活带来的变化。

4.科技赋能下智慧会展推动行业转型升级

互联网时代，会展业寻求与信息技术的融合发展，智慧会展应运而生，更多会展公司在探索如何通过大数据的应用实现会展业的智慧升级，从前期的招展招商、现场的活动执行到后期数据维护和展会评估，大数据都能够制定更加精准的营销策略和评估体系。在前期，H5、微网站使得展会项目的宣传推广能够借助社交媒体，达到更便捷、有效的宣传效果；通过对客户数据的管理和分析能够帮助主办方更加高效地完成招商招展工作，提高线上商务配对的精准度。在展会中，人脸识别、二维码、电子签到等形式为展会现场管理的稳定高效保驾护航；流量监测系统能够辅助缓解场馆内客流压力，热力图可以帮助展商了解展台的人气与热度。展会结束后，通过对现场数据的收集和维护可以使主办方发现问题并加以改进，有利于客户的留存和转化；相关的会展政府机构可以进行展会项目的考量和评估，推动会展业的专业化和品牌化。

目前，双线会展模式已经得到广泛应用，人们可以获得在家也能看展的

新体验。2020 年初，智慧会展加速发展，阿里巴巴、腾讯等互联网巨头的入局为会展业提供了更多可能。未来，智慧会展联动城市交通、住宿餐饮、物流配送等多个上下游行业，共同打造产业新循环，使智慧会展融入智慧城市，构建更加完善的商业模式，优化人们的生活方式，提高人们的生活质量。

会展业发展动态

B.8

2020年全球展览业发展报告

中外会展业动态评估研究报告课题组*

摘　要：　展览业由于具有跨地域集聚属性及人员密集、沟通密切和场馆密闭等特点，成为受新冠疫情冲击最严重的行业之一。全球及中国展览业陷入发展困顿期，服务能力、展出业绩和营业收入大幅下滑。为满足常态化疫情防控背景下人类经贸合作交流的需要，展览业努力探索数字化转型，积极推广绿色低碳举措，线上展览蓬勃发展并尝试与线下展览走向融合。后疫情时代，全球展览业需要持续推动会展服务模式创新，尽快实现展览业的稳步复苏和进一步发展。

关键词：　展览业　数字化转型　绿色低碳

---

* 执笔人为张敏，博士，上海会展研究院执行院长，上海大学会展专业教授、博士生导师，研究方向为会展沟通与企业间市场；唐嶔桦，博士，上海会展研究院助理研究员、研究主管，研究方向为会展沟通。

一　全球展览业发展动态

（一）新冠疫情之下，全球展览业遭受重创

全球展览业协会（UFI）发布的《全球展览晴雨表（第25版）》和《全球展览晴雨表（第26版）》显示：就平均收入而言，2020年上半年全球展览业的平均收入仅占上年同期平均收入的33%，[①] 全年则仅占2019年平均收入的28%。其中，2020年平均收入下降最多的是中南美洲和中东及非洲，分别仅占2019年的23%和24%；亚太地区则与全球平均水平基本持平，占2019年的27%；仅欧洲和北美地区的平均收入略高于全球平均水平，分别占2019年的32%和36%（见图1）。据德国经济展览和博览会委员会（AUMA）披露，作为全球会展超级强国，德国在2020年仅举办展会114场，展览规模约250万平方米，注册参展商7万家，注册参观者430万人次，降幅高达72%；2020年，展览业为德国经济贡献60亿欧元的产出，仅

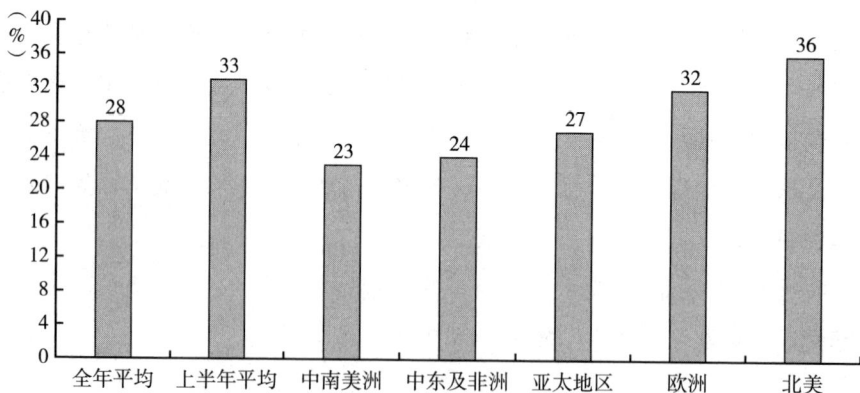

图1　2020年全球及各地区展览业平均收入占2019年的比重情况

资料来源：UFI《全球展览晴雨表（第26版）》，2021。

---

① UFI：《全球展览晴雨表（第25版）》，2020；UFI：《全球展览晴雨表（第26版）》，2021。

为一般年份的 21.42%。①

就利润而言，2020 年亚太地区和欧洲约有 47% 的展览企业面临亏损，北美地区约有 50% 的展览企业面临亏损，而中东及非洲面临亏损的展览企业占比为 58%，中南美洲的占比则更高，为 64%。2020 年，全球近 54% 的展览企业不得不裁员以节省开支，其中中东及非洲展览业裁员企业占比高达 73%，远高于北美（61%）、中南美洲（56%）、欧洲（52%）和亚太地区（49%）（见图 2）。

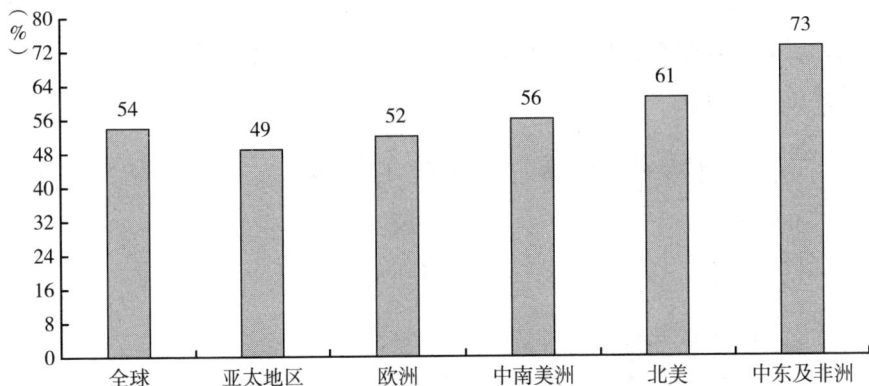

图 2 2020 年全球及各地区展览业裁员企业的占比情况

资料来源：UFI《全球展览晴雨表（第 26 版）》，2021。

就损失而言，根据 UFI 发布的《新冠肺炎疫情对全球展览和贸易展览业的损害评估报告》可知：2020 年，新冠疫情导致展会取消或延期举办，全球展览业相关产值直接损失超过 2240 亿美元。其中，北美 900 亿美元、欧洲 730 亿美元、亚太地区 520 亿美元，损失涵盖场馆经营、项目组织、服务提供以及餐饮、酒店、交通等多个关联行业；2020 年，全球参展商因大多数展览项目的延期和取消损失了近 3700 亿美元，虽然后续通过开发纯数字化方案，补偿了特定行业的一小部分损失，但还是无法弥补因无法举办线

---

① 《会展大咖说丨提振信心　协同推进会展业高质量发展》，中国贸易新闻网，2021 年 12 月 30 日，https：//www.chinatradenews.com.cn/content/202112/30/c142749.html。

下展览而造成的巨大损失。①美国展览业研究中心（CEIR）调查发现：美国每年3月1日至5月15日约举办2500场B2B展会，而2020年受全球新冠疫情影响，同一时期美国取消了50%~80%的展会，造成了约36亿美元的经济损失。AUMA调查发现：2020年受新冠疫情影响，专业展会纷纷取消和推迟，使德国经济受到了严重影响，总损失将高达30亿欧元。其中，仅专业的B2B展会无法正常召开，就影响到了德国的2.4万多个工作岗位和产生了超过4.7亿欧元的税收损失。② 由此可见，受新冠疫情影响，2020年全球展览业业务突遭变故，损失惨重。正如UFI调查所发现的，对全球展览企业而言，"新冠疫情对企业的影响"已成为2020年全球展览企业面临的最重要的商业问题（见图3）。

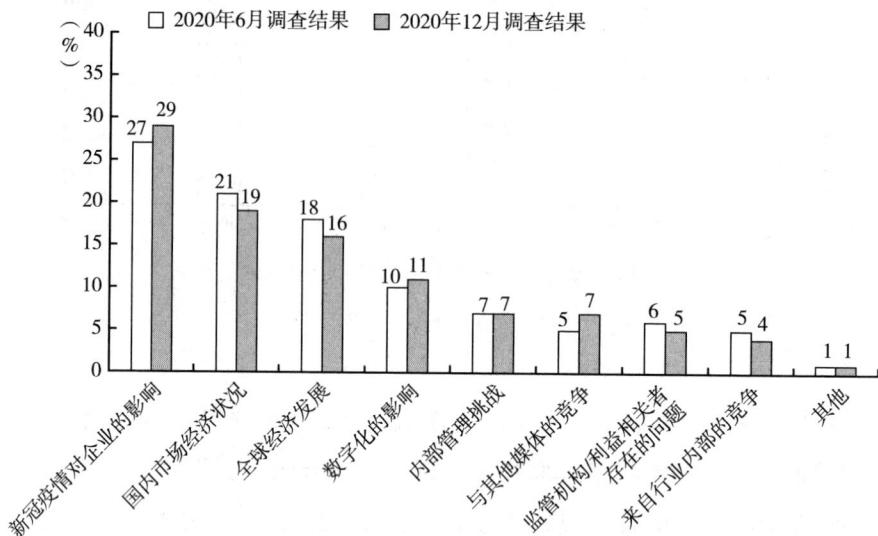

图3 2020年全球展览企业面临的最重要的商业问题

资料来源：UFI《全球展览晴雨表（第26版）》，2021。

---

① UFI, UFI Releases Figures Stating the Impact of COVID-19 on the Global Exhibition Economy in 2020, Feb. 4, 2021, https：//www.ufi.org/mediarelease/ufi-releases-figures-stating-the-impact-of-covid-19-on-the-global-exhibition-economy-in-2020/.

② 《全球会展业这次损失有多大？》，恒进展览网站，2020年3月20日，http：//www.for-expo.com/cn/content/? 129.html。

（二）品牌展会被迫停摆，行业发展陷入困顿期

2020 年尤其是上半年，受新冠疫情影响，全球大部分品牌展会难逃延期或取消的命运，被迫停摆，整个行业陷入严重的发展困顿期。2020 年 2 月 13 日，全球智能手机和移动通信领域最重要的年度盛会——世界移动通信大会（MWC 2020）主办方出于对全球新冠疫情的担忧和对巴塞罗那以及主办国安全、健康环境的充分考虑，正式宣布取消活动。MWC 2020 成为全球较早对外宣布取消活动的国际品牌大展。紧随其后，2 月 28 日，世界上规模最大的旅游业综合性展会之一——柏林国际旅游交易会（ITB Berlin）在开幕 4 天前宣布取消举办。同日，世界五大车展之一、素有"国际汽车潮流风向标"之称的瑞士日内瓦车展宣布停办，同时瑞士联邦政府宣布，2 月 28 日至 3 月 15 日，瑞士禁止举办超过 1000 人的大型集会活动。3 月 19 日，德国科隆展览集团官方宣布：截至 2020 年 6 月底，将不举办任何展览项目。旗下除 2020 科隆国际轮胎展览会（THE TIRE COLOGNE）延期至 2021 年 5 月举办外，原定于在 2020 年 6 月底举办的世界影像博览会（Photokina）、科隆国际动漫展览会（CCXP COLOGNE）、保险行业会议（InsureNXTICGN）、个性化药物展览暨学术大会（PerMediCon）都将取消举办。[1] 3 月 23 日，素有"中国第一展"和中国外贸"晴雨表"美誉的广交会也正式宣布延期举办。3 月 24 日，国际奥委会在与东京奥组委、日本政府和东京都政府讨论后，决定将东京奥运会推延至 2021 年夏天举行，延期后的奥运会名称仍保留"东京 2020 奥运会"。3 月 26 日，德意志展览集团宣布，2020 年汉诺威工业博览会无法举办，只能将其取消，这是该展会 73 年来首次停办。此后，越来越多的国际超级品牌大展宣布延期或停办，包括美国国际照明展、香港国际珠宝展、纽约国际车展、巴黎国际车展、日内瓦钟表展、中国珠海航展、亚洲消费电子展、伦敦国际书展、法兰克福乐器

---

[1] 《疫情重创下，全球会展赛事困局怎么破？》，中国贸易新闻网，2020 年 3 月 27 日，https：//www.chinatradenews.com.cn/content/202003/27/c104034.html。

展、米兰国际家具展等。UFI 的一份调查报告显示：2020 年 4~8 月，全球超过一半的展览企业没有开展过任何业务活动。其中，大部分亚太地区展览企业在 3~6 月处于"无活动期"，北美地区的"无活动期"限于 4~6 月，中南美洲、中东及非洲的"无活动期"限于 4~9 月，而欧洲的"无活动期"则是 4~8 月和 11~12 月。[①]这也进一步说明，2020 年，全球展览业受新冠疫情影响严重，业务开展困难，行业陷入发展困顿期。

（三）企业加大数字化投入，加速展览业数字化变革

2020 年，受以互联网、物联网、人工智能、大数据、云计算、VR/AR（虚拟现实/增强现实）为代表的新兴数字科技的深度应用影响，全球展览企业纷纷加大对数字化展览项目的投入，积极推动全球展览业数字化转型与变革，以此适应客群需求的改变和行业范式的变化，从而更新自身的战略定位，并以此调整企业的业务结构和资源投入，提升自身的竞争力和抗风险能力。UFI 调查发现：2020 年，全球近 60% 的展览企业加大了对数字化展览项目的投资。[②]比如，2020 年，全球知名组展商励展博览集团积极开发和部署线上展会及其配套服务项目，包括纯线上展览会、在线会议平台、实时内容流、互动目录、数字产品展示、在线网络工具、内容中心等。在全球范围内成功举办了 71 场线上展会，以及为 123 个品牌举办了 2109 场现场网络研讨会和 1511 场点播网络研讨会，观看人数达 1350 万人次，直播次数达 860 万次，点播次数达 490 万次，观众满意率为 80%，90% 的参展商和专业观众表示可能会再次参加。再比如，2020 年，英富曼公司加大对虚拟展会、数字营销服务、数字媒体、数据和研究服务等业务的投入和部署，共计举办超过 500 场线上展会，实现数字业务营收 3 亿英镑。与此同时，英富曼公司宣布启动名为"增长加速计划 2.0（GPA Ⅱ）"的战略规划，以此提升公司各业务板块的市场专业化水平和数字化水平，丰富数字服务供给，加强数字能

---

① UFI：《全球展览晴雨表（第 26 版）》，2021。
② UFI：《全球展览晴雨表（第 25 版）》，2020。

力，扩展目标受众，提高营收的多样性和质量，使各品牌展览活动更贴近客户。[1] 还有诸如法国智奥会展集团、德国法兰克福展览集团等国际会展巨头纷纷在 2020 年下场布局和探索线上办展模式，以此弥补因新冠疫情产生的损失和加速全球展览业数字化转型，维持与客户的联系，满足全球经贸合作与交往需要。

德国国家旅游局、欧洲活动中心协会和德国会议促进局联合发布报告指出，全球会展业正在积极谋求转型和变革，线上虚拟会展、线上线下相结合的混合会展以及可持续性会展将成为新趋势。《会议和活动晴雨表 2021—2022》报告显示：2021 年，德国线上线下相结合的混合会展数量增长了 280%，线上虚拟会展增长了 120%；在参与人数方面，2021 年，参加混合会展的人数为 1840 万人，而在 2020 年只有 180 万人。[2] 2020 年 12 月初，励展博览集团发布的《COVID-19 及其如何改变会展业》白皮书指出：2020 年，全球 84% 的专业观众和参展商至少尝试过一种新的数字服务；在无法或不愿意亲自参加实体展会的情况下，超过 90% 的专业观众表示希望以数字方式开展一项或多项展会活动；数字展会并没有降低"面对面"实体展会活动对参展商和专业观众的价值。[3] 由此可见，2020 年，全球展览企业纷纷加大对数字化项目的投入和部署，全球展览业数字化转型和变革势不可挡。

二　中国展览业发展动态

（一）线下展览上半年遭遇严重冲击，下半年逐步恢复举办

《2020 年度中国展览数据统计报告》显示：2020 年，中国境内仅有 151

---

① 《国际展览巨头们在后疫情时代的战略变化》，《中国贸易报》2021 年 8 月 26 日。

② 《德国探索会展经济转型》，人民网，2022 年 7 月 5 日，http：//world. people. com. cn/n1/2022/0705/c1002-32465791. html。

③ 《会展业资讯｜励展发布白皮书 COVID-19 及其如何改变会展业 》，搜狐新闻，2021 年 2 月 7 日，https：//www. sohu. com/a/449197041_ 243993。

个城市能够举办线下展览。到 2020 年末，中国共计举办 5408 场线下展览，展览总面积为 7727 万平方米，较 2019 年的 11033 场、14874 万平方米分别减少了 50.98% 和 48.05%（见图 4）。2020 年 1 月 23 日至 4 月下旬，全国取消或延期的展览超 3500 场，展览面积超过 5000 万平方米。2020 年下半年，线下展览逐步恢复举办。中国成为 2020 年全球范围内唯一能够正常举办线下展览的国家。

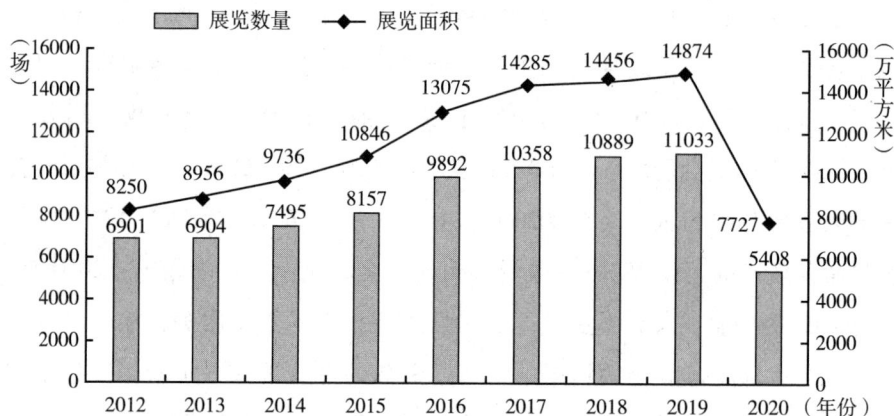

图 4　2012~2020 年中国展览数量及展览面积情况

资料来源：中国会展经济研究会发布的《2020 年度中国展览数据统计报告》。

自 2020 年 1 月 24 日起，包括北京车展、广交会、中国—南亚博览会、数博会等众多国际性品牌大展在内的展览选择停办或者延期举办。6 月，线下展览在上海、广州、深圳等一线城市次第恢复，随后二线城市的线下展览相继恢复。2020 年下半年，进博会、服贸会、广交会、中国—东盟博览会等一大批政府主导型展览的相继举办，对展览的恢复、提振展览业界信心和疫情防控规范发挥了较好的示范效应。

2020 年中国展览业省域情况方面，上海、广东、山东、江苏、四川、重庆、浙江、广西、湖南、河南的展览数量较多、展览面积较大。其中，2020 年上海举办展览 550 场，展览面积达 1107.79 万平方米，比 2019 年的 1043 场和 1941.67 万平方米，减少了 493 场和 833.88 万平方米，仅分别为

2019 年的 52.73%和 57.05%，但仍保持全国展览第一城的位置（见表 1）。
2020 年中国展览业城市情况方面，上海、广州、重庆、深圳、青岛、成都、
桂林、长沙、南京、昆明的展览数量较多、展览面积较大。其中，深圳由于
新会展中心的投入使用，成功举办 107 场展览，展览面积 349.30 万平方米，
仅比 2019 年减少了 14 场和 45.7 万平方米，成为国内降幅最小的大型展览
城市（见表 2）。深圳展览的平均面积达 3.26 万平方米，在全国各城市中最
大。由此可见，城市新会展中心的投用使用以及大型项目的聚集对城市展览
业的升级发展具有重要作用。

表 1　2020 年中国部分省（区、市）展览数量和展览面积及其变化情况

单位：场，万平方米

省 （区、市）	2020 年 展览数量	2019 年 展览数量	增加/减少	2020 年 展览面积	2019 年 展览面积	增加/减少
上海	550	1043	-493	1107.79	1941.67	-833.88
广东	795	1029	-234	1020.03	1721.83	-701.80
山东	587	1004	-417	1013.11	1505.28	-492.17
江苏	610	1186	-576	558.41	1080.75	-522.34
四川	367	953	-586	462.62	1020.84	-558.22
重庆	242	513	-271	447.00	992.00	-545.00
浙江	438	697	-259	443.17	831.96	-388.79
广西	250	156	+94	379.94	197.23	+182.71
湖南	202	274	-72	246.27	324.50	-78.23
河南	213	412	-199	223.85	442.23	-218.38

注："+"表示增加；"-"表示减少。
资料来源：中国会展经济研究会发布的《2020 年度中国展览数据统计报告》。

表 2　2020 年中国部分城市展览数量和展览面积及其变化情况

城市	2020 年展 览数量（场）	2019 年展 览数量（场）	2020/2019 （%）	2020 年展览 面积（万平方米）	2019 年展览 面积（万平方米）	2020/2019 （%）
上海	550	1043	52.73	1107.79	1941.67	57.05
广州	575	690	83.33	471.00	1024.02	46.00
重庆	242	513	47.17	447.00	992.00	45.06

续表

城市	2020 年展览数量(场)	2019 年展览数量(场)	2020/2019(%)	2020 年展览面积(万平方米)	2019 年展览面积(万平方米)	2020/2019(%)
深圳	107	121	88.43	349.30	395.00	88.43
青岛	210	286	73.43	311.00	426.00	73.00
成都	211	335	62.99	305.78	425.20	71.91
桂林	190	85	223.53	303.00	95.40	317.61
长沙	202	273	73.99	246.27	321.00	76.72
南京	228	543	41.99	229.27	512.30	44.75
昆明	78	132	59.09	221.00	374.00	59.09

资料来源:中国会展经济研究会发布的《2020 年度中国展览数据统计报告》。

(二)紧随全球数字化转型步伐,促进线上线下展览融合发展

2020 年是数字化元年,更是全球展览业加快数字化变革和转型之年。中国紧随全球展览业数字化变革和转型步伐,积极借助人工智能、VR、5G、云计算等数字技术融合线上线下展览,连接国内国际市场,对助力中外企业保持和拓展国际贸易渠道,增进中外经贸交流与合作产生了重要作用。2020 年 4 月 13 日,商务部办公厅下发的《关于创新展会服务模式 培育展览业发展新动能有关工作的通知》指出,创新展会服务模式尤其是充分运用 5G、VR/AR、大数据等现代信息技术手段,举办"云展览",开展"云展示""云对接""云洽谈""云签约",推动传统展会项目数字化转型,促进线上线下办展融合发展是党中央、国务院推动行业加快恢复和发展的重要举措。由此,中国线上展览发展步入快车道。2020 年 4 月 14 日在北京开幕的中国—拉美(墨西哥)国际贸易数字展览会,成为首个在线举办的国际贸易展会。2020 年 6 月 15 日,拥有 60 多年历史的老牌展会广交会第一次在"云上"拉开序幕。2.5 万家参展企业,180 万件商品,数十万家全球采购商和数以百万计的中国外贸从业人员,10 天内 24 小时不间断进行网上洽谈,为全球贸易注入新动能。[①]

[①] 《客从云上来——广交会首次网上举办折射中国经济新动向》,中国政府网,2020 年 6 月 15 日,http://www.gov.cn/xinwen/2020-06/15/content_5519575.htm。

此外，进博会、服贸会、中国—东盟博览会等国家重大博览会也积极拥抱数字化变革，促进线上展览与线下展览融合发展。据不完全统计，2020年中国各地、各机构举办的线上展览达697场。由会展公司为参展商举办的小型线上会销活动则高达千场之多。①

第三届进博会依托移动互联网、大数据、云计算、VR、AR等先进数字技术打造"6天+365天"一站式交易服务平台，为全球参展商和专业观众提供在线展示、在线撮合、在线交易、在线支付等专业服务，促进供需匹配，打造线上线下结合、长期短期结合、永不落幕的进博会；2020"云上服贸会"则借助云计算、人工智能、大数据、物联网、5G等前沿技术，打破时间、空间、语言限制，完美呈现云上"展、论、洽"三大主题场景的技术创新。2020年中国—东盟博览会通过运用"线上随心逛，线下精准聊"的引流导流模式和虚拟会场、VR直播、智能同传翻译等与真实场景相结合的虚拟现实模式，促使线上展览与线下展览相辅相成、融合发展。由此可见，随着全球展览业数字化变革和转型，积极探索线上展览与线下展览融合发展已经成为现阶段中国展览业创新发展的重要模式。

（三）企业普遍面临生存压力，技术服务商大量涌现

2020年上半年，全国性线下展览的取消、延期和企业加大对数字展览业务的投资与布局，导致中国展览业出现了全国性亏损的局面。2020年上半年，线下展览的停办导致会展场馆企业收入剧减，展览工程企业几乎无业务，而国际展览市场的冷淡也导致中国出展企业业务的全面停摆。大量中小微展览企业歇业、裁员减薪，处于生死线边缘。随着2020年下半年线下展览的逐步恢复，展览企业虽然经营形势逐步好转，但年度经营亏损已成定局。《2020年度中国展览数据统计报告》显示：2~5月，广东省延期或取消的展览达172场，展览面积约946万平方米；全省组展机构营业收入大幅下降，半数企业降幅超过50%，收入减少1000万元以上的企业占21%。

---

① 中国会展经济研究会：《2020年度中国展览数据统计报告》。

《2021 年度中国展览数据统计报告》进一步披露，哪怕是在整体形势呈现恢复性增长的 2021 年，全国以会展为主营业务的 20 家上市公司（其中主板公司 5 家、新三板公司 1 家）的总净利润仅有 0.52 亿元。其中，亏损公司 9 家（其中主板公司 3 家、新三板公司 6 家），亏损面达 45%，亏损额总计 7.26 亿元，并且其中有 6 家公司已是连续两年亏损。对于出国参展办展企业而言，2020 年更是极为难熬的一年。相关调研显示：2020 年中国出展业务收入几乎为 0。截至 2020 年 10 月，所有出展企业主营业务收入下降了 80% 以上，近一半出展企业表示受到了致命的打击，将难以为继。[1]

此外，企业加大对数字展览业务的投资和部署，从而使长期服务会展业的数字技术提供商营收大幅增长和数字展览技术服务提供商大量涌现，数百家新技术服务提供商，包括阿里巴巴、腾讯、华为、京东、百度等知名企业（见表 3）相继进入会展业，带来了大量新数字展览解决方案，合力推动中国展览业数字化转型升级发展。比如，2020 年，腾讯会议的用户呈现爆发式增长，上线 245 天用户突破 1 亿名，成为国内最先突破 1 亿名用户的视频会议产品。2020 年，有 3 亿场会议在腾讯会议上进行，使云会面、云洽谈、云招标、云签约成为新趋势。再比如，华为作为全球领先的信息与通信（ICT）基础设施和智能终端提供商，在 2020 年 12 月 4 日的华为技术服务伙伴大会上，发布"商臻·云上会展解决方案"。该方案提出的"数字双螺旋"体系，旨在通过 5G、云计算、大数据、自动化、扩展现实（Extended Reality，XR）等领先的 ICT 技术，助力企业能够快速、自助搭建云展厅以及实现云直播、云会议及云交易等全流程数字化营销。2020 年中国国际智能产业博览会通过华为"商臻·云上会展解决方案"实现了 551 家参展单位 2~3 天自助完成 3D VR 虚拟展台布展，最终达到 2400 万+人次线上浏览。[2] 至此，不难看出，2020 年虽然是改革开放以来中国展览业最为艰难的一年，但中国展览业数字化转型步伐加快，中国展览业在云上会展平台、线

---

① 中国会展经济研究会：《2020 年度中国展览数据统计报告》。
② 《华为发布商臻·云上会展方案》，华为网站，2020 年 12 月 4 日，https://www.huawei.com/cn/news/2020/12/huawei-gts-partner-conference-cloud-exhibition-digital-transformation。

上展示、洽谈和贸易、网络营销、数据挖掘以及新媒体运营、维护等方面取得了跨越式进步，这对中国展览业的长远发展具有积极而重大的意义。

表3　2020年中国代表性数字展览技术服务提供商及其产品特色

阿里巴巴	2020年5月7日，上海市国际贸易促进委员会与阿里巴巴双方共同建设云上会展有限公司，注册资金1亿元，其中，阿里巴巴占股51%，上海市国际贸易促进委员会下属上海市国际展览(集团)有限公司占股49%，云上会展的定位为"打造线上会展业数字基础设施"，依托阿里巴巴在人工智能、5G、大数据等新基建技术的优势和上海市国际贸易促进委员会旗下的展览资源，开辟云上展览新平台
腾讯	2020年4月15日，中国对外贸易中心(集团)确定腾讯成为第127届广交会技术服务商，为广交会网上举办提供整体技术支持、平台研发服务与云资源支撑；5月15日，腾讯"全新云会展解决方案"正式对外亮相，基于云计算等腾讯技术能力，提供线上助展、供采对接、智慧场馆、产业互联等服务，帮助会展行业实现增值，提升行业竞争力
华为	2020年12月4日，华为在技术服务伙伴大会上，发布"商臻·云上会展解决方案"，该方案基于"数字双螺旋"体系，运用5G、云计算、大数据、自动化、XR等领先的ICT技术，打造会展数字化与企业营销数字化相结合的一站式云上会展服务，旨在助力企业快速、自助搭建云展厅，实现云直播、云会议及云交易等全流程数字化营销
京东	2020年6月16日，京东成为服贸会数字平台的技术服务商； 2020年9月7日，"京东会展云全系列产品"在服贸会上正式发布，旨在利用云计算、人工智能、区块链/大数据、物联网等前沿技术，对招商引资、展会服务进行创新，打造符合政府场景和全套企业会展的云会展产品，助力政府和企业高效办展，特色化功能包括云上直播、云上会议、同声传译、即时通信、私密会谈、阅后即焚、基于区块链的电子合同； 2021年8月，京东科技作为战略投资者，与首旅集团、首钢建投、法国智奥会展集团共同加入北辰会展集团，成立首都会展集团，负责"云上服贸会"数字平台的日常运营维护和数字技术提供
百度	2020年5月，"百度VR·云展会解决方案"正式亮相，该方案是以"3D数字孪生+WebVR技术"为基础，以VR场景漫游、VR商品展示为主要载体，同时背靠百度产品能力矩阵，实现在线直播、视频会议、实时翻译、大数据分析等功能，构建的一整套线上云展会营销系统解决方案，其独特优势在于"全链路"，即一站式解决展前、展中、展后的营销难题，可同时满足观展方的"云逛展"诉求、参展方的"线索转化"诉求

（四）受国际展览业务停摆影响，中国境外办展参展陷入全面停滞

2020 年，受国际展览业务停摆影响，中国境外办展参展业务陷入全面停滞，以境外办展为主营业务的中国展览企业普遍陷入亏损境地，面临严重的生存危机。《2020 年度中国展览数据统计报告》显示：2020 年，中国境外参展办展总数量为 209 场，较 2019 年境外参展办展总数量的 1765 场减少了 1556 场，降幅高达 88.16%；2020 年中国境外参展办展总规模为 20.94 万平方米，较 2019 年境外参展办展总规模的 202.59 万平方米减少了 181.65 万平方米，降幅高达 89.66%（见图 5）。其中，2020 年中国境外自主办展总数量仅为 2 场，较 2019 年中国境外自主办展总数量的 137 场减少了 135 场，降幅高达 98.54%；2020 年中国境外自主办展总规模仅为 1.68 万平方米，较 2019 年中国境外自主办展总规模的 67.92 万平方米减少了 66.24 万平方米，降幅高达 97.53%（见图 6）。由此可知，2020 年，中国境外参展总数量为 207 场，参展总规模为 19.26 万平方米，分别占 2020 年中国境外参展办展总数量及总规模的 99.04% 和 91.98%。进一步调查发现：2020 年，6316 家中国企业参加境外展会，较 2019 年的 61000 家中国企业减少了

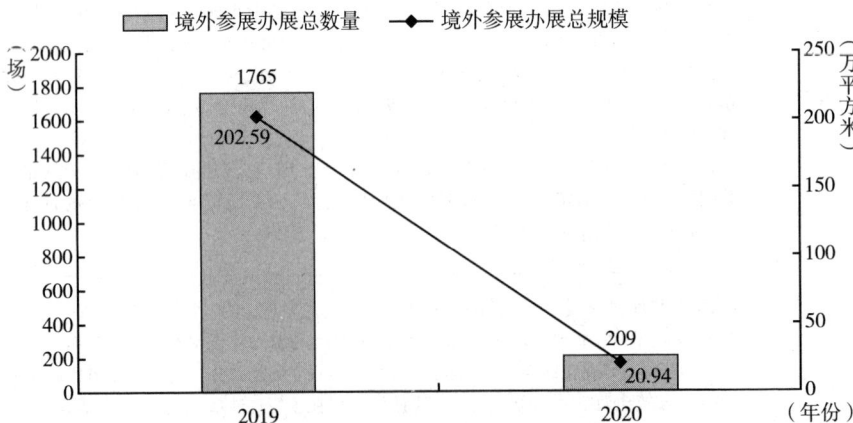

图 5　2019~2020 年中国境外参展办展情况

资料来源：中国会展经济研究会发布的《2020 年度中国展览数据统计报告》。

54684家，降幅高达89.65%。而受到新冠疫情影响，自2020年3月4日起，就再无一家中国企业出境参加线下展览。① 这也再次说明了，2020年是全球展览业的"至暗时刻"。

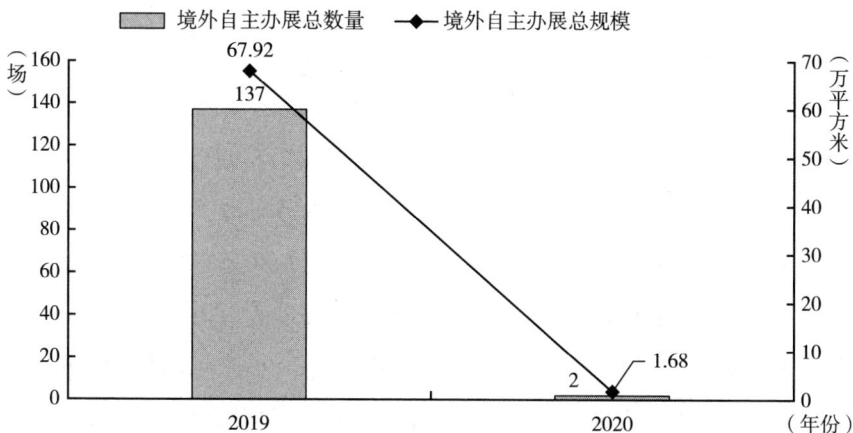

图6 2019~2020年中国境外自主办展情况

资料来源：中国会展经济研究会发布的《2020年度中国展览数据统计报告》。

（五）场馆市场规模仍保持小幅度增长，国家对展览场馆建设提出新要求

与展览企业业务险些遭遇"灭顶之灾"有所不同的是，2020年中国在展览场馆市场规模方面仍保持小幅度增长。2020年，全国已投入使用的展览场馆达到298座，比2019年增加了6座，增长幅度约为2%（见图7）；室内可租用总面积约1229万平方米，比2019年增加了约32万平方米，增长幅度约2.7%，由此可见中国展览场馆总供应量仍保持小幅度增长。从数量来看，据中国会展经济研究会统计，2020年，中国有28个展览场馆室内可租用面积在10万平方米以上，比2019年增加3个，约占全国展览场馆总数量的9.4%。对比2019年可以看出，中国大中型展览场馆数量稳步增长，

① 中国会展经济研究会：《2020年度中国展览数据统计报告》。

显示出我国展览场馆市场规模不断扩大的发展趋势。此外，2020 年，随着郑州、天津、武汉、厦门、贵阳、杭州、济南等地稳步推进城市大中型展览场馆的新建以及临沂、滨州、太原、长沙等地科学谋划，本地大中型展览场馆的报建立项工作积极推进，可预见未来中国展览场馆市场规模仍将保持稳步增长态势。2020 年，全国在建的展览场馆数量达 24 座，与 2019 年在建的展览场馆数量保持一致；在建展览场馆室内可供展览总面积约 358.6 万平方米，比 2019 年增加 96.9 万平方米。重点建设项目包括济南绿地国际博览城（51 万平方米）、武汉天河国际会展中心（45 万平方米）、天津国家会展中心（40 万平方米）、杭州大会展中心（一期）（30 万平方米）、厦门翔安新会展中心（30 万平方米）、贵阳空港国际会展中心（26 万平方米）和郑州华南城会展中心（18 万平方米）等。2020 年，已立项待建展览场馆达 6 座，分别为临沂鲁南国际博览城（20 万平方米）、滨州新中国厨都国际会展中心（10 万平方米）、山西国际会展中心（10 万平方米）、长沙国际会展中心二期（6 万平方米）、乐山国际博览城（6 万平方米）中山翠亨新区国际会展中心（暂定名，5 万平方米）。[①] 综合来看，未来中国展览场馆仍有增

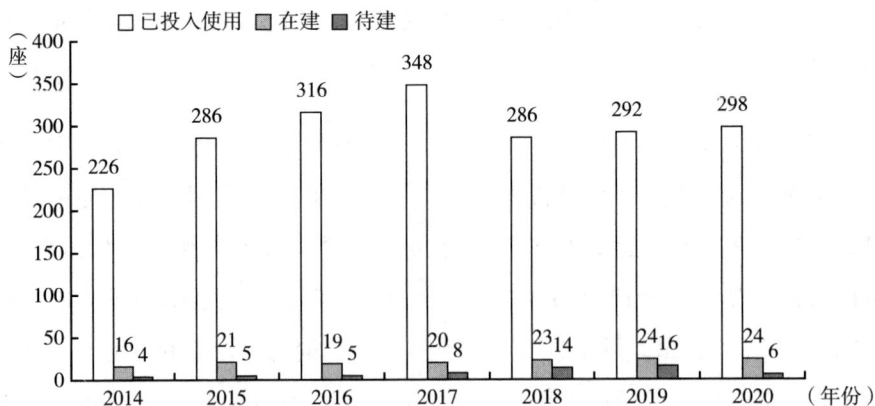

图 7　2014~2020 年中国已投入使用、在建及待建的展览场馆情况

资料来源：中国会展经济研究会发布的《2020 年度中国展览数据统计报告》。

---

① 中国会展经济研究会：《2020 年度中国展览数据统计报告》。

量，这充分彰显了地方政府对大中会展中心及其综合体集聚优质展览项目，拉动城市基础设施更新迭代和带动地方产业经济发展抱有信心，并寄予厚望。

三　全球及中国展览业发展趋势

（一）"复苏"将成为全球及中国展览业发展的主基调

截至 2023 年 2 月，多个国家重新向世界开放市场，共同促进全球经济复苏。因此，面对如此形势，"复苏"也将成为全球及中国展览业发展的主基调。截至 2022 年 12 月，全球 70% 的展览企业已恢复展览，而在 1 月这一比重仅为 30%。与此同时，2022 年全球展览业平均收入呈现明显增长态势，已达到 2019 年平均收入的 73%。其中，英国为 89%、意大利为 86%、韩国为 82%、日本为 80%，而中国仅为 57%。[1] 全球展览企业面临的最重要的商业问题从"新冠疫情对企业的影响"转变为"内部管理挑战""数字化的影响""与其他媒体的竞争"。由此可见，从全球范围内来看，关注展览企业内部管理和数字化转型发展，推动全球展览业强劲复苏已经成为全球展览业发展的主基调和展览企业的最主要关注。

对于中国而言，中国共产党第二十届中央委员会第二次全体会议公报明确提出"着力推动经济稳步回升、促进高质量发展"是 2023 年中国经济发展的主方向。因此，"复苏"将是未来中国展览业发展的主基调。与此同时，随着第二十四届冬季奥林匹克运动会在中国的圆满举办以及广交会、服贸会、进博会、消博会等一大批大型国际展览的成功举办，还有从《中华人民共和国国民经济和社会发展第十四个五年规划和 2035 年远景目标纲要》《"十四五"商务发展规划》《"十四五"对外贸易高质量发展规划》等国家重要规划对展会平台的重视程度可看出，中国对本

---

[1]　UFI：《全球展览晴雨表（第 27 版）》，2022。

国展览业的发展寄予厚望。应该说，全球及中国展览业的复苏前景较为
明朗。

（二）"数字化转型"将在全球及中国展览业发展中日益显著

2020年以来，以人工智能、大数据、云计算、区块链、VR、移动互联
网为代表的数字技术发挥了重要作用，给全球展览业带来了新生机，也促使
越来越多传统展览企业意识到加快推进展览业务数字化转型的重要性，未来
全球及中国展览业的数字化转型趋势将日趋显著。UFI发布的《行业合作伙
伴基准调查报告（第二版）》显示：在新冠疫情背景下，对举办会展活动
各项基本服务的需求量整体稳步下降，唯一一个需求量上升的是数字技术服
务，其中66%的受访者对VR的应用有很高需求，59%的受访者对撮合交易
有较高的需求。[①]《全球展览晴雨表（第29版）》显示：数字化技术备受全
球展览业关注。约30%的展览企业已为展览和相关产品制定数字化转型战
略；71%的亚太地区展览企业已经将数字化产品和服务（如应用程序、数字
广告和数字标牌）成功应用到展览项目中，高于全球平均水平（65%）；在
企业工作流程数字化方面，中东及非洲占比高达62%，欧洲占55%，亚太
地区仅占49%。[②]与此同时，2022年，全球展览业掀起了一波数字企业并购
潮，以此加速践行展览企业数字化转型战略。比如，2022年7月13日，美
国翡翠集团（Emerald）成功收购了一家名为Bulletin的B2B电子商务平台，
以此实现线下零售展会和线上电商的能力闭环。再比如，2022年7月19
日，英富曼公司宣布以3.89亿美元的价格收购了在B2B领域拥有10年行
业经验的高质量专业数字内容的领导平台——Industry Dive。英富曼公司期
望通过整合线下展览、线上视频业务以及专业研究等资源，更好地为客户提
供包括线下互动、数字内容等在内的多样化数字化服务。由此可见，数字化

---

① 《UFI最新报告显示：66%的受访者在未来会展活动中对虚拟现实的应用有很高需求》，中
  国贸促会展览公共服务网，2021年12月21日，https：//exhibition. ccpit. org/articles/274。

② 《国际展览协会（UFI）最新报告：全球展览业复苏加快，前景可期可待》，中国贸促会展
  览公共服务网，2022年8月29日，https：//exhibition. ccpit. org/articles/1707。

是现阶段全球展览业寻求转型升级发展的主流方向。

对于中国而言，数字化已成为"十四五"时期中国国家经济发展的重点方向。《"十四五"数字经济发展规划》明确提出，要加快推动会展等领域的数字化供给和网络化服务，以及深化人工智能、VR、8K高清视频等技术的融合和在展览等领域的应用。《中国会展主办机构数字化调研报告（2022）》认为：中国会展业数字化转型的步伐加快，超过90%的会展主办机构正在尝试数字化转型，并且90%以上的展览企业对会展数字化转型持乐观和积极的态度，33.33%以上的展览企业认为数字化转型比以前重要得多，31.3%的展览企业认为数字化收入将是未来展览企业发展的大方向。[①]由此说明，加速推进会展业数字化转型已成为行业共识。

可以预见的是，线上线下展览融合发展、展览场馆建设的智能化强化以及数字化展览信息平台建设将是未来全球及中国展览业数字化转型升级的重点方向。[②] 线上线下展览融合发展，即线下实体展览与线上数字化展览充分利用各自优势，实现"双线融合"。数字展览具有建展时间短、参展成本低、营销更精准、能够打破时空地域限制、实现永不落幕的展示等优势，传统展览则具有现场看样、试用、成交以及客商体验感更好等优势，两者互为补充、相辅相成。展览场馆建设的智能化强化主要体现在场馆运营智能化、管理智能化、服务智能化、基础设施智能化等多个方面，通过通信技术、新兴互联网云技术、大数据与物联网技术、地理信息、数据计算和存储能力、5G、移动应用技术等的加持，数字展览应用场景逐渐被开发。数字化展览信息平台建设，一方面可充分利用大数据挖掘、室内定位、机器仿生学习、人工智能等前沿数字科技，结合企业业务特点为展览项目搭建数字化展览信息平台，进而更好地服务于企业和行业的发展；另一方面，在全球展览业智能化、数字化水平进一步提升和全球数字基建进一步夯实的基础上，加强全球数字展览网络安全，进而探索构建跨国或跨

---

① 《会展数字化加速90%主办机构积极转型（创新会展·行业篇）》，《中国贸易报》2022年4月14日。
② 中国国际贸易促进委员会：《中国展览经济发展报告（2021）》。

区域的展览公共服务平台，以此加速推动全球或区域展览业的数字化、智能化发展。

（三）"绿色、低碳"将成为全球及中国展览业变革升级的新方向

全球及中国展览业在数字化转型与变革的同时，使得绿色、低碳、环保、可持续发展理念更加深入人心。唯有秉持绿色、环保的发展理念和走绿色、低碳的经济复苏道路，人类才能提升抵御外界风险的能力，实现自身的可持续发展。正如中国国际民间组织合作促进会、白杨融媒等机构单位联合调研所发现的——"2008年金融危机后的高碳复苏教训已经让全世界意识到，一份能够兼顾短期经济社会迅速复原与长期可持续发展，同时创造环境效益和社会效益的复苏方案对应对危机后复苏十分重要。"①

国际方面，英国、德国、日本等多国政府在讨论或出台经济刺激计划时共同将数字化和绿色低碳发展作为本国经济复苏的主要原则。同时，以联合国、世界银行、国际能源署等为代表的全球各组织机构积极呼吁各国将其"一揽子"经济刺激计划与生态环境保护和气候行动紧密结合，进而推动经济绿色低碳发展。可以说，寻求绿色低碳转型发展已逐渐成为全球复苏政策的焦点。而中国在2021年正式发布了《国务院关于加快建立健全绿色低碳循环发展经济体系的指导意见》，并明确提出了要推进会展业绿色发展，指导制定行业相关绿色标准，推动办展设施循环使用，确保实现碳达峰、碳中和目标。由此，绿色、低碳已成为全球及中国展览业变革升级的新方向。

对于全球及中国展览业而言，要想实现展览业的绿色低碳发展，首先要从认知层面上提升展览业从业人员以及专业观众、参展商对展览业绿色低碳发展理念的重视，全方位全过程推行"绿色规划、绿色设计、绿色投资、绿色建设、绿色生产、绿色流通、绿色生活、绿色消费"。其次，要在场馆建设、展会组织、展示设计、展台搭建及展会服务等全产业链实现

---

① 《研究报告："绿色复苏""低碳经济"将成后疫情时代主题之一》，澎湃，2021年3月3日，https://www.thepaper.cn/newsDetail_forward_11535492。

绿色低碳发展，促进绿色布展参展常态化，推动绿色服务在展览领域的安全、高效利用。比如，在满足展示需求的情况下，环保展台设计制作提倡减少构件材料，实现模块化组装，要求采用低能耗、低污染、可降解、可循环的材料进行搭建。再比如，在展览内容上，围绕绿色、低碳、环保、可持续发展理念策划以清洁能源、新能源、智能制造、生态环境保护等为主题的展览项目，由此全方位全过程推动全球及中国展览业实现绿色低碳发展。

（四）"国际化"将成为全球及中国展览业发展的基本要求

一方面，受俄乌危机影响，包括展览业在内的众多产业面临着严重的全球产业链、供应链断裂危险，可以说，不管是参与企业还是展览企业都急需国际性的展会平台来链接产业链上下游，实现产业链和供应链的恢复和重组；另一方面，展会平台自身受规模报酬递增驱使，引领参与企业从城际、省域、国家、洲域走向全球，助推人类国际化分工合作符合其自身的发展规律，尤其是加快构建以国内大循环为主体、国内国际双循环相互促进的新发展格局已成为中国"十四五"时期经济发展的重要指导方针，就更加需要展览业发挥国际交往合作的桥梁作用，从而助力企业、行业以及国家发展行稳致远。

未来，中国不仅需要继续深化拓展双边和区域性展览平台，如中国—东盟、中国—南亚、中国—东北亚、中国—中东欧国家、中国—非洲、中国—阿拉伯国家、中国—亚欧、"一带一路"、金砖国家、APEC、RCEP等双边和区域性展览平台，并在题材上实现新突破，从而帮助各领域企业深化拓展国际市场，还需要进一步加大境外办展参展的力度，提升中国自主品牌展会的影响力和国际知名度，将展会类别从轻工服装、化工机械、农产品拓展到更宽的领域。与此同时，中国展览企业要继续加强与国外优秀展览企业的交流学习以及业务合作，进而取长补短，以期中国展览企业能在场馆建设、企业管理、展览流程、人才培养等多方面达到国际一流水准。

（五）"新题材"将在全球及中国展览业发展中不断涌现

在全球高科技竞争加剧、新一轮科技革命和产业变革突飞猛进的时代背景下，"新题材"将在全球及中国展览业发展中不断涌现。一方面，当今世界正经历百年未有之大变局，全球围绕数字技术、生物医药、新材料、高端装备、新能源、节能环保等领域的竞争将愈演愈烈。因此，未来全球及中国展览业必将围绕5G、集成电路、人工智能、大数据、区块链、疫苗、抗癌药、新能源汽车、智能制造、航空航天、轨道交通等细分领域策划组织专业展会。另一方面，促进新消费已基本成为全球和中国推动经济复苏的主要手段。2022年，《国务院办公厅关于进一步释放消费潜力促进消费持续恢复的意见》指出，要加力促进健康养老托育等服务消费、持续拓展文化和旅游消费、大力发展绿色消费以及充分挖掘县乡消费潜力，以此拉动经济增长，保障和改善民生。因此，未来全球及中国展览业必将涌现一大批以老年医疗、休闲度假、慢性病管理、中医理疗、养生保健、有机农产品、婴幼儿护理、早教、红色旅游、工业旅游、绿色建材、绿色出行等为主题的新展会项目。同时，随着"Z世代"已逐渐发展成为新的主流消费群体，以动漫、电竞、潮玩、宠物、健身等为主题的展览在未来一段时间内必将成为中国及全球展览业的热点领域。

B.9
2020年国际会议业发展报告

中外会展业动态评估研究报告课题组*

摘　要： 在线会议技术和会议平台的快速发展，为远程办公与线上教学，特别是为人类社会须臾不可或缺的各类会议活动提供了超越物理空间的重要沟通平台。线上线下融合发展的国际会议业创新模式，必将大有可为且前景光明。国际重大会议如G20、金砖国家领导人会晤等采用线上视频会议，开创在线会议新模式，国际会议业数字化转型迎来"黄金窗口期"。同时，绿色低碳会议成为会议业转型升级的新动能。

关键词： 数字化转型　在线会议　国际会议业　绿色低碳会议

一　国际协会会议分析报告

（一）国际协会会议数量持续增长

据国际协会会议（ICCA）统计，1963~2017年，全球共举办了225243场国际会议。其中，1963~1967年举办的国际会议占比不到1%，2013~2017年举办的国际会议占比超过30%（见图1），显示出国际会议数量快速增长的趋势。[①] 总体而言，国际会议每年以10%的增速发展，每10年实现增长翻一番。

---

* 执笔人为张敏，博士，上海会展研究院执行院长，上海大学会展专业教授、博士生导师，研究方向为会展沟通与企业间市场；冯岚，博士，上海会展研究院助理研究员、研究主管，研究方向为会展沟通。

① 注：ICCA每5年发布一次《国际协会会议当代史》研究报告，对国际协会会议数据进行统计分析。因受新冠疫情影响，2023年最新发布的研究报告（2018—2022）采用了与以往不同的统计方法，本部分数据主要来自《国际协会会议当代史》（1963—2017）研究报告。

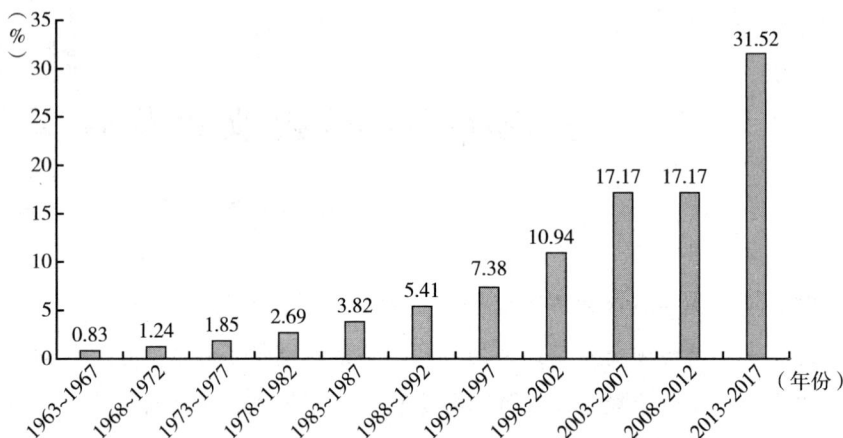

图1 1963～2017年国际会议数量占比

资料来源：ICCA发布的《国际协会会议当代史》（1963—2017）研究报告。

1. 欧洲国际会议数量整体下滑，亚洲稳步增长

欧洲作为国际会议发源地，依然占据国际会议半数以上市场。值得关注的是，欧洲国际会议数量占比在过去的几十年里，整体呈现了明显的下跌趋势，从1963～1967年的71.8%降到2013～2017年的53.6%。而亚洲国际会议市场，则实现从8.4%到18.5%的平稳增长，增加了10.1个百分点（见图2）。

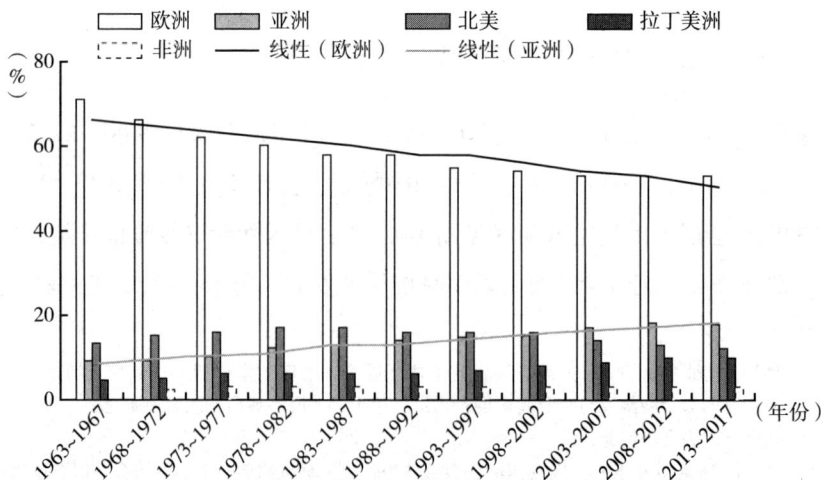

图2 1963～2017年各大洲国际会议数量占比

资料来源：ICCA发布的《国际协会会议当代史》（1963—2017）研究报告。

拉丁美洲和非洲也是国际会议热门目的地，拉丁美洲国际会议数量始终保持小幅增长，非洲则增速较缓慢，在2013~2017年呈现略微下降趋势。

2. 国际会议规模不断缩小，平均参会人数减少

据ICCA发布的报告统计，国际会议规模缩小日趋明显。国际会议平均参会人数从1963~1967年的1263人降到2013~2017年的409人，降幅达2/3。规模在50~249人的小型会议在国际会议市场占主体地位（占62%），规模为500人以上的会议数量减少最快，规模为250~499人的会议数量相对保持稳定。国际会议发展趋势是规模小、数量多的国际会议将越来越普遍。

尽管国际会议规模日益缩小，但全球参会人数增长出现新高。全球参会人数1963~1967年约200万人，2013~2017年则快速攀升至2500万人。其中，欧洲国际会议参会人数占比为49.4%，与其53.6%的国际会议数量占比接近，但也显示出欧洲国际会议规模相对变小。亚洲、北美和拉丁美洲的国际会议参会人数高于其国际会议数量占比。以美国为例，2013~2017年其国际会议参会人数高达210万人，稳居全球参会人数前列；柏林超过伦敦进入全球前列；伊斯坦布尔跌出全球前列。

3. 科技类会议发展迅猛，年会会议异军突起

在过去的20年里，医药类会议以16.6%的占比在国际会议类型中独占鳌头。随着人工智能、大数据等信息科技的快速发展，科技类会议增幅更加显著，从1963~1967年的6.1%增长到2013~2017年的14.4%。每年举办一届的年会会议数量占比剧增，从1963~1967年的36.1%增长到2013~2017年的59.8%，占据会议市场绝对优势。两年举办一届或两年以上举办一届的年会会议，总体数量逐渐下降。这反映出全球会议市场对年会会议需求的客观现状，主办方相对稳定、会议主题紧跟市场及时更新、会议内容与市场需求高度结合的年会会议，越来越受到会议市场的青睐。

4. 国际会议城市竞争日益激烈，新兴市场会议发展迅速

ICCA 数据显示，ICCA 成员数量从 1963 年的 7 家增加到 2017 年的 1055 家（见图 3），增长了 149 倍。1997～2017 年，新加入 ICCA 的成员占比为 55%，比 1972～1996 年新成员占比还多 10 个百分点，前者增长率是后者的近 2 倍，这反映出近 20 年国际会议快速发展的步伐。ICCA 成员的不断增加，加速了国际会议市场的更新，特别是新兴市场国际会议发展迅速，国际会议城市竞争变得日益激烈。

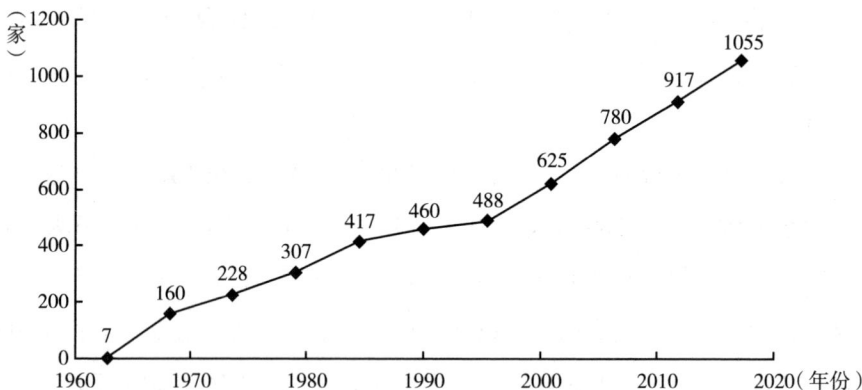

图 3　1963～2017 年 ICCA 成员数量

资料来源：ICCA 发布的《国际协会会议当代史》（1963—2017）研究报告。

据《ICCA 2020 会议统计分析报告》统计，原本在 2020 年举办的各种类型的会议，出现了延期、取消或更换举办地等情况。2020 年，全球共举办 8409 场国际会议，其中延期举办的会议为 3714 场，约占会议总数的 44%；被取消的会议为 1211 场，约占会议总数的 14%。

在全球范围内，部分地区的国际会议未受到新冠疫情的严重影响，有些国际会议采用了虚拟会议的方式举办，有些国际会议采用了"线上+线下"双线融合的方式举办。其中，全球采用虚拟会议方式的国际会议为 2505 场，约占会议总数的 30%；采用"线上+线下"双线融合方式的国际会议为 144 场，约占会议总数的 2%。

（二）会议业经济影响力分析

1. 美国会议业经济影响力较强

2018 年 12 月，美国活动产业理事会（EIC）发布《全球商务活动经济影响力报告》①（以下简称《报告》）。EIC 每 5 年发布一次《报告》，初期报告于 2011 年 2 月发布，针对 2009 年美国会议业经济影响力进行统计分析；2014 年 1 月在初期报告的基础上形成中期报告，对 2012 年美国会议业经济影响力进行数据更新。2018 年发布的《报告》则首次针对全球商务活动对经济的影响力展开更全面深入的分析。

EIC 2009 年与 2012 年发布的《报告》，主要根据美国会议业的直接贡献、间接贡献、拉动贡献等分类，从产业支出、提供就业、劳动收入、对 GDP 的贡献额等角度统计分析数据。《报告》还将会议业与其他产业对美国 GDP 的贡献额进行比较，为深入了解美国会议业的发展现状、美国会议业带动其他产业的情况、全球商务活动未来发展趋势提供较好的参考依据。

从表 1、2 可以看出，美国会议业对其经济发展贡献非常显著。2009 年和 2012 年，美国参会人员分别为 2.05 亿人次和 2.25 亿人次，会议业直接支出分别为 2634 亿美元、2804 亿美元，会议业总体经济贡献对 GDP 的贡献额分别为 4579 亿美元和 3938 亿美元。按照 2012 年美国约 15.7 万亿美元的 GDP 计算，美国会议业产值占 GDP 的比重约为 2.5%。

表 1　2009 年和 2012 年美国会议业对美国经济的直接贡献对比

影响因素	2009 年	2012 年	增长率
参会人员（百万人次）	204.72	224.94	10.00%
会议业直接支出（十亿美元）	263.44	280.40	6.44%
对 GDP 的贡献额（十亿美元）	106.09	115.61	8.97%

---

① 注：美国会议产业理事会（CIC）于 2017 年 4 月更名为美国活动产业理事会，2018 年发布的《报告》主要评估全球商务活动对经济的影响力。

续表

影响因素	2009 年	2012 年	增长率
联邦税收、州与地方税收(十亿美元)	25.61	28.06	9.57%
参会人员花费(十亿美元)	144.76	164.15	13.39%
就业(十亿美元)	1.65	1.78	7.88%

资料来源:EIC 发布的《全球商务活动经济影响力报告》(2018 年)。

表 2　2009 年和 2012 年美国会议业总体经济贡献

单位:百万美元

经济贡献	产业支出		对 GDP 的贡献额		就业	
	2009 年	2012 年	2009 年	2012 年	2009 年	2012 年
直接贡献	263443	280403	106096	115615	263443	1787000
间接贡献	283521	276267	151507	156889	283521	2080000
拉动贡献	360279	213706	200308	121280	360279	1440000
总体经济贡献	907243	770375	457911	393784	907243	5307000

资料来源:EIC 发布的《全球商务活动经济影响力报告》(2018 年)。

美国会议业对就业等方面的拉动作用也很显著。美国会议业在 2012 年共提供了近 530 万个就业岗位,总劳务收入达到 2346 亿美元。随着美国经济逐步复苏和企业全球化发展,美国会议业能够创造更多的就业岗位,推动美国就业市场不断发展。

2. 全球商务活动影响力分布不平衡

2018 年 EIC 发布的《报告》显示,全球商务活动对经济产生积极影响,但地区分布并不平衡。全球商务活动的直接影响为:来自 180 个国家的 15 亿名商务人士产生直接支出超过 1 万亿美元,全球商务活动共提供 1000 多万个就业岗位。全球商务活动的总影响则为:商务总支出高达 25300 亿美元,提供 2590 万个相关就业岗位,全球商务活动对其他产业的带动效果明显。

从区域分布来看,全球商务活动直接支出较多的是北美和西欧,分别达到 3810 亿美元、3250 亿美元,占全球的比重分别为 35.6% 和 30.3%;随后是亚洲，以 2714 亿美元占 25.3%，拉丁美洲、中东欧、非洲和中东地区的占比则在 10% 以下（见图 4）。

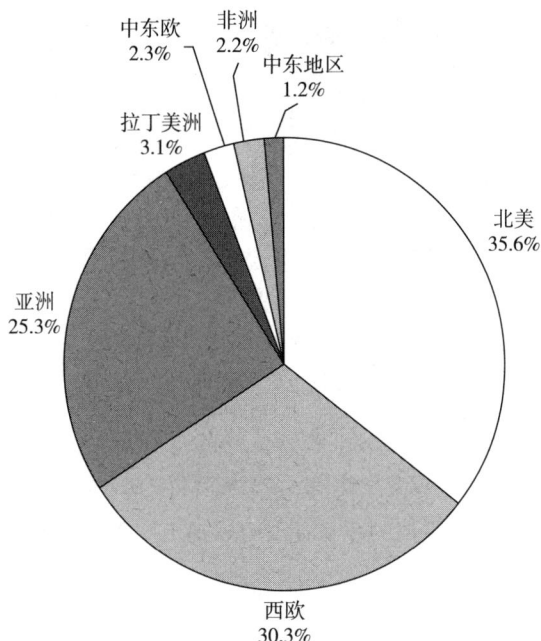

图 4　2017 年全球各区域商务活动直接支出占比

资料来源：EIC 发布的《全球商务活动经济影响力报告》（2018 年）。

从参加人数来看，亚洲以 4.8 亿人次居全球榜首，约占全球的 1/3。紧随其后的是西欧和北美，分别为 4.4 亿人次、3.3 亿人次，分别占 29.2%、21.7%（见图 5），拉丁美洲、非洲、中东欧和中东地区参加商务活动的人数相对较少。

二　中国会议业发展报告

（一）中国会议业的发展现状

中国会议专家王青道把国际会议业发展历程主要划分为以下三个阶

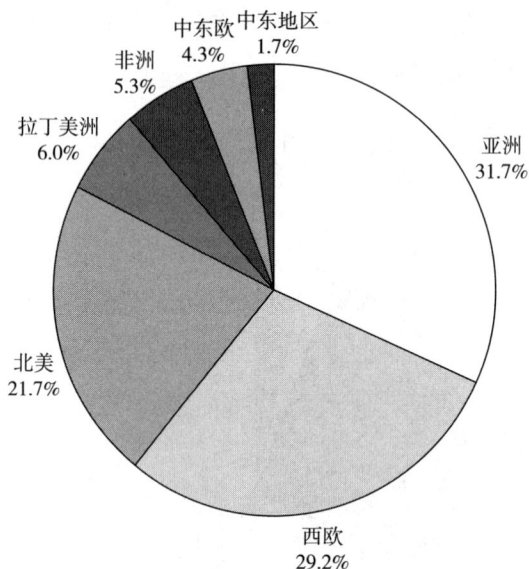

图5 2017年全球各区域商务活动参加人数占比

资料来源：EIC发布的《全球商务活动经济影响力报告》（2018年）。

段。第一阶段——酝酿时期：从19世纪末到二战结束，北美地区很多城市成立了会议局，会议相关的国际行业组织纷纷成立，如国际协会联合会（UIA）（1907）、国际会议局协会（IACB）（1914）等，国际会议业运行体系尚未健全。第二阶段——快速发展时期：从二战结束到20世纪70年代，国际会议业相关行业组织全面发展起来，以城市为基础的会议业运行模式在发达国家逐渐成熟。会议业作为现代服务业的重要组成部分，开始在国际社会经济发展中发挥重要作用。第三阶段——全面发展时期：20世纪80年代至今，1981年亚洲会议与旅游局协会（AACVB）的成立，标志着亚洲会议业的兴起以及国际会议业开始在全球范围内全面发展。[①]

中国会议业发展历程与新中国发展壮大历程相似，经历了从无到有、

[①] 《美国会议产业现状分析》，爱会议网站，2022年1月24日，https://www.ihuiyi.org.cn/site/content/7746.html。

到缓慢发展，再到快速崛起的历史阶段。ICCA 报告显示，中国在 1963~1972 年，举办的国际会议数量为零。1973~1977 年实现零的突破，从 1 场逐步增加到 1988~1992 年的 138 场。改革开放以来，中国举办国际会议的数量进入快速增长阶段，从 1993~1997 年的 203 场增加到 2013~2017 年的 2186 场，增长率 977%（见图 6）。与美国相比，2013~2017 年中国举办国际会议的数量接近美国的一半，体现了中国在举办国际会议方面强劲的发展潜力。

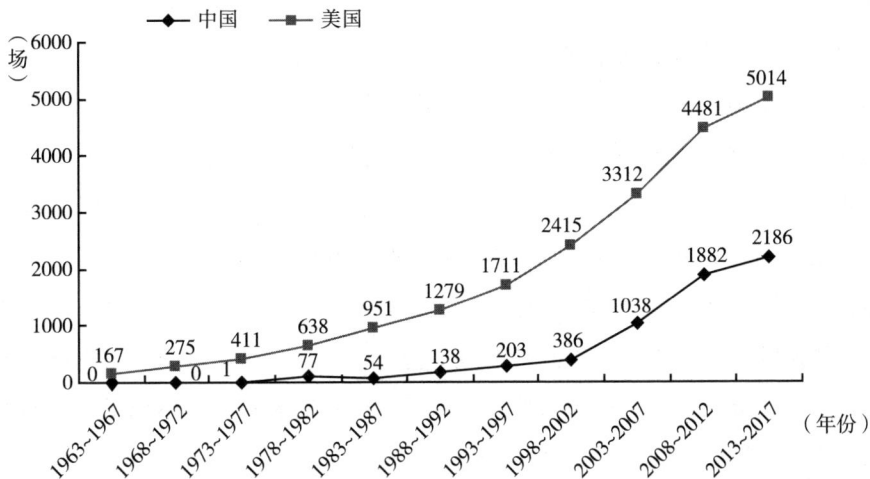

图 6　1963~2017 年中国和美国举办国际会议的数量

资料来源：ICCA 发布的《国际协会会议当代史》（1963—2017）研究报告。

中国会议业自 1978 年改革开放以来，走过了 40 多年的发展历程。据会议专家武少源研究，会议业在中国成为一个行业，是在 1990 年北京亚运会之后，标志性事件是北京会议中心落成，国家会议中心总经理刘海莹也认为，"1990 年亚运会后中国的国际会议业才开始真正起步"①。截至 2020 年，中国会议业发展壮大，走过了 30 多年的风雨历程，有其独特的发展特点。

①《国家会议中心总经理刘海莹看中国会议产业》，新浪网，2010 年 10 月 16 日，https：//finance. sina. cn/sa/2010-10-16/detail-ikftpnnx9994040. d. html。

与欧美会议业强国相比，中国会议业虽然起步较晚，但近年来发展进入快车道，发展潜力值得持续关注。例如，2016年北京会议业收入首次超过展览业收入，成为业内瞩目的事件之一。除了举办国际协会会议、企业会议，未纳入统计口径的其他会议，如中国举办主场外交国际会议同样值得关注。随着世界经济中心东移的趋势，以及中国在世界经济的地位不断提升，中国国际会议获得迅速发展，一批有影响力的政府主导型国际会议成功塑造了中国大国形象，提升了中国在国际政治舞台的话语权。例如，2016年9月G20杭州峰会的举办，使杭州一跃成为国际一流会议目的地城市，G20杭州峰会体验馆接待人数逾40万人次，最远预订到2022年。2016年投入运营的杭州国际博览中心有望提前收回投资成本。在"后峰会、前亚运"的效应下，杭州成为国际会议举办城市中的热门城市。此外，2017年5月在北京召开的"一带一路"国际合作高峰论坛、2017年9月在厦门举行的金砖国家领导人厦门会晤、2018年在青岛举办的上海合作组织青岛峰会、2018年在北京举办的中非合作论坛北京峰会等，这些中国主场的外交活动举办的国际会议，作为元首外交的重要沟通平台，将中国理念、中国声音传播到全球，提升了中国国家形象，增强了中国国际影响力，体现了中国的大国担当与中国智慧，为共建"一带一路"提供了强有力的支撑。

（二）中国会议业的转型突破

1. 北京、上海稳居一线会议城市，广州出现阶段性下滑

ICCA统计数据显示，2019年中国共计举办539场国际会议，其中排名靠前的国际会议城市占比超过70%。在2017～2019年中国举办国际会议的城市中，北京、上海稳居一线会议城市，上海与北京的差距不断缩小。截至2019年，上海举办国际会议的数量只比北京少4场。值得关注的是，自2017年起北京举办国际会议的数量出现波动，而上海则稳步增长（见表3）。按照2017～2019年的发展趋势，预计上海在未来凭借长三角一体化等区域优势，有潜力超过北京。2017～2019年，广州举办国际会议的数量则出现明显下降。

表3 2017～2019年我国国际会议城市举办国际会议的数量

单位：场

2017 年		2018 年		2019 年	
城市	数量	城市	数量	城市	数量
北京	81	北京	93	北京	91
上海	61	上海	82	上海	87
广州	22	杭州	28	广州	38
西安	22	西安	27	成都	33
杭州	18	广州	20	西安	30
深圳	15	南京	20	南京	28
武汉	15	成都	16	深圳	25
成都	12	青岛	13	广州	17
南京	12	武汉	13	厦门	17
天津	12	深圳	12	大连	12

资料来源：根据 ICCA 网站历年数据统计。

2. 杭州、成都、西安等新一线国际会议城市提速发展

近五年，居于前列的国际会议城市每年举办国际会议的数量基本门槛至少为 12 场。国际会议城市竞争激烈，每年都会出现一些变动。如图 7 所示，杭州、成都、西安等新一线国际会议城市发展迅速。杭州在 2014 年以 27 场

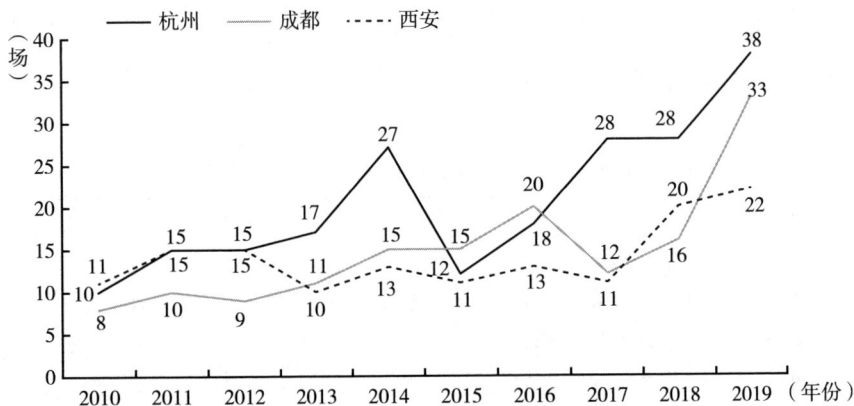

图7 2010～2019年杭州、成都、西安举办国际会议的数量对比

资料来源：根据 ICCA 网站历年数据统计。

居于全国前列，经历下滑后于2017年连续两年继续居于前列。2017年，杭州举办国际会议28场、成都12场、西安11场，这三个新一线国际会议城市近三年举办国际会议的数量保持快速增长势头，显示出良好的国际会议发展潜力。

3. 中国会议业实现了产业深度融合，加速了转型发展

会议业与其他产业融合发展，成为中国会议业转型发展的关键。以上海为例，作为长三角一体化国家战略、区域协调发展的先锋，上海围绕"四个中心"（即国际经济中心、国际金融中心、国际贸易中心和国际航运中心）建设，加快发展支柱产业，积极培育新兴支柱产业：加快5G、工业互联网和物联网布局，加快发展信息服务业、科技服务业；汽车产业加快向产业链、价值链的高端延伸；集成电路、人工智能、生物医药等产业，注重把研发优势转化为产业优势等。

在此背景下，上海会议业实现了与产业深度融合发展，聚焦金融、汽车、信息、生物医药等产业，举办了一系列高端峰会等国际会议（见表4）。依托中国国际进口博览会平台，重量级论坛活动在上海同期召开。例如，第二届虹桥国际经济论坛、2019跨境电商促进贸易发展论坛等，聚焦人工智能、电子商务、营商环境、世贸组织改革、共建人类命运共同体等热点领域，引领最新理念的交流与沟通。此外，以信息产业为主的世界人工智能大会，让上海迅速挤入"新经济"城市。国际会议与产业深度融合，在议程设置、主题策划等方面，都体现了创新引领的高端沟通平台功能。

表4　2018~2020年上海举办的国际会议及其产业分布

年份	国际会议名称	所属产业
2018	第七届国际汽车工业4.0峰会	汽车产业
2018	第九届中国国际制药工业环保发展论坛	生物医药产业
2018	智慧金融亚太峰会	金融产业
2019	世界人工智能大会	信息产业
2019	上海国际生物技术与医药研讨会	生物医药产业
2019	第十六届中国国际金融论坛	金融产业

年份	国际会议名称	所属产业
2019	未来医疗科技（上海）国际峰会	生物医药产业
2019	上海国际新能源汽车产业大会	新能源产业
2019	2019跨境电商促进贸易发展论坛	贸易产业
2019	第二届虹桥国际经济论坛	金融产业
2020	世界人工智能大会（线上）	信息产业
2020	第四届中国智能电动汽车国际峰会	汽车产业

资料来源：根据各会议网站资料整理。

杭州则依托数字经济等新兴产业优势，成为"新经济会议目的地"，在新一线国际会议城市中崭露头角。会议专家王青道认为，杭州未来在以"优势产业新融合"为主的七大升级的助力下，将实现新一轮的发展。这七大升级分别是优势产业新融合、学术研究新高地、办会场地新突破、专业服务新体验、政府支持新举措、会奖产品新玩法和便捷交通新台阶。"后峰会"时代，杭州凭借G20杭州峰会对城市国际知名度与影响力的提升，从传统旅游资源型城市转型升级为以新经济为代表的城市，特别是互联网、文化创意、新能源、健康医疗等优势产业集群产生了集聚效应，"数字经济第一城"的打造，使杭州迅速转型升级为优势产业型城市。杭州会议业深度融合优势产业，举办了一系列具有品牌传播力的会议，如聚焦互联网信息科技的第六届世界互联网大会、2019杭州·云栖大会，以金融创新为主的Money20/20全球金融科技创新大会、极具创意活力的2050大会，以及以生物医药产业为主的2019（第十一届）中国国际制药工业环保发展论坛等（见表5）。

表5　2018~2019年杭州举办的国际会议及其产业分布

年份	国际会议名称	所属产业
2018	Money20/20全球金融科技创新大会	金融产业
2019	第六届世界互联网大会	信息产业
2019	2019杭州·云栖大会	信息产业

年份	国际会议名称	所属产业
2019	2019（第十一届）中国国际制药工业环保发展论坛	生物医药产业
2019	2050 大会	文化创意产业
2019	TechCrunch 国际创新峰会	信息产业

资料来源：根据各会议网站资料整理。

三　国际会议业发展趋势

（一）国际会议业面临严峻挑战

2020 年新冠疫情对线下会议影响较大，一系列国际会议纷纷延期或取消。总体而言，欧洲和亚太地区受影响较严重，受影响的国际会议数量分别占 43% 和 41%（见图 8）。北美、非洲和拉丁美洲的占比相对较小。不确定性对 2020 年举办的各种国际会议的规模和数量产生各种不利影响。

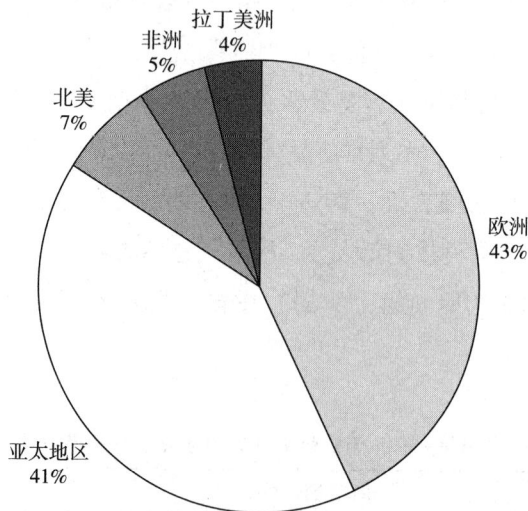

图 8　受新冠疫情影响的国际会议数量占比（按地区分布）

资料来源：《ICCA 与 CIMERT 发布数据：393 个国际会议遭受"新冠病毒"影响》，会链接网站，2020 年 6 月 26 日，http://www.hweelink.com/articles/1801.html。

（二）国际在线会议发展"一枝独秀"

虽全球会展业深受重创，但国际在线会议却快速发展，"一枝独秀"。在线会议在国际重大会议中频频使用，如2020年3月26日，G20领导人特别峰会首次采用远程视频会议的方式召开，各国领导人纷纷亮相视频会议，围绕如何共同应对新冠疫情展开在线探讨；2020年11月17日，金砖国家领导人第十二次会晤以视频方式举行。当面对面沟通受阻时，在线视频会议提供了重要的沟通交流平台，为会议业加速创新发展提供新模式。此外，越来越多的国际品牌会议也开始使用在线会议，如2020年9月举办的世界人工智能大会，全程使用在线会议平台，在线视频连线国际专家学者，配有滚动屏幕以及互动提问区域，将在线会议的多元化功能发挥到较高水平，是在线视频会议创新的典型案例之一。第87届UFI全球大会于2020年11月16~19日也采用在线会议模式举办。这些案例显示：虽然线下会议受疫情冲击严重，但是在线会议快速发展，全球在线会议迎来黄金发展机遇。Frost & Sullivan的报告数据显示，截至2018年底，全球视频会议终端行业规模为17.5亿美元，预计市场总量在2022年达到138.2亿美元。[①]

在线会议迎来发展"机遇期"的过程中，不少中国企业抓住在线办公、远程办公的巨大市场需求，获得爆发式发展。以腾讯会议为例，2019年12月腾讯会议才上线，其间业务量猛增：8天内扩容10万多台主机，40多天里更新迭代了14个版本；上线两个月，日活跃用户超过1000万人。[②] 2020年3月，联合国宣布与腾讯达成全球合作伙伴，并将通过腾讯会议、企业微信、腾讯同传在线举办联合国75周年的数千场会议，中国在线会议产品受到国际市场的认可与青睐。

随着在线会议场景的不断升级，协调工具数字化日趋显著。互联网周刊2020年3月的数据显示，2020年居于前列的在线会议产品中，腾讯会议在

---

① 《疫情倒逼联合国把会议搬上腾讯，在线会议的春天来了?》，《财经杂志》2020年3月31日。
② 《疫情倒逼联合国把会议搬上腾讯，在线会议的春天来了?》，《财经杂志》2020年3月31日。

功能、服务、综合等方面表现较好，飞书、Zoom 在体验方面表现较好，钉钉则在服务方面独树一帜（见表6）。

表 6   2020 年居于前列的在线会议产品的情况

产品名称	功能	体验	服务	综合
腾讯会议	93.88	84.74	85.21	88.08
Zoom	93.55	84.93	85.21	87.90
华为云	94.75	84.34	84.27	87.79
飞书	93.33	85.87	83.25	87.48
钉钉	93.47	81.33	87.35	87.38
企业微信	93.22	83.03	84.63	86.96
好视通	91.66	83.89	82.02	85.86
WebEx	91.21	82.66	83.55	85.81
天翼云会议	90.03	84.02	81.89	85.31
浪潮云	89.32	84.33	82.23	85.29

资料来源：根据互联网周刊网站整理。

1. 在线会议产品优势对比

在线会议产品层出不穷，如何维护用户成为核心问题。在线会议作为新生事物，经历了快速发展阶段，成为远程办公、远程教育等新模式的沟通平台。目前，在线会议平台主要分为两大类：一类是以阿里巴巴、腾讯、字节跳动为代表的科技公司，另一类是以 Zoom、Polycom 为代表的第三方专业公司。以云视频会议服务商 Zoom 公司为例，其超过了 Meta、TikTok 等公司，成为移动应用商店免费下载排行榜第一名。截至 2020 年 3 月，Zoom 公司股价上涨了 120%，业务增长全球瞩目。

如表 7 所示，部分主要在线会议平台具有不同优势。比如，腾讯会议具有快速、便捷接入，依托腾讯公司微信、小程序等产品能够实现移动终端一键式切入会议，平台相对稳定等显著优点。Zoom 也有类似功能，用户在免费使用期间，还能享受视频会议回看等增值服务，颇受用户好评。华为云作为华为数字化转型产品，能够承接千人以上的会议，在平台稳定方面颇具竞争力。

表7　2020年部分主要在线会议平台的比较

产品名称	主要优势	不足之处
腾讯会议	提供一站式云会议解决方案，加入会议简便，电话、微信、小程序等可直接入会，提供视频会议；300人以下不限时免费使用，300人以上可接入直播旁听功能。	无法回看视频会议、主持人管理权限需要完善、在线会议有声音干扰
Zoom	提供视频会议功能，录屏功能强大，可回看视频	后期无法申请使用
华为云	华为数字化转型产品，通信稳定，4K超高清千人会议，适合大型企业	注册、接入等功能不及其他平台便捷
飞书	适合扁平化+在线协同办公，全程会议记录可追溯，不限时视频会议	与微信不兼容
钉钉	阿里巴巴投入大，国内协同办公应用排名领先	视频无法实现手机和PC端灵活切换

资料来源：根据各在线会议平台网站整理。

2. 在线会议存在的问题

在线会议产品日益丰富，但难以替代线下面对面沟通的会议。其中一个重要原因是由会议的沟通本质决定的，即与会者参加各种会议的需求，不仅是信息传递，还需要的是会议过程中的思想碰撞、商业合作、商务社交、群体激励等。[①] 这些方面是目前在线会议难以替代深度沟通的，加上在线会议互动受限、场景受限、体验受限等，甚至在线网络与设备的突发状况导致的会议效果不理想、对会议产业链拉动效果打折扣等现实情况，都成为目前在线会议中存在的突出问题。

另外，在线会议还涉及知识产权保护、网络信息安全、个人用户隐私保护等诸多难题。在大力发展在线会议的同时，需要把信息安全立法

---

① 《〈青道观点〉在线会议热与冷的思考》，搜狐网，2020年10月14日，https：//www.sohu.com/a/424666122_99931532。

等网络空间治理提上日程，为在线会议等新业态、新模式提供相关法律保障。

（三）"线上+线下"双线融合创新模式

会议业既要拥抱在线会议的快速成长，又要根据会议需求探索合适的发展模板，即根据实际会议项目，将"线上""线下"有机结合。例如，会议举办前，实现线上注册、缴费、社交互动等；会议举办中，实现线下社交互动，结合线下会议内容举办各种论坛、会议、同期展览等；会议举办后，实现线上评估、总结发布、数据挖掘等，为会议项目可持续发展提供数据支撑，"线上""线下"深度融合，不断延伸会议产业链。

（四）中国会议业发展相关建议

1. 加快中国会议业数字化转型

数字化转型成功的企业将提速发展，反之将在会议市场竞争中处于劣势。以腾讯会议为代表的云视频会议服务商，在疫情发生前就已经绘好了在线会议发展蓝图；31会议公司作为会议公司数字化的典型代表之一，致力于数字化转型与创新。2020年，31会议公司参与了一系列在线会议运营，如2020世界VR产业大会云峰会、2020腾讯全球数字生态大会、2020中关村论坛、2020国际人力资源技术大会、2020苏州生物医药发展大会等。同时，31会议公司致力于引领中国会议业数字化转型，2020年9月31会议公司发布了《线上会议行动指南》，这个行动指南不仅能够通过具体指导帮助传统会议公司进行数字化转型，还能帮助更多会议公司提升数字化能力。但是，仍有不少对在线会议投入、研发不足的企业，并且在数字化转型过程中历经曲折，发展出现滞后甚至被逐步取代。这些都说明中国会议业数字化转型进入了关键期，能够把握市场需求，也能够获得长足发展。

中国会议业在数字化转型过程中，除了提升会议公司数字化能力之外，也可借助腾讯会议、钉钉等在线会议平台，实现资源整合利用。在使用平台时，要关注在线会议涉及的风险等级，对共享在线会议平台进行充分调研与评估，做好各种风险预案，创新中国特色的数字化平台。相信中国会议业将迎来数字化转型的创新之路。

2. 借鉴取经，加快中国会议业数据的标准化、规范化统计

中国会议业在线上、线下融合发展的过程中，可以充分利用大数据等工具，通过在线会议平台深入挖掘会议业数据，形成可持续利用的会议大数据。

在会议数据统计方面，中国会议业目前缺少全国统一的、规范化统计标准。北京是国内最早将会议纳入经济统计体系的城市之一，自 2004 年开始由北京市统计局尝试相关统计，虽然会议统计数据有所局限，但值得其他会议城市参考。特别值得关注的是，中国会展杂志社所属的中国会议杂志、中国会展研究中心推出的《2016 年中国会议行业发展报告》，是 2010 年之后连续每年推出的中国会议发展报告，在中国会议业属于相对较为全面和科学的报告，填补了中国会议业数据统计的空白，有较好的数据参考价值。但是，我国会议统计还处于起步阶段，相关会议统计报告对会议业经济影响力主要停留在定性说明上，缺乏可靠的数据支撑，这反映出会议业经济贡献统计存在诸多困难。

此外，中国各类会议统计报告主要针对企业会议、社团会议、学术会议等市场主体会议类型展开统计，对政府主导类会议的相关统计和研究较为有限。这一方面是由会议市场发展现状决定的，另一方面也是由于政府主导类会议特别是不少有国际影响力的政府主导类会议，涉及国家形象和安全保密等问题，不少数据并不对外公开，想要深入挖掘数据和内部信息，研究困难较大。中国会议业可以借鉴美国 EIC 的相关统计经验，逐步开展全面的会议统计和研究。除了公司、企事业单位、社团机构等会议类型外，结合中国国情将政府主导类会议纳入统计体系中，特别是有国际影响力的政府主导类会议，如 G20、APEC、金砖国家领导人会晤、上海合作组织峰会、亚信峰会等，全面衡量政府主导类会议的影响力和相关经济效益，完善中国会议业统计体系，全面反映中国会议业的发展现状与影响力。

处于快速发展阶段的中国会议业，可借鉴美国 EIC 的统计经验，协调各统计口径主管部门，在每年会议业统计数据的基础上，实行两年一次或三年一次的会议业经济影响力数据统计与发布，为中国会议业完善数据统计、提升会议业影响力和竞争力提供有力的数据支撑。

3. 绿色发展观深入人心，推动绿色低碳会议高质量发展

2020 年初，国际会议业瞩目的一件大事是汉诺威会议中心（HCC）通过绿色环球（Green Globe）认证。运营此会议中心的德国汉诺威展览公司，一直致力于可持续发展理念，如二氧化碳零排放、移动出行节约能量、减少水资源消耗、回收垃圾并且提供电动汽车充电站等。2018 年，德国汉诺威展览公司将所有的电力供应转换为经过认证的绿色水力发电，在全球处于领先地位。绿色可持续发展理念同样贯穿于城市定位与发展中，汉诺威积极响应联合国"2030 年可持续发展议程"，举行了"汉诺威无塑料"等多种活动，这座城市在 2018 年被德国可持续发展基金会授予"2018 最可持续发展的大城市"。

国内不少会议场馆也更加注重绿色可持续发展理念，一些会议中心建成启用，将绿色会展付诸行动，如广州越秀国际会议中心，作为世界超高清视频产业发展大会永久会址，于 2020 年 10 月正式投入使用。它由广州市城投集团与法国智奥会展集团共同运营管理，并联合国家会议中心发起《关于建设绿色低碳会议中心的九大倡议》，倡导共同推动会展业绿色发展。广州会展业通过将其打造成为粤港澳大湾区城市会客厅，实现打造世界一流国际会议目的地、绿色可持续与高质量发展的目标。除了新修建的绿色会议场馆外，还有许多具有绿色环保特色的会展活动在会议场馆举办，如国家会议中心在 2019 年 3 月举办的北京教育装备展示会暨北京教育装备论坛，将绿色理念融入设计运营中，提倡绿色办公、绿色办展等。2018 年底，国家会议中心通过 ISO20121（大型活动可持续性管理体系），成为国内首个通过此认证的会展企业。[①]

---

① 《国家会议中心：绿色会展，携手同行》，中国首都网，2019 年 3 月 7 日，https：//finance. qianlong.com/2019/0307/3151068. shtml。

此外，我国会展业积极探索并制定绿色会议相关标准，如中国绿发会于2019 年 6 月发布团体标准《绿会指数 T/CGDF00001-2019》（2021 年 10 月升级为《绿色会议标准》）。① 这是我国关于"绿色会议"第一个指标明确、方便易行的标准，围绕吃、住、行、废弃物、无纸化、生物多样性、能耗等方面进行会议的绿色评价，倡导绿色低碳会议。② 此外，各地也纷纷制定出台了地方标准：浙江省商务厅于 2020 年 3 月提出立项申请，浙江省市场监管局于 2021 年 9 月正式批准发布浙江省地方标准 DB33/T 2362—2021《绿色展览运营管理规范》，此标准以"绿色搭建""绿色展出""绿色处理""绿色评价"四大模块为标准框架体系，促进绿色经济发展。③ 上海市会展行业协会自 2021 年组织绿色标准调研筹备，于 2023 年 10 月正式发布《绿色会展运营与管理要求》，这是上海首个绿色会展团体标准，以低碳、零排放举办会议和展览活动为目标，引导规范会展业绿色发展。此团体标准还特别设置了"绿色进博"相关内容，为推动绿色可持续发展提供了高质量标准范本。④ 这些绿色标准的制定，为我国会展业特别是会议业贯彻绿色发展观、实现"数字化+绿色发展"提供重要参考。

综上所述，"双碳"目标下的绿色可持续发展理念深入人心，从在线会议数字化到线下会议融入绿色环保理念、制定与贯彻绿色会议标准、实行碳排放数字化追踪等绿色低碳创新举措，中国会议业在绿色可持续发展领域将实现高质量发展目标，未来大有可为。

---

① 《欢迎采用！〈绿会指数〉升级为〈绿色会议标准〉》，澎湃，2021 年 11 月 10 日，https：//m. thepaper. cn/baijiahao_15315950。

② 《绿会正式发布绿色会议指数团体标准》，澎湃，2019 年 6 月 24 日，https：//www. thepaper. cn/newsDetail_forward_3755868。

③ 《绿色展览将形成统一管理规范 浙江又一省级地方标准发布》，人民网，2021 年 10 月 22 日，https：//www. hubpd. com/hubpd/rss/zaker/index. html？contentId=864691128455977367。

④ 《上海市会展业行业协会关于团体标准〈绿色会展运营与管理要求〉立项公示》，上海市会展行业协会网站，2023 年 9 月 13 日，http：//www. sceia. org/news/News-del-373. html。

进博会专题研究 ▷

B.10
进博会推进人民币国际化研究报告

中外会展业动态评估研究报告课题组*

摘 要： 人民币国际化是新时期推动高水平开放、实现高质量发展的内在要求。自2008年以来，中国在逐步推动人民币国际化方面已取得相当成就，但仍需审时度势、精准发力，积极进取、主动创新。中国国际进口博览会全面开放中国市场，未来15年将进口40万亿美元的产品与服务。中国国际进口博览会在以实际行动支持全球化和多边贸易、满足世界各国发展对中国市场需求的同时，势必成为推进人民币国际化值得关注的创新路径。本报告认为，国际贸易的巨量规模是结算货币币种选择的基础依据，中国进口大市场是人民币国际化的根本需求，贸易金融制度建设是人民币国际化的法律保障，周期性办展是人民币国际化的推进节奏。

---

* 执笔人为张敏，博士，上海会展研究院执行院长，上海大学会展专业教授、博士生导师，研究方向为会展沟通与企业间市场；裴小婕，博士，上海会展研究院助理研究员、研究主管，研究方向为会展沟通；唐燚桦，博士，上海会展研究院助理研究员、研究主管，研究方向为会展沟通；张云颖，硕士，上海会展研究院实习研究员，研究方向为会展沟通。

关键词：　进博会　人民币国际化　贸易金融　制度型开放

党的十九大报告指出，我国经济已经由高速增长阶段转向高质量发展阶段，正处在转变发展方式、优化经济结构、转换增长动力的攻关期，建设现代化经济体系是跨越关口的迫切要求和我国发展的战略目标。人民币作为中国的法定货币，其本质是中国经济发展的"血液"。面对新时代推动新一轮高水平对外开放和构建开放型经济新体制的国家战略，稳步推进人民币国际化进程，对中国金融业高质量发展、有效服务现代化经济体系具有重大影响。

在全球经济复苏乏力和国家发展需求的背景下，习近平总书记高瞻远瞩进行顶层设计，举办中国国际进口博览会（以下简称"进博会"），通过高质量开放为国内外两大市场注入全新活力。进博会以进口为主题，搭建企业间交易平台，创建买方市场，成为推进人民币国际化的创新路径之一。

一　推动人民币国际化是新时代对外开放的重要举措

（一）推进人民币国际化进程必要且迫切

人民币国际化是助力世界经济发展再平衡和全球外汇储备稳定，[①] 减少国际金融危机爆发风险的应然性选择。人民币国际化，通常是指人民币打破国别界限，在对外经济贸易往来中所承担的国际货币交易媒介、计价单位、储值手段等职能不断提升、应用范围不断扩大的过程。由此可见，人民币国际化是一个动态发展的概念，即随着国际化进程的不断推进，人民币职能也在不断延伸。丁剑平等指出，在货币国际化初期，往往是因其某一职能方面表现突出，所以该职能的发挥首先扩大至原流通版图之外；在货币国际化到了较为成熟的时期，一般都会承担较多甚至全部

---

① 高惺惟：《中美贸易摩擦下人民币国际化战略研究》，《经济学家》2019 年第 5 期。

的货币职能。① 因此，在研究人民币国际化的问题上需要精准认知、精准判断，充分考虑其国际化发展的真实水平和内外制约因素。

外部环境方面，当前百年未有之大变局，全球投资与贸易合作遇阻，国际金融市场巨幅震荡，经济全球化遭遇逆流，世界进入新的动荡变革期。国际货币基金组织（IMF）在 2022 年 10 月发布的最新一期《世界经济展望报告》和《全球金融稳定报告》中表示，受全球大多数地区金融状况趋紧、全球主要央行预计将大幅加息以对抗通胀、乌克兰局势升级的溢出效应以及俄罗斯收紧对欧洲的天然气供应等多重风险影响，预计全球 1/3 以上的经济体将在 2022 年或 2023 年陷入衰退。全球通胀虽将在 2022 年底达到峰值，但持续上升的时间将比之前预期的更长。IMF 三次下调全球经济增速预测，并将 2023 年全球增长率预期下调至 2.7%，较 7 月预测的低 0.2 个百分点。与此同时，IMF 认为当前高度不确定的国际经济发展环境将会导致全球金融稳定风险的显著加剧，尤其是对许多新兴市场和发展中经济体来说，高昂的外部借贷成本、居高不下的通胀和动荡的商品市场、全球经济的不确定性加剧，以及发达经济体的政策收紧，使其外部环境更具挑战性，从而加剧国际金融危机风险。②

内部环境方面，当前中国正处于"两个一百年"奋斗目标的历史交汇期和实现中华民族伟大复兴的关键时期，经济已由高速增长阶段转向高质量发展阶段，助力中国与各国建立更加稳固的经贸关系，在更大范围内和更高层次上参与国际分工以及提升中国在全球地缘政治的话语权成为当前中国面临的迫切问题。因此，在国际环境如此缺乏利好的形势下，稳步推进人民币国际化进程，助力世界经济发展的再平衡和全球外汇储备的稳定，减少国际金融危机爆发的风险就显得十分必要且重要。一方面，近 20 年来，美元占据了大多数新兴市场国家外汇储备的主要部分。巨额的外汇储备流动可能会破坏全球经济，引发经济内外部失衡，造成全球性的金融危机。提高人民币的国

---

① 丁剑平、吴文、陈露：《从价值尺度的历史视角看货币国际化的机遇》，《国际金融研究》2012 年第 9 期。

② 《IMF 警示经济金融风险 呼吁加强政策应对》，《经济参考报》2022 年 10 月 12 日。

际市场份额，将可减少美元占比过高带来的风险，有助于分散各国外汇储备的风险。从长期来看，还有助于其他国家减弱对美元的依赖性，推动国际货币体系多极化发展，进而提升各国宏观经济和全球金融体系的稳定性。另一方面，对中国自身来讲，人民币国际化不仅可以给中国直接带来巨大的铸币税收入，还能使中国获得人民币在国际资本市场上的融资能力，进而减少与降低中国的国际债务风险和对外贸易合作的成本，推动中国企业"走出去"，助力贸易强国和经济高质量发展，稳定中国金融市场和经济的发展。更为重要的是，人民币实现国际化后，中国就拥有了一种世界货币的发行权和调节权，这对中国提高国际竞争力，积极争取国际贸易和投资话语权，谋求更多经济利益和政治利益具有重大意义。由此，综合来看，无论是基于外部环境因素还是内部环境因素，推进人民币国际化都十分必要且迫切。

（二）人民币国际化进程：缓慢推进，任重道远

2008 年国际金融危机暴露出了以单一货币美元为主导的国际货币体系弊端，中国人民银行开始着力推动人民币国际化进程。2009 年 4 月，国务院决定在上海、广州、深圳、珠海、东莞等城市开展与中国港澳、东盟的跨境贸易人民币结算试点，跨境人民币业务正式拉开序幕，标志着人民币国际化迈出了坚实的第一步。2015 年 1 月，央行首次正式提出"人民币国际化"，至此稳步推进人民币国际化正式成为我国重要的国家战略。2016 年 10 月，人民币正式加入 IMF 特别提款权（SDR），成为人民币国际化的重要里程碑，这意味着人民币的储备货币和金融交易货币地位获得正式认定。十多年来，人民币通过跨境结算、双边本币互换、离岸金融中心建设、石油期货计价、人民币清算行等制度安排和国内金融市场开放、共建"一带一路"国家和地区的市场探索，其国际化进程稳步推进，国际货币职能不断提升。但受发展起步较晚和相关体制机制束缚影响，尽管目前人民币国际化已经取得了一定成果，但仍然任重而道远，尤其是在发挥国际支付结算、投融资、外汇储备、计价职能方面的进程缓慢，有待进一步在推进载体、路径、体制机制方面进行创新探索。

1. 国际化综合指数位居 SDR 储备货币最末位，且与美元、欧元相差较大

中国人民银行编制的货币国际化综合指数是旨在客观描述人民币在国际经济活动当中实际使用程度的综合量化指标，该指标既可跟踪全球范围内支付、投资、融资和外汇储备等四个方面人民币份额的动态，也可便捷地与其他主要国际货币进行横向的比较。如图 1 所示，目前，IMF 的 SDR 由人民币、美元、欧元、英镑、日元五种货币组成。而近年来，人民币国际化综合指数虽然总体呈上升态势，但与其他四国货币国际化综合指数相比，差距较大。2021 年末，人民币国际化综合指数为 2.80，同比上升 17%。但同期美元、欧元、英镑、日元的国际化综合指数则分别为 58.13、21.81、8.77 和 4.93。其中，美元的国际化综合指数是人民币的 20.76 倍，欧元是人民币的 7.79 倍，英镑是人民币的 3.13 倍，日元是人民币的 1.76 倍。2022 年第一季度，人民币国际化综合指数为 2.86，同比上升 14%。但同期美元、欧元、英镑、日元的国际化综合指数则分别为 58.13、21.56、8.87 和 4.96，且分别是人民币的 20.33 倍、7.54 倍、3.10 倍和

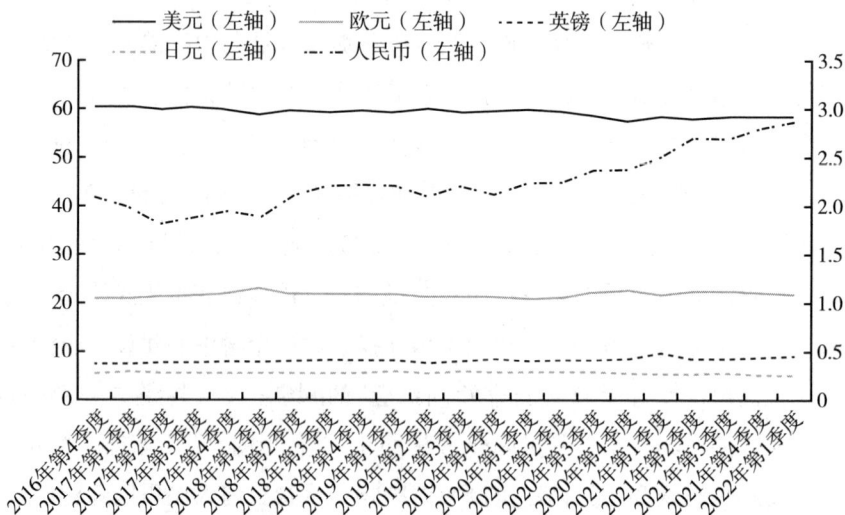

图 1　近年来 SDR 五种储备货币国际化综合指数

资料来源：中国人民银行发布的《2022 年人民币国际化报告》。

1.73倍。由此可见，综合来看，目前人民币国际化进程仍处于SDR储备货币的最末位，且与美元和欧元的差距较大，与英镑和日元也存在一定差距。

2. 人民币国际支付市场份额较小，美元、欧元占国际支付市场的3/4

一种货币在国际支付市场中的份额，在一定程度上体现了该货币在国际市场上的被认可程度，对货币国际化有着重要意义。虽然目前我国已经发展成为世界第二大经济体、世界第一大进出口国，但人民币在国际支付中的地位与我国的经济实力并不匹配，在国际支付中的比重仍未得到明显提升。环球银行金融电信协会（SWIFT）数据报告显示：近年来，人民币在国际支付市场中的份额和地位有所提升，但与美元、欧元相比，仍然差距较大。2020年4月，人民币在国际支付市场中的份额仅为1.66%，美元为43.37%、欧元为31.46%、英镑为6.57%、日元为3.79%和加元为1.79%。其中，美元在国际支付市场中的份额是人民币的26.13倍，欧元是人民币的18.95倍，英镑是人民币的3.96倍，日元是人民币的2.28倍。尽管加元未加入SDR，其国际支付市场份额仍是人民币的1.08倍。2021年4月，人民币在国际支付市场中的份额上升至1.95%。美元、欧元、英镑和日元在国际支付市场中的份额则分别为39.77%、36.32%、6.00%和3.45%。值得注意的是，2021年4月，欧元超过美元成为全球最主要的支付货币，其市场使用份额达到2013年2月以来的最高，这也说明，欧元与美元同样在国际支付市场上具有重要地位。2022年4月，人民币在国际支付市场中的份额继续上升，为2.14%。而美元、欧元、英镑和日元的国际支付市场份额则分别为41.81%、34.74%、6.26%、3.08%，分别是人民币的19.54倍、16.23倍、2.93倍、1.44倍（见图2）。由此可见，目前人民币在国际支付市场中的份额仍然较小，且与美元和欧元之间的差距较大，目前美元和欧元已经占据3/4的国际支付市场。可以说，人民币想要提升其在国际支付市场中的份额和地位，阻力较大。

3. 人民币投融资功能尚处于初级阶段，与美元存在较大差距

货币国际化中的投融资货币功能，主要体现在国际债券与银行跨境债权和债务两个领域。一般，在本国境外以本币标价的贷款及债券（loan & debt securities）是货币投融资功能的直接反映，也是货币国际化的重要支撑。国

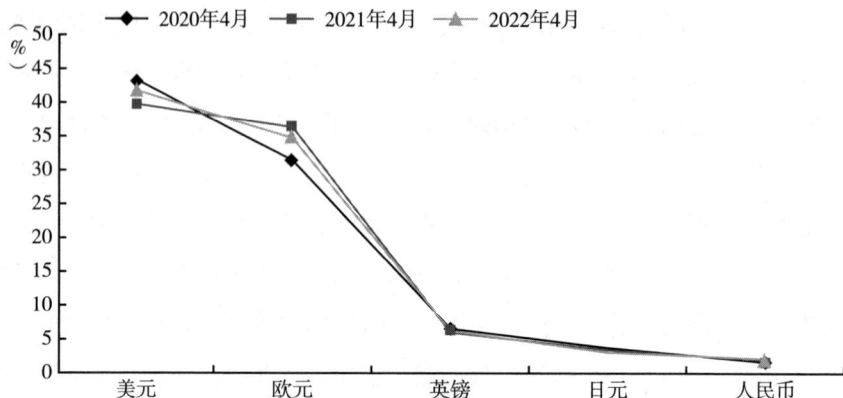

图2　世界主要货币的国际支付市场份额情况

资料来源：SWIFT。

际化程度越高的货币，其在本国境外以本币标价的贷款及债券规模就越庞大。截至 2021 年末，境外主体持有境内人民币债券和贷款资产金额合计约为 5.23 万亿元（见表 1），与美元和欧元存在较大差距。相关统计报告显示：截至 2019 年第三季度，美元在境外对非银行借款人的贷款及债券余额就已超过 12.06 万亿美元，而欧元在境外对非银行借款人的贷款及债券余额已超过 3.45 万亿欧元。[1]

表1　境外主体持有境内人民币债券和贷款资产情况

单位：亿元

	2020 年 12 月	2021 年 3 月	2021 年 6 月	2021 年 9 月	2021 年 12 月
债券	33350.8	36520.97	38376.83	39393.92	40904.54
贷款	9630.2	10989.10	11648.05	11610.85	11372.28

资料来源：中国人民银行。

银行跨境债权和债务方面，美元在全球银行跨境债权和债务中长期占据主导地位。其中，美元在 1983 年达到历史高点（债权 77.6%、债务 79.1%）

---

① 中国银行研究院：《人民币国际化观察》2020 年第 4 期。

后逐渐下降，2009 年 6 月末降至最低（债权 41.4%、债务 46.4%），随后逐渐回升，截至 2019 年第三季度，美元在全球银行跨境债权中的占比为 47.6%、债务占比为 48.5%。[①] 本国银行跨境债权和债务方面，美元依然保持其作为国际投融资货币的强势地位。截至 2019 年第三季度，美元在本国银行跨境债权的占比超过 86%，债务比重超过 92%。而人民币在本国银行跨境债权中的占比偏低，仅为 10% 左右，低于美元、日元等国际主要货币（见表 2）。由此可见，目前人民币的投融资功能尚处于初级阶段，与美元存在较大差距。

表 2　2017~2019 年银行跨境债权和债务中本币占比

单位：%

	银行跨境债权中的本币占比			银行跨境债务中的本币占比		
	2017 年	2018 年	2019 年 *	2017 年	2018 年	2019 年 *
美国	89.4	86.8	86.8	94.7	92.4	92.5
英国	9.5	9.9	10.0	14.1	13.3	12.9
日本	25.3	25.9	25.4	21.6	26.2	26.8
中国	11.8	10.9	9.7	31.5	31.3	32.2
全球	35.0	35.4	36.6	41.5	41.5	42.4

注：2019 年数据截至 2019 年第三季度。

资料来源：中国银行研究院《人民币国际化观察》2020 年第 4 期。

4. 世界外汇储备主要以美元资产形式存在，人民币资产份额小

外汇储备是各国央行或政府所掌握的可随时兑换成外国货币的资产，其作用主要是满足国际支付的需要。外汇储备份额体现的是货币的国际认可度和市场的自由流通与兑换能力。IMF 数据显示，截至 2022 年第一季度，人民币在全球外汇储备中的占比为 2.88%，较 2016 年人民币刚加入 SDR 货币篮子时上升了 1.8 个百分点，居世界主要储备货币前列。美元依然是世界外汇储备的主要资产形式，占全球近 60% 的外汇储备份额，约是

---

① 中国银行研究院：《人民币国际化观察》2020 年第 4 期。

人民币的 20.44 倍（见图 3）。由此可见，人民币的外汇储备功能亟待进一步提升，与美元之间的差距十分明显。

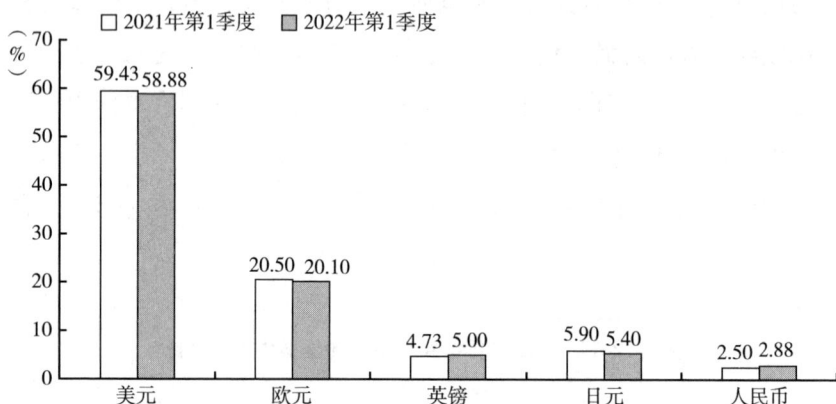

图 3　世界主要货币资产在全球外汇储备中的占比情况

资料来源：IMF。

5. 人民币计价货币功能仍待培育，美元全球计价货币主导地位稳固

计价货币，表现为对各类贸易商品和服务的标价，尤其是大宗商品的标价。在国际贸易中作为计价货币，是一国货币国际地位的重要体现，特别是大宗商品计价，意味着"国际话语权"。从美元、日元等货币的国际化进程来看，谋求国际计价货币尤其是全球大宗商品计价货币地位已经成为大国货币角逐的焦点。近年来，人民币虽然在国际支付和投融资领域已经取得了一定的成果，但国际计价货币功能尚处于起步阶段，仍有待进一步培育。

目前，美元全球计价货币主导地位稳固，全球大宗商品计价仍以美元为主导。IMF 在对 102 个国家 1990~2019 年在进出口贸易中以美元、欧元和其他货币的计价情况进行研究时发现：总体上，美元和欧元在全球贸易中占据计价货币主导地位，且地位比较稳定。在全球贸易出口中，以美元计价的情况相当普遍且占比较高。[①] 在大宗商品计价方面，由于大宗商品计价通常采

---

① 《IMF 数据显示：美元和欧元在全球贸易计价中占主导地位》，澎湃，2021 年 7 月 22 日，https：//www. thepaper. cn/newsDetail_forward_13680663。

取在期货交易形成基准价格的基础上，交易双方再谈判确定升水或贴水的方式来确定。而美国不仅拥有世界农产品定价中心——芝加哥期货交易所（CBOT）和石油、天然气定价中心——纽约商品交易所（NYMEX），且全球主要期货交易所的计价货币都是美元。而目前人民币的大宗商品计价能力相对较弱。2018年至今，现货铜、原油期货、铁矿石期货、精对苯二甲酸期货、橡胶期货以及原油和棕榈油期权陆续引入境外投资者交易，但尚未形成具有国际影响力的大宗商品期货交易价格，对国际大宗商品的定价议价能力仍然较小。

综合来看，十多年来，人民币国际化之路确实取得了从"0"到"1"的突破。截至2022年第一季度，人民币国际化综合指数达到2.86，综合国际化实力增强；人民币作为国际支付货币的职能稳步增强，2022年4月在国际支付市场中的份额为2.14%，是全球第五大支付货币；人民币的投融资和储备货币功能逐渐显现，目前外汇储备份额为2.88%，在全球居前列，且已有80多个境外央行或货币当局将人民币纳入外汇储备。但同时要清醒地看到：目前美元依然是世界强势货币，是世界上最重要的结算、投融资、储备和计价货币。人民币在国际支付结算、投融资、外汇储备和计价中的比重与美元、欧元、日元、英镑之间存在明显的差距。单从经济总量来看，中国仅在美国之后，但从货币的国际化程度来看，日元、欧元、英镑均高于人民币。这表明，影响一国货币国际化程度的因素，除了该国的经济总量之外，还包括科技实力、国际分工地位/竞争优势、交易习惯、交易成本等因素。而人民币国际化作为助力中国与各国建立更加稳固的经贸关系，在更大范围和更高层次上参与国际分工以及提升中国在全球地缘政治的话语权的重要战略工具，其重要性自然不言而喻，因此，极有必要对人民币国际化的创新推进路径进行深入探索。

（三）开放中国市场，推进人民币国际化

纵观货币国际化史，英镑、美元、欧元和日元的国际化之路，均为特定历史条件下的产物。英镑是人类社会进入法定货币时代之后第一个世界主要货币，其国际化进程带有浓厚的"武力"色彩。① 在国际经济、政治秩序还不健全的时代，英国首先通过工业革命极大地增强了本国的政治、经济和军事实力，使其成为世界头号强国。同时，凭借工业和军事上的绝对优势，发动殖民战争，并在自由贸易政策的推动下，在英国殖民地和殖民附属国推行英镑，还率先以法律的形式确定了金本位制，将英镑与黄金挂钩，稳定英镑的币值和汇率，从而为英镑成长为世界强势货币奠定坚实基础。第二次世界大战之后，美国凭借其强大的经济、政治、科技、军事实力和巨额黄金储备，建立了以美元为主导的国际货币体系，而后又持续通过巨额资本输出，使美元国际化程度不断提高，直至今日，美元的世界强势货币地位仍然难以撼动。欧元国际化则是基于欧洲经济、政治深度一体化的选择，自其诞生之日起就承担着国际货币的职能，具有先天优势。而日元的国际化则是在持续的贸易顺差、金融自由化以及日本所面临的日元持续升值的风险中不断发展起来的。

和平与发展是当今时代的主题，错综复杂的国内外发展环境和日益紧迫的发展任务，决定了人民币国际化势必要走出一条与英镑、美元、欧元、日元都截然不同的道路，人民币国际化也注定不能建立在殖民侵略、贸易霸权、区域同盟和经济泡沫之上。结合国际货币的三大职能（结算、投资和储备）和全球发展新动能不足的特殊时代背景，人民币国际化之路的重要动能将来自中国面向全球开放、具有海量消费潜力的内需市场。当前，全球普遍面临产能过剩，市场成为稀缺资源。借助巨大消费市场的吸引力，从需求端着手，提升中国在全球贸易中的话语权，进而有力推进人民币国际化进程。

二 进博会是推进人民币国际化的创新路径

2017 年 5 月，中国国家主席习近平在"一带一路"国际合作高峰论坛

---

① 徐慧贤：《货币国际化经验及人民币国际化研究》，经济管理出版社，2017，第 89 页。

上宣布，中国将从 2018 年起举办中国国际进口博览会（以下简称"进博会"）。进博会作为新时代中国高水平对外开放的标志性工程，实质就是通过搭建全球优质商品、服务的高效沟通平台以促进中国进口交易达成，开放中国市场，为国际贸易投资提供制度性公共产品，因此先天就具备推进人民币国际化的独特优势。在全球经济复苏深陷市场稀缺、发展动能匮乏的负面状态中，中国打开国门为全球提供广阔市场和发展潜力，为全球经贸发展注入新动能。在此推进过程中，人民币国际化将借力进博会，进一步优化其国际货币职能赢得主动权。作为人民币国际化创新路径的进博会如图 4 所示。

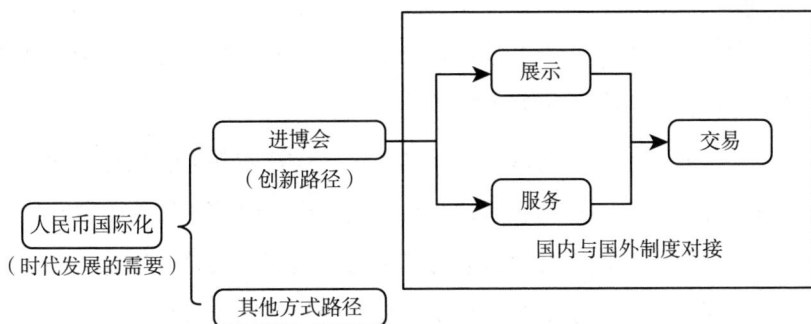

图 4 作为人民币国际化创新路径的进博会

进博会通过建构主题化的时空邀请全球范围内的供方和国内的需方企业集聚在特定场景中，搭建功能复合型平台供参展商进行展示。在展示过程中促进供需双方高质量交流，实现精准对接，在开放中国市场和 B2B 大宗交易助力下，通过企业间沟通协商，促进国际贸易以人民币计价结算。通过与具备一定金融实力的银行合作，为国内外与会市场主体提供"一揽子"金融产品，保障双边交易，提升人民币业务在外商中的认知度和信任度，鼓励外商更多地开通人民币账户、购买人民币金融产品与服务。通过国际金融机构参展，展示高质量服务，实现国内外金融产品、服务与理念的沟通交流。在整个办展过程中，从商业沟通到交易达成、合同签订，都离不开交易双方金融制度的沟通与交流，这都为加快推进人民币国际化提供了新动力。

（一）构建开放型经济新体制的里程碑

进博会的举办，是中国面对风云变幻的国际发展形势所带来的外部环境挑战，结合自身以新时代高水平对外开放实现经济高质量发展转型需求，进而构建开放型经济新体制的标志性工程，开放是其最为突出的思想指导和目标。

1. 应需而生：进口主题，开放中国市场

进博会从策划到举办的全过程中，问题解决导向明显，主要针对国际经贸交往中由市场稀缺和贸易沟通渠道受阻两大难题所造成的交易稀缺困境，综合本国经济发展问题和对外开放的需求，以博览会的形式促进进口贸易达成，为全球化注入新的"开放动能"。

纵观人类发展历史，各国产生发展需求进而在宏观上形成全球化的进程是在曲折中前进的。二战结束后的几十年间，全球经济发展处于黄金期，战后以美国为主导建立的以自由贸易为准则的多边国际贸易秩序为经济全球化提供了制度保障，在宽松的货币环境和良好的经济发展势头下，全球进出口贸易不断攀升，各国经济联系愈加紧密。然后，2008年国际金融危机的发生让国际经济秩序进入漫长的调整期，全球化进程动力明显不足。国际形势风云变幻，在长期经济发展重压之下，国际社会"黑天鹅"事件频发、政治不确定性增强、国际贸易摩擦不断、贸易保护主义抬头、全球化遭遇冲击成为现实，世界经济面临国际金融危机之后的第二次探底危机。

在当代全球化进程中，中国经历了由被动到主动的转变。改革开放40年来，特别是加入世界贸易组织以后，中国在以出口为导向的外向型经济发展过程中，货物进出口贸易总额由1978年的355亿元增加至2017年的27.81万亿元，规模扩大了783.38倍[①]，从全球第二十九大货物贸易体飙升至第一大货物贸易体。中国借助人口和市场的优势大力发展加工贸易、转口贸易，一举成为全球制造中心，同时长久以来的贸易顺差给中国带来

---

① 数据来自国家统计局。

了经济快速发展的实质性红利，实现了经济跨越式发展，使中国成为世界第二大经济体。在快速发展的同时，我国经济暴露出了发展不平衡不充分不可持续问题，表现在进出口贸易不平衡导致在参与国际交往时不可避免地出现贸易摩擦问题；国内低端供给和国民品质化消费需求之间的矛盾导致消费大量外流，自2004年起我国境外消费呈两位数增长达10年之久。2017年我国境外消费总额为2577亿美元，占全球境外消费的1/5。[①]

当今中国遭遇逆全球化新挑战。在复杂的内外局势下，应当坚持以开放带动发展，推动形成全面开放新格局。然而，高水平开放前无古人，需要立足中国利益和世界利益的最大公约数，始终坚定不移地支持自由贸易多边体制，深化供给侧结构性改革，满足人民美好生活需要。在此背景下，进博会应运而生。

2. 标志性工程的示范带动效应

习近平以长远眼光和全局胸怀，亲自谋划、亲自提出、亲自部署、亲自推动并连续出席多届进博会开幕式，进博会成为开放型经济新体制的伟大实践、高水平对外开放的标志性工程，其重要性和国际关注度可见一斑。作为世界上第一个以进口为主题的国家级展会，进博会是中国主动向世界开放市场的重大政策宣示和实际行动，是国际贸易发展史上的一大创举，对未来发展具有全局性、示范性和引领性。

进博会因习近平亲自推动而具备独特影响力，截至2023年12月底已成功举办5届，始终秉持越办越好的宗旨，在不断完善功能体系、优化参展体验、强化交易促进效能的办展工作中，取得了优秀的成绩。进博会能够为积极推动国家重大发展战略如自贸区试验区、长三角一体化发展、长江经济带等的实施搭建平台让人民币发挥其国际货币职能，不断创新探索和复制、推广有效的推进经验，进一步为人民币行使国际货币职能搭建平台，为提升人民币国际化程度、完善人民币国际化相关制度提供最大助力。同时，这一具有极大影响力的战略性展会，能够有效动员全国各级各类、每年成千上万的

---

① UNWTO Tourism Highlights 2018 Edition.

博览会，包括周边战略类、创新驱动类、区域性、产业类、市场化博览会，全局性、系统性地以交易推进人民币国际化进程。

（二）以进口贸易推动结算货币优先选择

进博会是国际性综合类贸易博览会。尽管作为国际制度性公共产品，其功能承载和开放意义早就超出了单纯商贸博览会的范畴，但作为全球第一个以进口为主题的国家级展会，进博会的首要任务依然是进一步开放中国市场，促进中国多边与双边进口贸易。展示是博览会的基本职能，是展会的基础组成部分。产品和服务只有通过多元化方式展示、现场竞争及沟通才能够有信息获取和最终交易的可能。2018 年至 2023 年底，进博会已经成功举办 5 届，历届均吸引了全球范围内超 120 个国家和地区的数千家境外企业以及数十万家境内采购商参展，展示内容涵盖智能及高端装备、服务贸易、医疗器械和医药保健、食品及农产品、消费电子及家电、服装服饰及日用消费品、汽车等产业，现场特装展台占比均高达 90% 以上且保持持续增长趋势。① 参展时选择特装展台，突出表明参展商对展会的重视程度和对品牌的认可，也能够更好地吸引专业观众注意，推动贸易达成，第五届进博会特装展台占比高达 96.1%，已达到世界商展超一流水平。

作为国内国外两个市场、两种资源交流合作走向融合的盛会，进博会是一个涉及世界各国和全国各地的全球性国际经贸大展。对外招展方面，进博会通过展会直招和协会合作等多渠道广泛邀请世界各国优质企业、独角兽企业和隐形冠军参展，现场展出高质量产品和服务获取中国市场的新商机，在展会上直接与采购商对话了解中国市场需求；对内专业观众邀请方面，通过各省份组成地方采购团，在扩大内需、对外开放的宗旨下，到会进行合作洽谈和商业采购。进博会前期招展在企业邀请上的严格门槛设定，使得采购方能够在最短时间内接触到世界各国产业行业领域内的龙头企业或领先企业，便于后续在零售阶段的国内民众以公平实惠的价格快捷地买到国际

---

① 数据来自历届进博会商业展展后报告。

上新潮、性价比较高的优质产品和服务。供需双方借力进博会进行贸易交往，形成合作关系，为后续进行长期贸易和投资合作打下认知基础。

进博会从供需双方实际需求出发搭建企业间精准交易市场，通过定向式邀请、竞争性展示、多样化选择、认知性互动和分散式决策，激励创新研发，引导营销合作，构建市场关联。借力进博会提供的企业间高效的信息获取和洽谈合作平台，市场供需双方得以直接进行高效的面对面沟通。供需双方的大量集聚使企业间交易前的询价、看样、沟通洽谈与合作伙伴选择的效率大大提升，现场人际沟通的效率和深度较传统商业沟通明显提高与拓展，将能够有效提高交易效率、降低交易成本，促进交易达成。

国际贸易中的商品计价，通常采用三种方式：生产者货币计价（PCP）；当地货币计价（LCP），即进口企业所在国货币计价；工具货币计价（VCP），即第三国货币计价。一国的贸易特征与进出口商的结算币种选择密切相关。从贸易规模来看，一国贸易总量越大，越倾向于使用本币结算。从贸易方向来看，一国出口商对某国市场的依赖程度越高，越倾向于使用对方币种结算。国家主席习近平在首届进博会上承诺，未来 15 年中国进口商品和服务将分别超过 30 万亿美元和 10 万亿美元。[①] 历届进博会均促进达成大规模的意向交易额，首届进博会就达成了 578.3 亿美元，第二届进博会达成意向成交额 711.3 亿美元，同比增长 23.0%；第三届达成 726.2 亿美元，于 2022 年举办的第五届进博会更是达成 735.2 亿美元的意向成交额，达到历史最高点（见图 5）。

五年来，进博会已促进贸易达成意向成交额 3458.2 亿美元[②]，此后还将在周期性的办展中持续发挥进口促进功能。大量进口贸易足以让人民币有信心、有机会发挥国际货币计价结算功能，在与国际企业进行贸易结算时直接以人民币为支付币种，进而争取人民币在全球大宗商品交易领域的话语权和定价权，特别是在进博会平台上供需双方较为确定，买方为中国企业，卖

[①] 《习近平在首届中国国际进口博览会开幕式上的主旨演讲》，新华网，2018 年 11 月 5 日，http://www.xinhuanet.com/politics/leaders/2018-11/05/c_1123664692.htm。

[②] 数据来源：根据历届进博会企业商业展展后报告计算得出。

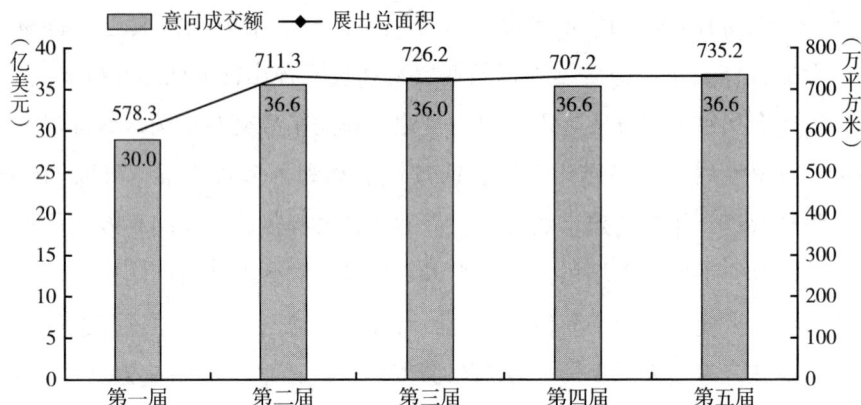

图5 五届进博会展出总面积及意向成交额

资料来源：历届进博会企业商业展展后报告。

方为外国企业。中国通过大量购买为世界各国提供了需求市场。在互惠互利的前提背景下，有必要抓住海量进口契机，在降低交易成本的前提下，尽可能运用人民币结算，进一步提高开放程度、提升开放水平。中国企业大量进口国际产品和服务，主要形式为 B2B 大宗交易模式，贸易总量大，因此在结算过程中鼓励采购企业在与世界各国的贸易中主动使用本土货币计价，即选择人民币结算。通过大量使用人民币作为国际贸易结算币种，充分发挥人民币的计价结算贸易职能，提高人民币的国际化程度。国外商家在收到人民币后，可将其作为货币储备，或将其用于对中国商品的进口。这种让人民币深度参与全球金融与贸易分工和价值链延长的长时程周期性实践，将有助于中国经济实现高质量发展，有助于提升人民币国际化程度、完善人民币国际货币职能。

（三）现场优质金融服务便利化人民币结算

为了更好地实现进博会促进进口贸易，中国官方金融机构积极服务进博会，各大银行为保障进博会成功举办，在简化业务流程、完善服务内容、创新服务产品等各环节不断改进创新，以期提高服务效率与质量，特别是我国全球化和综合化程度最高的商业银行之一的中国银行，作为进博会长期的重要合作伙伴，已连续五年在进博会现场设置多个服务点位为进博会提供金融服务，在其服务和金融产品提供过程中赢得外商信任，助力人民币国际化。

首届进博会上，中国银行成为进博会唯一银行类综合服务支持企业，凭借全球化、综合化经营优势，充当国内外贸易重要的金融桥梁纽带，提供包括线上线下账户开立、跨境汇款、资金汇兑、贸易融资、现金管理等在内的全方位、全流程，涵盖展前、展中、展后的综合金融服务支持。第二届进博会举办期间，中国银行由综合服务支持企业升级成为战略合作伙伴，在金融服务、交易促进、招展招商等各方面开展合作服务。

在前几届进博会上，中国银行都会根据参展商、采购商的全球化业务需求，进行金融产品的定制与升级，不断提高服务质量，完善服务矩阵。2018 年 9 月，中国银行于首届进博会开幕前发布了为进博会量身定制的综合服务方案，"合、汇、保、融"四位一体的专属金融产品，全币种、全时段、多渠道的"1+1+2+12"现场金融服务体系，借力大数据匹配、线上平台等新技术，搭建精准对接撮合平台，便利化支付服务和海关保函开具，为买卖双方提供信用支持和专属融资解决方案。据统计，首届进博会期间，中国银行为与会客户提供汇款、多币种货币兑换、开户、银行卡和手机银行等服务，累计接待客户超过 3500 人次。[①] 第二届进博会上，中国银行在跨境撮合效能提升、智能网点打造、手机银行功能完善等三个方面着力升级，打造以"合聚全球　汇融四海"为主题的全方位综合金融服务新方案。第五届进博会举办期间，中国银行创新定制"荟、融、合、智、同"五大专属产品服务，以"数字进博"为主题，重磅打造金融科技服务方案，提供"数字普惠"和美与共、"数字消费"方便快捷、"数字科创"精准服务、"数字财富"汇聚匠心、"数字民生"润泽万家的进博新体验。

除中国银行之外，中国工商银行、中国建设银行、交通银行、中国进出

---

① 《中国银行 2018 年社会责任报告》，第 18 页。

口银行、浦发银行等多家银行也积极参与进博会金融服务。中国工商银行于第四届进博会正式升级为全面合作伙伴，在第五届进博会上发布了以集"智、全、集、便、新、优"于一体的金融服务产品体系为核心的进博会综合金融服务方案。浦发银行于第五届进博会再次迭代升级以往综合金融服务方案，为满足新时期外贸外资客群转型升级进程中对跨境金融的新需求，"i浦汇"系列"3+3+N"跨境金融服务体系全新升级。

开户是进行国际贸易、金融产品购买、投资等后续操作的先决条件。人民币金融机构外商开户数增加，意味着使用人民币的国际客商数量增加，人民币国际影响扩大。另外，在数字支付便利化的情况下只需要在本地银行开户后开通相关服务即可使用。在进博会上，各家银行作为战略合作伙伴和银行支持方，为供需双方提供金融服务和业务配对指引服务，在增加自身国际客户数量的同时，便利化进博会商贸交往人民币结算，并基于供需双方的贸易需求提供"一揽子"金融服务，增加了外商投资人民币金融产品的潜在可能。第五届进博会共吸引 145 个国家、地区和国际组织的参展商。参展商凭本地发行的银联卡，不需要换汇，即可在中国几乎所有商户、ATM 使用。新加坡、马来西亚等地的参展商还可下载港澳版"云闪付"、DBS PayLah!、Boost 等本地钱包，绑定银联卡后实现扫码完成支付。

（四）货币国际化制度接轨

进博会的举办，促使中国买家和国际卖家在同一平台上集聚并高效沟通，最终达成贸易意向或签订贸易合同。在达成贸易意向的过程中需要协商确定结算币种，签订贸易合同后需要执行国际贸易结算。无论供需双方最终选择何种币种进行结算，协商过程不可避免地将面临双方国家的国际贸易制度体系的不同带来的结算操作不确定性问题，需要通过谈判协商来解决。在此过程中，双方直面国家贸易制度体系的不同和规制的差异，通过国际金融产品制度展示、会议论坛沟通等方式相互了解，便利化中国学习总结其他国际化程度较高的货币在国际化路径规划、金融制度、配套保障等方面的信息与知识，以便在推进人民币国际化的过程中更好地避免潜在阻碍，保障人民币国际化平稳推进。

1. 现场展示交流

进博会共有六大展区，其中服务贸易展区主要针对服务提供商招展，每年均有部分金融服务机构参展。这些金融服务机构除展出企业最新的服务产品和研发成果外，也帮助国内采购商了解国际金融制度和国际货币发展趋势。

在第二届进博会上，服务贸易展区吸引了包括渣打银行、汇丰银行、南非标准银行、南洋商业银行、普华永道、毕马威等在内的 30 多个国家的金融服务机构参展，围绕"金融科技创新"主题，对企业创新金融产品、金融技术、金融服务理念和最新研究成果进行集中展示与推介，以期开辟或深化拓展中国市场，寻求合作伙伴。例如，新加坡星展银行聚焦金融技术创新，重点展示了基于区块链技术的一站式跨境收付金融平台——星展电子链接和粤港澳大湾区跨境金融问题的定制解决方案；汇丰银行围绕"智慧金融服务"主题积极展示其金融产品为中国与全球市场的联动提供金融支持，同时在进博会上全球首发最新中国市场研究和国际贸易趋势研判成果，分享前沿金融科技如何支持进出口贸易。在第五届进博会上，渣打银行（中国）在进博会展台成功举办了主题为"跨境新机遇——走向国际化的人民币"的专题讨论，就人民币国际化在跨境投融资中的应用、数字人民币的最新发展以及跨境业务中的外汇风险等议题展开讨论，从不同视角解读了人民币国际化的未来前景和在跨境贸易中的新可能性。

参展国际金融企业参与进博会，在现场集中展示各自可以提供的服务，同时展示各大企业各自独有的服务理念。这不仅直观地向国内企业展示了国际金融机构的相关金融产品，而且直观地展示出国际化的金融理念和不同国家的金融制度体系。进博会为中外金融理念与体制机制展示交流提供了绝佳的平台。国外企业能够通过中国各银行的服务与展示以及与现场专业观众的直接沟通了解中国的金融市场体系和相关法律法规，更好地进行中国市场进入规划。正是基于进博会这一展示平台，国内企业能够得以学习、借鉴和引进国际金融机构的最新产品、服务理念、技术和研究成果，在大量的服务进口交易和服贸展区参观中窥得国际最新金融理念。这将有助于中国金融市场扩大开放、深化改革，实现高质量转型，让国际领先银行和金融服务机构为人民币国际化服务，成为人民币国际化的新动力。

2.高峰论坛探讨生产共识与发展策略

国内企业与国际展商在各自的展台上根据需求进行分散式沟通，相互获取高质量信息与知识。除此之外，博览会主办方和国内金融机构合作举办高峰论坛，广邀产学研各界专家建言献策，集中探讨在全球化背景下如何更好地促进中国多边进口贸易、推动人民币国际化进程。

进博会下设虹桥国际经济论坛，与博览会同期举行。中国银行连续两届承办人民币国际化相关主题论坛，围绕"金融科技""人民币国际化服务实体经济""新时代自贸区新发展""人民币跨境结算"等议题邀请国内外产学研机构专家、政府相关部门及境内外参展商和采购商与会，为准确分析预测人民币国际化发展前景、优化政策制度建言献策。在首届进博会上，积极筹办"人民币助推跨境贸易与投资便利化"主题论坛，助力各类与会企业融入全球资金链、产业链和价值链，加快推进人民币国际化进程。第二届进博会上，中国银行与中国人民银行共同主办"人民币国际化服务自贸试验区建设"主题论坛，相关机构多位领导出席，监管部门代表、境内外参展商及采购商代表、中外资金融机构代表等 600 余名嘉宾参会。[①] 中国人民银行宏观审慎管理局局长霍颖励在会上指出，人民币国际化是一个放松管制的进程。监管部门应根据企业诉求进一步优化政策流程，完善人民币跨境结算政策，尽快在自贸试验区先行先试，产生更多样板，便于进一步复制推广到全国。

自第四届虹桥国际经济论坛开始，更多金融议题开始被纳入论坛议程设置中（见表3），邀请政府机构、权威学者、知名企业代表围绕金融相关议题展开交流讨论。

---

① 《"人民币国际化服务自贸试验区建设论坛"在第二届进博会期间成功举办》，上观网站，2019 年 11 月 8 日，https://www.shobserver.com/baijiahao/html/187416.html。

表3　虹桥国际经济论坛金融相关分论坛

届数	板块	分论坛
第四届	—	绿色金融助力可持续发展
		区域经济一体化的金融合作与开放
第五届	开放共担	数字贸易的创新发展：机遇与挑战
	开放共享	金融支持产业链供应链稳定
		推进转型金融促进绿色低碳发展

　　相较于前两届直接以人民币国际化为主题的分论坛，第四届、第五届进博会分论坛在金融相关议题设置上更加宏观，更多的是从产业发展整体趋势切入，包括绿色低碳、数字化、区域一体化合作等。落点虽未聚焦于人民币国际化，但均与其高度相关：区域经济一体化将能够有效促进货币国际化；数字贸易和绿色金融的发展除了给货币国际化带来发展新动能之外，也提出了新的要求。在"开放共担"板块分论坛"数字贸易的创新发展：机遇与挑战"上，出席的金融机构代表交通银行行长刘珺指出，人民币国际化、数字人民币协同发力，将成为数字贸易发展的重要推动力。会议论坛针对特定金融议题邀请相关参会人员进行现场集中沟通，参会人员通过演讲、互动沟通和非正式沟通等方式表达自身观点，逐步深化对议题的认知，在友好的协商讨论中生成并强化对人民币国际化和中国金融体制发展变革的重要性认知和发展信心，集聚金融智慧，共商发展策略，缔结金融发展共识。

　　3.直面国际挑战，倒逼产品制度更新

　　进博会是中国开放本土市场、连接国内国外两个市场的高水平开放之举。大量国际贸易活动不断开展，这一集中交流的过程和后续频繁进口国际先进金融服务产品，在为国内金融市场和相关体制机制改革发展提供经验借鉴的同时，将倒逼国内金融企业直面国际强势金融企业的挑战，助力中国金融服务质量不断提升、产品不断丰富、体系不断完善、理念不断迭代。只有中国的金融产品不断趋于完善、金融市场高水平开放，人民币国际化才可能拥有更好的环境与基础。

　　通过搭建国内外两个市场的双边沟通平台推动国际贸易，实现国内外金融体制机制的对接碰撞，助力中国金融直面国际先进金融理念和国际金融规则的冲击，势必倒逼国内金融企业研究论证国际优质产品和服务，面对金融理念和体制机制的挑战，进而改革提高自身的市场竞争力。在这里，双边、多边国际贸易和金融业交流互动，将助力中国金融市场的规则逐渐与国际接轨，倒逼国内金融体制不断改革完善、营商环境不断优化，以迎接国际挑战。在国内金融体制不断完善、金融市场不断开放的过程中，人民币也将随之拥有能够提供稳固保障和良好市场环境的国际化金融体制机制。

（五）周期性办展符合人民币国际化的推进节奏

历史与现实都表明，人民币国际化并非一朝一夕可以完成，而是需要长期布局和逐步扩大。人民币国际化需要分阶段、分区域推进。进博会作为我国新时代高水平对外开放的标志性工程，也将周期性举办，不断顺应人民币国际化不同发展阶段的任务，在不同阶段发挥不同的推动作用。

2019年11月5日，习近平主席在第二届进博会开幕式上发表主旨演讲，特别提到首届进博会期间中国在双边活动中与有关国家达成的98项合作事项，并清点了项目当前的进展状态，包括办结、积极进展和正加紧推进三种状态。① 这种公开场合的领导人正式统计，体现了中国作为信用大国，一旦签订合约，就能够持续遵守与其他国家的合作承诺；人民币在国际化进程中，能够承担世界货币的职责，维持汇率稳定，保障用户利益。

综合现状分析，人民币当前仍处于国际化的初级阶段——周边化阶段，主要发挥货币的计价结算功能，并正在逐步发挥货币的投资功能，正在准备进入国际化发展的第二阶段——区域化阶段（见图6）。因此可以看到，第二届进博会邀请58个共建"一带一路"国家的1000多家企业参展，数量占全部参展企业总数的比重超过30%，并且共建"一带一路"国家展品占

---

① 《习近平在第二届中国国际进口博览会开幕式上的主旨演讲（全文）》，中国政府网，2019年11月5日，https://www.gov.cn/xinwen/2019-11/05/content_5448851.htm。

全部申报进境展品的 1/3。[①] 进博会根据当前人民币国际化的实际发展需要，重视与共建"一带一路"国家之间的经贸合作，稳步推进人民币国际化进程。

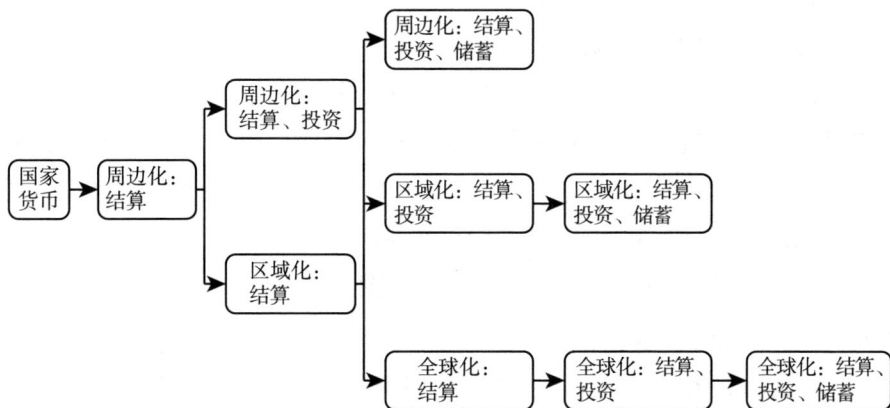

图 6　人民币分步走策略

1. 进博会与人民币结算周边化

近年来，在我国与周边国家，如泰国、越南、缅甸、俄罗斯等的边境贸易中，人民币已经被普遍用作支付和结算的硬通货，尤其是东南亚的一些国家，官方已经正式承认并公开宣布人民币为自由兑换货币。由此可见，人民币在周边化阶段已经取得了初步成功。在这些地方，人民币的流通使用主要是因边境贸易、边民互市贸易、民间贸易和边境旅游业的发展而扩大。人民币作为结算货币、支付货币，事实上已经在这些国家大量使用，并能够同这些国家的货币自由兑换。在一定程度上，可以说人民币已经成为一种事实上的周边化货币。

进博会吸引了与中国接壤的周边国家积极参展，泰国、越南等国企业热情高涨。在第二届进博会上，泰国共有 47 家企业参展、越南 31 家、缅甸

① 《"一带一路"沿线国家企业展品占本届进博会展品三分之一》，"人民网"百家号，2019 年 10 月 31 日，https：//baijiahao. baidu. com/s? id=1648870317005093684&wfr=spider&for=pc。

33 家、俄罗斯 74 家。[①] 这些国家的企业积极寻求进入中国市场的机会，最终达成交易后，使用人民币作为计价结算货币的倾向性和可能性都比较强。进博会将进一步巩固人民币作为周边国家与地区支付和结算硬通货的地位，助力人民币周边化步伐更加稳健。

2. 进博会与人民币投资区域化

在成为事实上的周边化货币之后，人民币主要在周边国家和地区发挥支付与结算功能。进博会的举办为大宗国际贸易提供供需对接平台，也为"中国+周边国家"的国际投资开辟了新的对接路径。通过开放市场大量进口，吸引国际企业进入中国市场并随着业务的深入开展将市场营销中心、研发中心落户中国，甚至投资建立大中华区总部，发展总部经济，为国外企业使用人民币进行投资提供可能。

与此同时，随着大量中国企业和中国资本走出去，人民币在共建"一带一路"国家和地区得到的认可度大大提升，将有助于在这条世界上最长的经济走廊中形成"人民币区"。作为共建"一带一路"的重要支撑，进博会为亚欧国家开拓中国市场搭建起精准沟通的平台，市场开放将惠及所有参与"一带一路"倡议的国家和地区。据统计，在第二届进博会上，共建"一带一路"国家 1450 家企业带来了 14617 件展品，参展企业数量占当届参展企业总数的 39.21%。[②] "一带一路"倡议有效促进了共建"一带一路"国家基础设施的互联互通，为人民币国际化提供了新的发展动力。完善的基础设施又将推动国际贸易的深化，基础设施配套将大大降低运输和交割成本，使贸易货品更具市场竞争力，而且各贸易国为了降低交易成本，抵御汇率风险，使用人民币计价和结算的需求将日益增强。人民币终将实现共建"一带一路"国家主要结算货币的职能，并将伴随国家间的经贸往来而不断成长，进而成为区域化货币。

3. 进博会与人民币储备国际化

货币全球化需要强大的国家实力和经济基础支撑，需要高度发达的金融

---

① 数据来自进博会网站。
② 数据来自进博会网站。

在岸市场和离岸市场。目前，中国距离这一要求还有一定的差距。此外，随着人民币国际化进程的加速，中国势必将受到原国际强势货币的挑战。进博会进一步扩大人民币结算范围，需要借助长期积累的展会公信力和各国企业间的相互信任。为此建议，平缓推进人民币全球化过程。可以利用优惠政策吸引各国更多企业主动尝试并使用人民币结算，尽力争取区域经济中心国家率先使用。在已基本认可人民币结算的周边地区逐渐推广人民币投资，通过长期信任搭建吸引周边地区和共建"一带一路"国家的企业将人民币作为储备，并在不断完善金融市场和金融法制体系的过程中助力人民币走向全球。

人民币国际化是一个长期的过程。进博会周期性举办为人民币提供了长期可靠的交流平台，同时形成与上海自贸区联动，共同实现高水平对外开放、推动国内供给侧结构性改革的目标。在这一长期过程中，进博会所承担的是周期性集中交往与沟通，由此发现国内金融市场存在的问题与不足，后续仍然需要多方配合与保障，进而打通途径解决问题，不断推进人民币的国际化进程。

值得一提的是，进博会促进进口和对外投资，推动了人民币"走出去"。然而，"走出去"的人民币还需要回流，这就要求中国金融市场和在岸市场高度发达，才能消化回流的资金。因此，进博会使用人民币结算绝不是单一孤立的行为，而是需要金融、贸易等多方配合，才能实现共同发展。此后，逐步将使用人民币进行计价支付推广至全球，在一定区域内成为投资货币，在周边地区成为实际意义上的世界货币。

三　进博会推进人民币国际化优化建议

作为新时代中国高水平对外开放的标志性工程，进博会向外分享发展动力激发本国发展动能，促进国内国际双循环的目标与人民币国际化相同。进博会并非专为推进人民币国际化而生，因世界独有的进口主题和复合型贸易沟通功能而成为推进人民币国际化的创新路径。为此，进博会可在持续优化办展效能的过程中，将推进人民币国际化的部分工作纳入考虑，强化进博会的推进作用。

（一）切实发挥进口贸易促进功能

进博会定位为中国向世界提供的制度性公共产品，但其本质仍然是大型综合商业博览会，核心功能为通过展示促进供需双方贸易交往和认知互动。进博会以进口为主题，着力促进中国与世界进口贸易的达成。在此过程中，基于大宗 B2B 交易和拥有巨量消费潜力的中国市场，在货币结算中人民币具有一定选择优势。为了更好地稳步推进人民币国际化，进博会首要任务依然是切实发挥进口贸易促进功能。一是在有限的时间内创造更多的高质量对接场景，不断提高供需双方对接精准度和沟通效率，优化各参展主体的参展体验；二是根据国内市场需求和发展痛点邀请更多高质量国际企业前往参与展出更多创新产品，鼓励全球首发、亚洲首发、中国首发产品与服务前往参展；三是借助合作伙伴银行在全球范围内的客户数据库和大数据支持，助力供需双方精准对接，让需求与供给更加适配，着力促进优质产品与服务进口订单生产，为人民币逐步成长为结算货币优质选择打下交易基础。

（二）有计划地逐步推进人民币国际化

在虹桥经贸论坛板块，可根据世界金融发展局势开辟相关议题的分论坛，邀请全球范围内的国际组织、政府机构、企业代表、研究机构等参会主体探讨全球金融发展趋势和助力策略。坚定各国对外开放信心，提高国内外对国际经济、金融形势的认知，根据国际经济及时调整人民币国际化策略，助力人民币国际化之路行稳致远。

进博会在周期性举办的过程中深化对人民币国际化重要性与必要性的认知，在把握发展进程的基础上，对参展企业进行规划建议。当前，人民币的主要受信任区域是中国周边国家，发展目标是进一步扩大流通范围，发挥货币支付与结算功能。因此，进博会可以在参展企业结算货币决策上提供助力。进博会可连续几届建议参展企业在交易达成时将人民币作为结算货币，通过联合地方政府对在参展前承诺将人民币作为结算货币的企业可以给予部分展位费优惠等利好方式来鼓励企业。进博会可在长期规划中与人民币国际化分步走的推进节奏相匹配，逐步扩大结算建议范围，同时注重对共建"一带一路"国家参展企业的建议工作，为下一步推进人民币投资区域化打下基础。

（三）优化进博会推进保障

为了更好地发挥进博会促进人民币国际化功能，需要优化进博会推进机制的保障。这一方面是指需要优化完善展会金融服务保障，便利化人民币交易措施；另一方面，城市营商环境的优化和法律规制的保障也是必需的。

1. 服务保障

进博会本身除前置大宗交易促进和周期性办展规划推进之外，还联合各大银行合作伙伴积极在现场为参展双方提供金融产品与服务。为了更好地促进人民币国际化，可在金融服务保障上进行持续优化，为将人民币作为结算货币的企业提供现场快捷人民币账户开户、支付、币种转换、转账等便利化服务保障，为交易双方提供便利、增强信心。

2. 会展法律和金融法律保障

人民币作为中国经济发展的"血液"，稳步推进其国际化进程是中国面对国内外新形势，寻求经济高质量和构建开放型经济新体制的重要任务，是我国极为重要的国家战略。这就需要一套强有力的制度为其保驾护航，而法律本身具备促进、规制、引导等功能，具有强执行力属性，一方面能完善中国相关金融法律制度，为人民币国际化提供制度支持和法律保障，为人民币国际化的规范化、合法化发展指明方向；另一方面也能明晰责任、有效解决纷争、明确不确定因素和规避相关法律风险。支持完善人民币国际化法律制度，整合现行相关法律文件，提高人民币国际化法律效力，填补相关法律制度空白，建立风险防控机制体制；加快推进人民币与国际货币制度接轨，开展多边货币制度合作，缔结人民币国际货币互换协议；协调共建信息共享平台，加强国际化监管。

进博会的举办作为中国进一步对外开放和构建开放型经济新体制的标志性行动，具有时代创新性和实用性，但与之相关的配套制度并未得到完全完善，还要根据实际需求进行补充和调整，进博会还是国际性的专业贸易展，涉及贸易品类众多，而不同品类所涉及的国际贸易规则、关税规定、海关审查规定、法律监管等措施都不尽相同，并且进博会是 100%境外参展商、100%境外展品，若在进博会举办过程中与外商发生相关业务纠纷，中国现行相关法律规制是否适用，这还待进一步考究和审查，在此情况下，并不拥有相关成熟配套制度的进博会急需一套成熟的法律规制作为支持。2020 年 5 月 1 日，上海正式实施《上海市会展业条例》，作为全国首个会展业地方性法规，具有一定的探索性和实验性。该条例虽有"进博会服务保障"的专章内容，但内容并不涉及进博会举办过程中的具体法律问题的解决，更多是政府部门对进博会的促进与服务措施，该条例其他章节内容也不涉及与会展业相关的金融法律问题。由此可见，现有地方会展业条例对进博会举办过程中可能涉及的金融法律问题的预防、保障部分还有所欠缺，有待完善。

结　语

进博会作为推进人民币国际化的一条创新路径，对人民币国际化的发展有带动作用。进博会推动了跨境人民币结算业务扩张，有助于人民币国际投资和储蓄产品的业务拓展；中国借助进博会向世界开放金融市场，展示中国金融的服务理念，并在国际接轨中不断完善中国的金融法律制度和监管规则，不断完善人民币的国际货币职能，提升人民币的国际影响力。

应当注意的是，进博会本身是"一带一路"和对外开放的"窗口"，其推动人民币国际化的作用并非立竿见影，而是以小见大、以点带面。作为大量进口的平台，进博会使中国采购商和外国销售商有了交流沟通的渠道，但其间可能形成的长期合作及后续更多的业务往来，未必会直接体现在进博会上，而是提高了世界各国对中国市场的依存度。进博会落户上海，不仅因为上海是全国会展业的龙头城市，还因为上海是推动中国高水平对外开放的标杆城市。上海在 2020 年要基本建成国际金融中心，进博会作为上海高水平对外开放的标志性工程，自然承担金融方面的多样化尝试，并在上海国际金融中心建设中持续发挥带动效应。与此同时，以进博会为起点，全国各地都在积极开展自贸区、免税区的搭建尝试，之后中国与全球的商贸交往将会从进博会这一短时间、纯进口的"点"转变为长时段、多领域的"面"，更加有利于中国的市场开发和对外经贸交往，从而更多地使用人民币作为商贸业务货币，使人民币具有更多的世界货币职能。

Abstract

The global exhibition industry experienced steady development from 2018 to 2019, but fell into a quagmire in 2020 due to the impact of the COVID-19. The focus of exhibition enterprises has shifted from market development, industry competition and global economy to how to deal with the huge impact of interpersonal isolation and business travel interruption caused by the COVID-19 on modern service industry.

It is found that from 2018 to 2019, the five-level distribution of the strength pattern of global exhibition countries is relatively stable, and Europe has long occupied the central position in the development of the world exhibition industry. China's conference and exhibition industry is growing and gradually approaching the three pillars of German and the United Kingdom. Although the old convention and exhibition cities in the world have their own characteristics and advantages, the convention and exhibition cities in emerging markets have risen rapidly, especially Shanghai, which has a strong strength in the convention and exhibition industry and takes the first place in the world convention and exhibition cities.

In terms of infrastructure, brand exhibition and exhibition organizing enterprises, the venue exhibition of global exhibition will be stable and rising, the Asia-Pacific region will be full of vitality, and the trend of fierce competition in infrastructure is obvious. The German business exchange exhibition has a strong strength, accounting for more than half of the world's top 100 trade exhibitions. However, the impact of the new and old exhibition power, the number of scales has shrunk. The number of Chinese trade shows has increased, the scale has expanded, the category has been new, and the strength has been steadily improved. The overall strength of the European group of exhibitors is still in the leading position, leading the world, while the potential of the Asian group of exhibitors is emerging and growing.

In the vision of China's convention and exhibition market, the national convention and exhibition industry has made progress while maintaining stability and increased slightly. The number of exhibitions and exhibition area have made breakthroughs. The Yangtze River Delta, Bohai Rim and the Pearl River Delta three conference and exhibition city clusters are leading in strength, the southwest, central, northeast, and northwest four conference and exhibition city belts are full of potential, and the two conference and exhibition city special zones of Haixi Economic Zone and Hainan International Tourism Island are full of vitality. The competitiveness of provinces and cities in China shows a gradient distribution, with Guangdong, Shandong and Shanghai ranking first. Shanghai, Guangzhou, and Beijing have all the first-tier brands in exhibition cities.

2020, the revenue of the global exhibition industry has fallen sharply, and major exhibitions have been postponed or even suspended. Enterprises are facing pressure to survive, and the development of the industry has entered a period of stagnation. Exhibition platform, as an inter-enterprise market, is experiencing a severe test as it seeks to recover growth and transform into digitalization and green amid the countercurrent of globalization and the conflict between development and security.

Keywords: MICEE World; MICEE China; MICEE National Strength; MICEE City Strength

Contents

Ⅰ General Report

Abstract: The global exhibition industry experienced a short period of steady development from 2018 to 2019, but in 2020, it was hit by the sudden impact of COVID − 19 and fell into a quagga of development. The focus of exhibition enterprises has shifted from domestic market development, intra-industry competition and global economic impact to the huge impact of interpersonal isolation and travel disruption caused by the COVID − 19 on the service industry. It is found that from 2018 to 2019, the five steps of the strength pattern of global exhibition countries are relatively stable, and Europe has long occupied the central position of the development of the world exhibition industry. China's conference and exhibition industry has grown and gradually formed a three-way confrontation with Britain, Germany and the United States. Although the old convention and exhibition cities in the world have their own characteristics and strength, the convention and exhibition cities in the emerging market have risen rapidly, especially Shanghai, which has a strong strength in the convention and exhibition industry and won the first place in the world. In 2020, the global conference and exhibition industry suffered a severe impact, the revenue fell sharply, major brand exhibitions have been postponed or suspended, enterprises are facing survival pressure, and the development of the industry has entered a stagnation period.

Ⅱ MICEE National Strength and MICEE City Strength

Abstract: With the in-depth development of the Internet, new changes have taken place in the exhibition industry. In order to keep up with the pace of the times, this report continues the SMI index constructed in 2012, and makes appropriate amendments and improvements to the specific contents of the three indicators of exhibition hall, exhibition and group exhibitors. Based on expert research, this evaluation uses the analytic hierarchy process to calculate the weight of the exhibition index system. Considering the weight value of the newly added exhibition evaluation index and the availability of data, this report still uses the indoor area of the exhibition hall, the exhibition area of the exhibition, the turnover of the group of exhibitors and other indicators to comprehensively evaluate the national strength of the global exhibition. Based on the data evaluation of SMI index, China's pavilion development index surpassed Germany. Germany ranked first in the exhibition development index, and the UK group ranked first in the exhibition development index. China, Germany and the United Kingdom have gradually formed a three-pillar situation of factors and indicators of the exhibition industry. In terms of the convention and exhibition composite index, the five-echelon pattern of the world's convention and exhibition powers is generally stable. Europe is still in the center of the global convention and exhibition industry, and Asia, North America and the Middle East need to increase their horsepower if they want to surpass it.

Keywords: New SMI Index; Exhibition Hall; Exhibition; Group of Exhibitors; MICEE National Strength

B.3　Report on Global MICEE Cities Power　　　　　　　/ 054

Abstract：This report evaluates the capability level of the world's major MICE cities based on the 3D data of exhibition halls, exhibitions and groups of exhibitors, and studies the development trend of the world's MICE cities. Based on the new SMI index, the ratio method is used to calculate the capacity development index of exhibition halls, exhibitions and groups of exhibitors, and the comprehensive strength of exhibition cities is calculated by the comprehensive weighting method. In 2018, a total of 67 global convention and exhibition cities were shortlisted, and the number of Chinese cities accounted for about a quarter. Among them, Shanghai ranks top in the world in the development index of pavilions and exhibitions, and London ranks top in the development index of group exhibitors. According to the evaluation indicators, Shanghai has the strongest comprehensive strength, followed by Hannover and Paris. It is worth noting that there is an unbalanced development trend in Shanghai conference and exhibition industry as a whole, and attention should be paid to the improvement of the quality of group exhibitors in the future.

Keywords：World Exhibition City; New SMI Index; Exhibition Hall; Exhibition; Group of Exhibitors

B.4　Report on Chinese Cities-Provinces-Area MICEE Power　/ 068

Abstract：Based on the SMI exhibition index evaluation model, this report comprehensively analyzes the development trend of China's exhibition industry from the three levels of city, province and region, taking the three factors of exhibition industry productivity, namely exhibition hall, exhibition and group exhibitors, as consideration criteria. It is found that Shanghai, Guangzhou and Beijing rank among the three first-tier convention and exhibition cities in our country in terms of competitiveness. Chongqing, Shenzhen and other 18 second-tier cities have their own characteristics and great potential; The strength of 192 third-tier exhibition cities needs to be further improved in order to give full play to their functions of innovation promotion and business exchanges. From the provincial scope, the provincial strength of China's conference and exhibition industry shows a three-step distribution. Members of the first echelon are Guangdong Province, Shanghai, Shandong Province and Beijing. The development of the exhibition industry is relatively balanced and the strength is far ahead. There are many members of the second echelon, the development momentum of the exhibition industry is strong, and the achievements will be in the future; The data of the third echelon are insufficient and need to be further developed. From the perspective of regional level, the Yangtze River Delta, Pearl River Delta, Bohai Rim, three eastern conference and exhibition city clusters are in the leading position in China, and there is fierce competition among each other. The three exhibition urban belts in southwest, central and northeast are growing rapidly, and their future prospects are worth looking forward to. The Northwest Convention and Exhibition City Belt and the Special Zone of Haixi Economic Zone and Hainan International Tourism Island Convention and exhibition city are slightly weak, hoping to catch up.

Keywords: Cities-Provinces-Area; Pavilion Development Index; Exhibition Development Index; Group Exhibitor Development index; SMI Exhibition Index Evaluation Model

Ⅲ Evaluation of Exhibition Industry Elements

Abstract: At the end of 2018, global trade tensions intensified. However, as an important public platform to promote economic globalization and international trade development, exhibition continues to attract countries to pay attention to the construction of exhibition infrastructure and increase investment in a new generation of large-scale, intelligent and green exhibition venues. The exhibition capacity of exhibition venues in the world is generally stable and rising. Europe still accounts for half of the world's exhibition capacity, but the incremental market mainly comes from developing countries such as Asia-Pacific. In particular, the construction of super-large venues in China is still in full swing, and Shanghai and Guangzhou continue to maintain a leading position in the national competition of exhibition cities. Shanghai still ranks top with absolute advantages in the competition of super-large venues. With the continuous maturity of Internet technology, the world venue market will gradually abandon the pursuit of extensive growth of quantity and scale, and turn to the road of intelligent development of connotation improvement, and the venue operation will transform to green, professional and intelligent.

Keywords: Exhibition Venue; Exhibition Power; Super Large Venue

B.6 Report on the Strength of Global Exhibitors in 2018-2019　　　　　　　　　　　　　　/ 159

Abstract: The group of exhibitors is the link and business entity of exhibition activities, maintaining the organization, preparation and operation of exhibition activities; Mainly by building a communication platform to connect exhibitors and visitors, to achieve the communication between buyers and sellers in the category market. This paper is devoted to the interpretation of the strength distribution and future prospects of the global group exhibitors from the perspective of the world and China. In terms of the global, Europe as a whole is still the most developed market in the world's convention and exhibition industry, among which Germany and the UK have large exhibition projects and strong exhibitors. The exhibition industry in North America is making steady progress, while that in South America is growing. In Asia Pacific, the Middle East and Africa, although the exhibition industry has shown significant progress, its development is still uncertain. As far as China is concerned, the group of exhibitors in Beijing, Shanghai, Guangzhou and other cities show strong strength, and the second and third tier cities have made great efforts to catch up, and have made great progress. The digitalization degree of Chinese exhibitors and their exhibition projects is leading in the world, but they still need to improve their international appeal and professional competitiveness in terms of internationalization degree, market-oriented service, exhibition organizing ability and benefit level.

Keywords: Global Group Exhibitors; China Group Exhibitor; Digitalization of the Exhibition Industry

B.7 Report on the Global Commercial Exhibition Evaluation
in 2018−2019 / 193

Abstract: Trade exhibition is a general term for trade exhibitions, which is a trade communication channel and business exchange platform centered on economic construction and serving domestic and foreign markets. This chapter's research on the Top 100 World Trade Fairs in 2018 and China Trade fairs in 2019 shows that the total exhibition area of the top 100 world Trade fairs is about 21. 95 million square meters, with strong regional distribution in Western Europe. Germany has proved its solid dominance with 50 trade fairs, and the total area of China's trade fairs accounts for 23% of the world. In terms of China's trade fairs, the total number of exhibitions of different scales reached 11, 033 throughout the year, among which Shanghai has a strong development strength and holds about 10% of the total number of exhibitions in China. With the gradual formation of the industrial pattern, in the future, China's trade exhibitions need to increase the "quantity" and gradually improve the "quality", further develop to the direction of scale, specialization, brand and internationalization, and give play to the driving role of the exhibition on the economy.

Keywords: Top 100 World Trade Fairs; Smart Exhibition; Virtual Exhibition

IV Development Trends of the Exhibition Industry

B.8 Report on the Global Exhibition Industry Development
in 2020 / 237

Abstract: The exhibition industry has become one of the industries hardest hit by COVID-19 due to its cross-regional agglomeration and its characteristics of dense personnel, close communication and closed venues. The global and Chinese exhibition industry has fallen into a difficult period of development, with service capacity, exhibition performance and operating income declining sharply. In order to actively save itself and meet the needs of human economic and trade cooperation and exchange under the background of normal epidemic prevention and control, the exhibition industry made efforts to explore digital transformation, and enthusiastically promoted green and low-carbon measures. Online exhibitions are booming and trying to integrate with offline exhibitions. In the post-epidemic era, the global exhibition industry needs to continue to promote the innovation of exhibition service mode, and realize the steady recovery and further development of the exhibition industry as soon as possible.

Keywords: The Exhibition Industry; Digital Transformation; Green and Low-carbon

B.9 Report on the International Conference Industry
in 2020 / 259

Abstract: The rapid development of online conference technology and conference platform provides an important communication platform beyond physical interval for the telecommuters and online teaching, especially for all kinds of meeting activities that are indispensable for human society. The innovation model of international conference industry with online and offline integration development will have great prospects and bright prospects. Major international conferences, such as the G20 and BRICS summits, have adopted online video conferences, creating a new model of online meetings and ushering in a "golden window" for the digital transformation of the international conference industry. At the same time, green and low-carbon conferences have become a new driving force for the transformation and upgrading of the conference industry.

Keywords: Digital Transformation; Online Meeting; International Conference Industry; Green And Low-carbon Conference

V　Special Research on CIIE

B.10　Report on CIIE to Promote RMB Internationalization　／280

Abstract: RMB internationalization is an inherent requirement to promote high-level opening-up and achieve high-quality development in the new era. Since 2008, China has made considerable achievements in gradually promoting the internationalization of RMB, but it still needs to assess the situation, make precise efforts, and be proactive and innovative. The CIIE will fully open up the Chinese market and import US ＄40 trillion of products and services in the next 15 years. While supporting globalization and multilateral trade with practical actions and meeting the needs of the world for the development of the Chinese market, the CIIF is bound to become an innovative path worthy of attention to promote the internationalization of RMB. This report holds that the huge scale of international trade is the basic basis for the choice of settlement currency, the large import market in China is the fundamental demand for the internationalization of RMB, the construction of trade finance system is the legal guarantee for the internationalization of RMB, and the periodical holding of exhibitions is the promotion rhythm of the internationalization of RMB.

Keywords: Import Expo; Internationalization of RMB; Trade Finance; Institutional Openness

社会科学文献出版社

皮 书

智库成果出版与传播平台

✤ 皮书定义 ✤

皮书是对中国与世界发展状况和热点问题进行年度监测，以专业的角度、专家的视野和实证研究方法，针对某一领域或区域现状与发展态势展开分析和预测，具备前沿性、原创性、实证性、连续性、时效性等特点的公开出版物，由一系列权威研究报告组成。

✤ 皮书作者 ✤

皮书系列报告作者以国内外一流研究机构、知名高校等重点智库的研究人员为主，多为相关领域一流专家学者，他们的观点代表了当下学界对中国与世界的现实和未来最高水平的解读与分析。

✤ 皮书荣誉 ✤

皮书作为中国社会科学院基础理论研究与应用对策研究融合发展的代表性成果，不仅是哲学社会科学工作者服务中国特色社会主义现代化建设的重要成果，更是助力中国特色新型智库建设、构建中国特色哲学社会科学"三大体系"的重要平台。皮书系列先后被列入"十二五""十三五""十四五"时期国家重点出版物出版专项规划项目；自2013年起，重点皮书被列入中国社会科学院国家哲学社会科学创新工程项目。

S 基本子库
SUB DATABASE

中国社会发展数据库（下设 12 个专题子库）

紧扣人口、政治、外交、法律、教育、医疗卫生、资源环境等 12 个社会发展领域的前沿和热点，全面整合专业著作、智库报告、学术资讯、调研数据等类型资源，帮助用户追踪中国社会发展动态、研究社会发展战略与政策、了解社会热点问题、分析社会发展趋势。

中国经济发展数据库（下设 12 专题子库）

内容涵盖宏观经济、产业经济、工业经济、农业经济、财政金融、房地产经济、城市经济、商业贸易等 12 个重点经济领域，为把握经济运行态势、洞察经济发展规律、研判经济发展趋势、进行经济调控决策提供参考和依据。

中国行业发展数据库（下设 17 个专题子库）

以中国国民经济行业分类为依据，覆盖金融业、旅游业、交通运输业、能源矿产业、制造业等 100 多个行业，跟踪分析国民经济相关行业市场运行状况和政策导向，汇集行业发展前沿资讯，为投资、从业及各种经济决策提供理论支撑和实践指导。

中国区域发展数据库（下设 4 个专题子库）

对中国特定区域内的经济、社会、文化等领域现状与发展情况进行深度分析和预测，涉及省级行政区、城市群、城市、农村等不同维度，研究层级至县及县以下行政区，为学者研究地方经济社会宏观态势、经验模式、发展案例提供支撑，为地方政府决策提供参考。

中国文化传媒数据库（下设 18 个专题子库）

内容覆盖文化产业、新闻传播、电影娱乐、文学艺术、群众文化、图书情报等 18 个重点研究领域，聚焦文化传媒领域发展前沿、热点话题、行业实践，服务用户的教学科研、文化投资、企业规划等需要。

世界经济与国际关系数据库（下设 6 个专题子库）

整合世界经济、国际政治、世界文化与科技、全球性问题、国际组织与国际法、区域研究 6 大领域研究成果，对世界经济形势、国际形势进行连续性深度分析，对年度热点问题进行专题解读，为研判全球发展趋势提供事实和数据支持。

法律声明

"皮书系列"（含蓝皮书、绿皮书、黄皮书）之品牌由社会科学文献出版社最早使用并持续至今，现已被中国图书行业所熟知。"皮书系列"的相关商标已在国家商标管理部门商标局注册，包括但不限于LOGO（▩）、皮书、Pishu、经济蓝皮书、社会蓝皮书等。"皮书系列"图书的注册商标专用权及封面设计、版式设计的著作权均为社会科学文献出版社所有。未经社会科学文献出版社书面授权许可，任何使用与"皮书系列"图书注册商标、封面设计、版式设计相同或者近似的文字、图形或其组合的行为均系侵权行为。

经作者授权，本书的专有出版权及信息网络传播权等为社会科学文献出版社享有。未经社会科学文献出版社书面授权许可，任何就本书内容的复制、发行或以数字形式进行网络传播的行为均系侵权行为。

社会科学文献出版社将通过法律途径追究上述侵权行为的法律责任，维护自身合法权益。

欢迎社会各界人士对侵犯社会科学文献出版社上述权利的侵权行为进行举报。电话：010-59367121，电子邮箱：fawubu@ssap.cn。

社会科学文献出版社